**Unbezahlte Frauenarbeit
Basis der Wirtschaft**

Unbezahlte Frauenarbeit
Basis der Wirtschaft

Dokumentation
der internationalen Wanderausstellung
des Bildungswerkes der dhg
von 1988 – 1998

Idee, Texte und Fotos von
Anne Happersberger-Lüllwitz

Herausgegeben von der
Deutschen Hausfrauengewerkschaft e. V. (dhg)
anläßlich ihres 20jährigen Bestehens
1979 – 1999

Impressum

Herausgeberin:	Deutsche Hausfrauengewerkschaft e. V. (dhg) Postfach 1462, 53004 Bonn Februar 1999
Bankverbindung:	Postbank München Kto.-Nr. 256491-805, BLZ 70010080

Idee, Konzeption, Texte, Fotos und Verleih der Ausstellung:
Anne Happersberger-Lüllwitz

Übersetzungen:
Englisch: Jaqueline Poetschke
Französisch: Heike Eichhoff und Michélle Huez
Niederländisch: Sonja van Kleef
Spanisch: Claudia Dicks und
Yolanda Pott-Rodriguez

Dokumentationsredaktion: Anne Happersberger-Lüllwitz

Satz: Monika Kuhn

Typografie, Gestaltung, Layout: Monika Kuhn und
Anne Happersberger-Lüllwitz

Schreibarbeiten: Marianne Grimm

Umschlaggestaltung unter Verwendung des Ausstellungsfotos Nr. 3
Anne Happersberger-Lüllwitz

Pressespiegel, Auswahl und Gestaltung: Jutta Miller

Copyright © 1999 bei der: Deutschen Hausfrauengewerkschaft e. V.
Alle Rechte vorbehalten

© 1988 der Fotos und Texte der Ausstellung bei:
Anne Happersberger-Lüllwitz
Blücherstr. 2, 57639 Rodenbach
Alle Rechte vorbehalten

Druck:	Wilhelm Dieckmann GmbH 57610 Altenkirchen 1. Auflage: 1000 gedruckt auf 50/50 recycled und chlorfrei gebleichtem Papier
Verlag und Vertrieb:	Deutsche Hausfrauengewerkschaft e. V

ISBN 3-00-003845-0

Unser besonderer Dank gilt den fotografierten Frauen, für ihre Bereitschaft sich darstellen zu lassen.

Inhalt

7	Widmung der Herausgeberinnen
9	Anstelle eines Vorworts
10	Einführung
15	**Die Ausstellung**
60	**Meinungen** zur Ausstellung
64	Eine Ausstellungs-Initiatorin
65	**Eröffnungsreden:**
66	Emanzipation durch Familienarbeit
von Gesa Ebert
77	Schöner Schein - Geld arbeitet, Mütter machen Urlaub
von Gisela Hofmann
84	Familienarbeit: existentiell - bewährt - kompetent - innovativ
von Ursula Metz
94	Pressespiegel
96	**Exkursionen in Vergangenheit und Zukunft:**
97	Mutter-Kind und Vater-Staat
von Anne Happersberger-Lüllwitz
105	Hausfrauen, die allerletzte Kolonie
von Jacqueline Poetschke
113	**Anhang:**
115	dhg-Pressemitteilung von 1988
116	Ausstellungsverzeichnis
126	Programmbeispiele
137	Bibliographie
148	20 Jahre dhg
150	dhg-Grundsatzprogramm

Zum 20jährigen Jubiläum der Deutschen Hausfrauengewerkschaft e. V.

legen wir ein Buch vor,
das die unbezahlte Arbeit von Frauen
in den Mittelpunkt stellt.

Erarbeitet von Frauen,
die selbst diese häusliche Erziehungs- und
Versorgungsarbeit leisten
- mit Ausdauer, Kontinuität, Kraft,
Kompetenz, Freude, Phantasie ...
von Frauen, die wissen,
daß Familienarbeit unverzichtbare und wertvolle Arbeit ist
und die der Familienarbeit eine Zukunft geben wollen.

Wir widmen dieses Buch

allen Frauen, die diese Arbeit in der Vergangenheit
geleistet haben - und danken damit unseren Müttern ...

den heutigen Familienfrauen und -männern,
die wir in ihrer Arbeit bestärken
und dazu ermutigen wollen, für die notwendigen
nachhaltigen Rahmenbedingungen einzutreten,
die für eine gute häusliche Erziehung
und Versorgung unerläßlich sind ...

den zukünftigen Familienfrauen und -männern
- unseren Töchtern und Söhnen -
die mit Zeit, Ruhe und Kraft
der Erziehung ihrer Kinder nachkommen können sollen.

Die Bundesvorstandsfrauen

Anstelle eines Vorwortes

zwei Meinungen zur Ausstellung

Eine ausgezeichnete frauenpolitische Aussage in Fotos und Texten, knapp und scharf und insofern Frauenkunst!

Margret Steinfalt, Hambach/Rüsselsheim

Die Fotos und Texte von Anne Lüllwitz zum Thema "Unbezahlte Frauenarbeit" zeigen die subjektive Betroffenheit und damit eine eindeutige politische Aussage zum Wert der Hausarbeit in unserer Gesellschaft. Die Biographie von Anne Lüllwitz zeigt, daß sie Wege und Mittel findet - hier über die künstlerische Fotografie - die eigene Betroffenheit zu vermitteln! Ich wünsche ihr und ihrer Arbeit weiterhin Kraft und Durchsetzungsvermögen!

Prof. Jutta Liers-Meier, Hochschule Ludwigsburg

Einführung

Bilder

Bilder sind visualisierte Sichtweisen, Vorstellungen;
sind nie nur Abbildungen, denn sie werden bestimmt durch:
- die Auswahl des Objektes, eventuell seine Zurichtung,
- den Blick darauf,
- die Auswahl des Ausschnittes, die Perspektive, den Standpunkt oder den Standort des Betrachters im doppelten Wortsinn,
- das Licht, die Beleuchtung,
- die Bildtechnik,
- das Bild/Medium.

Es gibt auch verbalisierte Bilder, Bilder durch Sprache und Worte.

Bilder bewirken etwas:
- Sie vermitteln Informationen, Wissen, Wertvorstellungen, Meinungen, Gefühle, Erkenntnisse.
- BetrachterInnen können sich identifizieren, angerührt, betroffen fühlen oder auch nicht.
- Bilder können auch Fälschungen sein - falsche Informationen geben, Ideale, Idealvorstellungen wiedergeben, Wünsche ausdrücken.
- Bilder können Erlebnisse und Erfahrungen wiederspiegeln - und damit Wahrnehmungen bestätigen, zur Orientierung beitragen oder sie verhindern. Bilder haben Macht.

Frauenbilder

In den letzten Jahren haben viele Frauen über herrschende Frauenbilder geforscht und nachgedacht.

Die Psychologin Christiane Schmerl hat das Frauenbild in der Werbung untersucht, wie es zustande kommt, wer es macht und welche Bedeutung und Wirkung es hat.[1]

Marianne Wex hat Frauendarstellungen ab dem 11. Jahrhundert mit Männerdarstellungen verglichen, ihr Augenmerk auf Körperhaltungen gerichtet und aufgezeigt, was sie ausdrücken.[2]

Die amerikanische Künstlerin Judy Chicago hat mit ihrem Kunstwerk THE DINNER PARTY versucht, stellvertretend 999 Frauen aus der Geschichte dem Vergessenwerden zu entreißen, "damit wir hören und sehen mögen, was sie zu sagen haben und die Reichweite und Schönheit ihres Erbes sehen können".[3]

Die Malerin Gisela Breitling hat ihre Erfahrungen in der künstlerischen Ausbildung und mit der Kunstgeschichte beschrieben und ihre Erkenntnis, daß es dort die weibliche Sicht gar nicht gibt - bzw., daß sie in ein "Eckchen im Vaterhaus Kultur" abgeschoben ist.[4]

Es gibt Ausstellungen wider das Vergessen - auch mit der Absicht, die Manipulation der Frauenbilder, die Reduktion und Verfälschung aufzuzeigen - z. B. eine Ausstellung in Münster: "Als die Frauen noch sanft und engelsgleich waren."[5]

Frauen als Objekte - nicht als Subjekte.
Frauen als Betrachtete - nicht als Betrachterinnen.

Es ist richtig, was Frau Dr. Anneliese Lissner, Kfd (Katholische Frauengemeinschaft Deutschland), sagte, daß Frauen mehr als Männer davon betroffen sind, Bildern zu entsprechen, die andere von ihnen gemacht haben.[6]

Die Wirtschaftsexpertin und Tänzerin Marianne Schwan hat sich mit der Hintergründigkeit, dem Mechanismus und der Magie der Bild-Wirkungen auseinandergesetzt und wünscht sich Bilder, die Frauen stärken.[7]

---

[1] Schmerl, Christiane (1983): Frauenfeindliche Werbung. Sexismus als heimlicher Lehrplan. Reinbeck: Rowohlt TB Verlag. Schmerl, Christiane (1983): Die Gewalt der Bilder. Frauenfotografie im Patriarchat. In: Pusch, Luise (Hg.): Feminismus. Inspektion der Herrenkultur. Frankfurt a. M.: Suhrkamp Verlag, S. 233.

[2] wex, marianne (1983): "weibliche" und "männliche" körpersprache im patriarchat. In: Pusch, L. (Hg.): s.o., S. 52

[3] DINNER PARTY, Verein in Deutschland (Hg), (1985): The Dinner Party, 999 Kurzbiographien berühmter Frauen. Frankfurt a. M., Schneckenhofstr. 33.

[4] Breitling, Gisela (1986): Die Spuren des Schiffs in den Wellen. Eine autobiographische Suche nach den Frauen in der Kunstgeschichte. Frankfurt a. M.: Fischer TB Verlag.

[5] Westfälisches Landesmuseum für Kunst und Kulturgeschichte, 1995, Münster.

[6] Zitat in: SDP Parteivorstand (Hg) (o. A.): Parteiarbeit Frauen. Handbuch für sozialdemokratische Ortsvereine. Bonn; S.73.

[7] Schwan, Marianne (1992): Bilder und Vorbilder. Von der Magie der Bilder, mit der Wirklichkeit geschaffen, verändert, manipuliert und ausgeschnitten wird. beiträge zur feministischen theorie und praxis. 32/92: 91 - 100.

Einführung

8 Frankfurter Rundschau (10.12.1988): "Man ackert - und nichts kommt dabei raus". Frauen fotografieren Frauenarbeit. Rottner, Ulrike (Januar 1989): Frauen fotografieren Frauenarbeit. Eine Initiative der Leverkusener Gleichstellungsstelle. Kfdirekt (Frau und Kultur), 1/89.

9 Jungsozialisten in der SPD (Hg.) (1986): FrauenBilder. Ergebnisse des Fotowettbewerbs: "Die weibliche Wirklichkeit ist anders". Berlin: spw Verlag,(S.4)

Ein Wettbewerb der Leverkusener Gleichstellungsstelle mit der Vorgabe, Bilder von starken, arbeitenden Frauen zu liefern, machte deutlich, wie sehr Frauen den männlichen Blick auf Frauen verinnerlicht haben und wie ungewohnt es für sie war, Frauen als Arbeitende in den Blick, ins Bild zu nehmen und daß andererseits arbeitende Frauen sich als unschön, nicht ästhetisch, nicht fotogen empfanden.[8]

Dazu heißt es im Vorwort eines Fotowettbewerbs der Jusos: FRAUENBILDER - Die weibliche Wirklichkeit ist anders: "Aber ist es nicht bereits ein Schritt zum Kampf für die Emanzipation, wenn die Situation so ungeschminkt auf Fotos bloßgestellt wird?"[9]

Es gibt viele Bemühungen der Benachteiligung von Künstlerinnen - und das heißt auch dem Fehlen der Bilder von Frauen durch Frauen - entgegenzuwirken z. B. durch Frauen-Museen, Auslobung von Preisen u. a. den Gabriele-Münter-Preis des BundesFrauenministeriums.

Bilder von und über Frauen haben etwas mit Macht, mit Emanzipation zu tun. Darüber besteht weitgehende Übereinstimmung. Über den Weg, wie Emanzipation, Gleichberechtigung zwischen Frauen und Männern erzielt werden soll, gibt es Differenzen.

Dabei ist offensichtlich, daß die Entscheidung für einen bestimmten Weg abhängig ist von der Vorstellung, dem Bild über das Problem bzw. einen Sachverhalt und davon, wer dieses Bild "zeichnet", vermittelt und mit welchen Interessen.

Es macht einen Unterschied für die Problembewertung und Weg-Entscheidung, ob Mutterschaft als biologischer Da-Seins-Zustand definiert, dargestellt und gesehen wird, oder als verantwortungsvolle Aufgabe und zeitaufwendige Arbeitsleistung, die nicht beliebig mit anderen Arbeiten vereinbart werden kann. Es macht einen Unterschied, ob die Hausfrauen als überflüssige Luxusgeschöpfe gesehen werden, oder als arbeitende Frauen, die die Hälfte des Bruttosozialproduktes erwirtschaften und die eine eigenständige Absicherung verdienen.

Bilder-Klischees über FamilienHausFrauen
und ihre Arbeit und wer sie vermittelt.
Bevor ich eigene Kinder bekam, entsprach meine Vorstellung vom Leben mit Kindern dem Bild, wie es noch vor einigen Jahren vom BundesFamilienministerium verbreitet wurde: Kinder bringen Glück, Leben, Liebe ins Leben. Kein Wort von Arbeit, schlaflosen Nächten, sich vervielfachenden Lebenshaltungskosten, gesellschaftlicher Isolation, Sorgen und Verantwortung. Andere Institutionen reduzieren den Bereich Familie auf reine Hauswirtschaft, Kochen oder Putzen, oder auf Hobby und Freizeitvergnügen, auf eine Frage der Organisation, auf den Bereich Konsum oder Reproduktion. Verbunden mit den Bildern sind Wertnormen, bzw. die Bilder vermitteln Wertmaßstäbe, Einschätzungen, Standpunkte wie beispielsweise den, daß Familienarbeit heutzutage wirtschaftlich bedeutungslos sei.

Zur Entstehung der Ausstellung.
Ich erlebe und begreife, daß die Fähigkeit zur Bewältigung des Lebensalltages auch davon abhängt, ob ich mich mit meinen Wahrnehmungen in der Gesellschaft wiederfinde, ob meine Erfahrungen wiedergespiegelt werden in Form von Darstellungen, Informationen, Politik - oder nicht. Ich finde meine Erfahrungen und Interessen als FamilienHausFrau nicht wiedergegeben. Dieses Fehlen, und Falschbilder meiner Erfahrungen als Mutter im öffentlichen Rahmen, war das Motiv für meine fotografische Arbeit. Der Anstoß zur Ausstellung war ein Fotowettbewerb, der den FamilienHaushalt auf den hauswirtschaftlichen Bereich reduzierte. Die Deutsche

Einführung

Hausfrauengewerkschaft (dhg) ist die politische Gruppe, die als einzige meine Interessen vertritt und als ihre Mitfrau stelle ich ihr die Ausstellung zur Verfügung.

Zum Titel der Ausstellung.

Es ist mir bekannt, daß unbezahlte FamilienHausFrauenArbeit die Basis unseres gesamten Gesellschaftssystems ist; der Kultur, Religionsgemeinschaften, caritativen Hilfsorganisationen, der sozialen Systeme, der Gesundheit, Bildung, Persönlichkeitsentwicklungen - auch der "Männerkarrieren", wie eine Besucherin ins Meinungsbuch schrieb. Ich entschied mich für " ... Basis der Wirtschaft", weil die gigantische volkswirtschaftliche Bedeutung dieser Arbeit am allerwenigsten im allgemeinen Bewußtsein präsent ist, und weil dieser Gesellschaftsbereich der Knackpunkt ist für die Gleichberechtigung und Emanzipation von Frauen. Die Voraussetzung politischer Verhandlungen besteht im Konsens über den Ausgangspunkt. Solange jedoch das, was Frauen in der Familie leisten nicht offiziell als Arbeit gesehen und bezeichnet wird, gibt es keine Gesprächsgrundlage, an der Situation der Frauen etwas zu ändern. Es handelt sich um ein Geschlechterproblem, welches sich allerdings auf die Familie als Gemeinschaft auswirkt oder auch auf die wenigen Hausmänner. Die Ausstellung will mit ihrem Titel Bewußtseinsänderung bewirken und politische Verhandlungsgrundlage liefern.

Die Dokumentation

Innerhalb von zehn Jahren, von 1988 bis 1998, wurde die Ausstellung an 146 Orten gezeigt. Im Jahresdurchschnitt also rund 15 mal. Es gibt drei verschiedene Ausführungen der Ausstellung; das erklärt, wieso sie manchmal an drei Orten gleichzeitig zu sehen war.
Die begehrtesten Termine und Anlässe waren der Internationale Frauentag am 8. März, der Muttertag, örtliche Frauenwochen, -tage, -Infobörsen, -Kulturtage sowie als Spitzenreiter das Internationale Jahr der Familie 1994, in dem sie 23 mal ausgestellt wurde.
Ein detailliertes Verzeichnis der Städte, Gemeinden, Termine und Räume in und an denen die Ausstellung gezeigt wurde, über die InitiatorInnen und VeranstalterInnen sowie über die Themen und Anlässe befindet sich im Anhang.
Die AustellerInnen sind in der Reihenfolge der Häufigkeit:
1. Politische Institutionen: Gleichstellungsbeauftragte auf Kreis- und kommunaler Ebene, Ministerien, Partei- und Gewerkschafts-mitglieder (74 x);
2. Frauenverbände, autonome Frauengruppen, Familien-, Frauen-, Mütterzentren und kirchliche Einrichtungen (40 x);
3. Bildungsinstitutionen: Volkshochschulen, Bibliotheken, Büchereien, Schulen, Hochschulen, Kulturämter, Institute (34 x).

Die Motive der VeranstalterInnen, sich mit dem Ausstellungsthema öffentlich auseinanderzusetzen, sind vielfältig, zum Teil gegensätz-lich. Gemeinsam ist allen die Übereinstimmung mit dem Titel der Ausstellung - die Unzufriedenheit mit der gesellschafts- und sozialpolitischen Situation der Frauen bzw. der Familien. Die Ausstellung ist als politische Aussage oder politisches Argument gefragt, als Mittel zur persönlichen, politischen Bewußtseins-Bildung über den eigenen Wert, über den Wert der FamilienHausArbeit, aber auch als künstlerischer Beitrag. Bei den meisten VeranstalterInnen steht im Vordergrund, die unsichtbaren Leistungen von FamilienFrauen sichtbar zu machen, ihren Wert und ihre Bedeutung für die Gesellschaft und die Mehrfachbelastung erwerbstätiger FamilienFrauen deutlich zu machen.

Einführung

Manche AusstellerInnen legen Wert auf die "Vereinbarkeit" von Familie und Erwerbsarbeit; zu diesem Zweck sollen Väter sich partnerschaftlich an der unbezahlten Frauenarbeit beteiligen, mit dem Ziel der Aufhebung der geschlechtsspezifischen Rollenteilung. Andere wollen, daß die Gesellschaft durch "flächendeckende Kinderbetreuungsangebote" die unbezahlte Frauenarbeit übernimmt bzw. ihre Verantwortung für die nächste Generation, damit Mütter entlastet und erwerbstätig sein können. Wieder andere wollen die Bezahlung der bisher unbezahlten Frauenarbeit und damit die Wahlfreiheit, ihre Existenz durch FamilienArbeit und/oder ErwerbsArbeit eigenständig zu sichern.

Die vorliegende Ausstellungsdokumentation ist damit auch eine Dokumentation der politischen Landschaft, in der sich die dhg bewegt, mit der sie konfrontiert ist und sich auseinandersetzt. Dokumentiert sind auch 10 Jahre ehrenamtliche politische Meinungs- und BewußtseinsBildungsarbeit der dhg-Frauen, sowie die Entwicklung frauen- und sozialpolitischer Themenstellungen.

Entsprechend den angestrebten politischen Lösungen sind die Rahmenprogramme zur Ausstellung gestaltet. Fünf Beispiele sind im Anhang übernommen. Erwähnen möchte ich einige besonders originelle und kreative Eröffnungsgestaltungen und außergewöhnliche AusstellungsRahmen.

Da gibt es ein eigens zum Ausstellungsthema entwickeltes Theaterstück: "Warum heiraten eigentlich Leut'?". Das kkt (kommunales kontakt teater) aus Stuttgart-Bad Cannstatt, unter der Leitung von Hanne Tächl, produzierte das Stück in Zusammenarbeit mit Stuttgarter dhg-Frauen. Es wurde über mehrere Jahre in Stuttgart und als Gastspiel in Baden-Württemberg und Rheinland-Pfalz aufgeführt, auch im Rahmen der Ausstellung oder zur Eröffnung, mit regen Diskussionen im Anschluß.

In Ratingen wurde ein Gottesdienst mit der Ausstellung gestaltet, im Main-Tauber-Kreis war sie ein zentraler Punkt bei dem Thema "Gewalt gegen Frauen".

In Aldenhoven initiierte und ermutigte die Gleichstellungsbeauftragte die Frauenverbände ihrer Gemeinde, parallel zur Ausstellung auch ihre unbezahlte Arbeit darzustellen.

In Sarstedt setzten sich Frauen mit WerbeBildern zu Haushalt und Hausfrauen auseinander. Werbeanzeigen wurden gesammelt, kommentiert und ausgestellt; eine Haushalt-Erfinderinnenmesse mit Prämierung veranstaltet und ein "Denkmal für Haushaltsmanagerinnen" enthüllt.

Das Mütterzentrum Berlin-Zehlendorf gab unter dem Titel "Schöner Schein" eine Broschüre heraus, in der anläßlich einer Podiumsdiskussion zur Ausstellung mit "hochkarätigen" KontrahentInnen die Ausstellung dokumentiert wurde.

In Ehningen schrieben Frauen aus den Ausstellungstexten ein Drehbuch und setzten es zur Eröffnung in Szene.

Andere VeranstalterInnen organisierten zur Eröffnung die Konfrontation des Themas mit Lokal-PolitikerInnen und Fachleuten des Bereichs Haushaltswissenschaft, Soziologie, Sozial-, Frauen-, Familien- und Rechtspolitik. Manche gaben der Eröffnung durch das Engagement einer Harfinistin oder KlavierspielerIn einen festlich-klassischen Rahmen; andere eine Power-Atmosphäre durch Trommel-Rhythmen und Bauchtanz. Die Ausstellung wirkt so als Ausgangspunkt, sich inhaltlich und formal auf verschiedenste Weise mit ihrem Thema auseinanderzusetzen.

Einführung

Von dokumentarischem Wert sind - ebenso wie die Rahmenprogramme - die drei ausgewählten Eröffnungsreden. Sie spiegeln die jeweils öffentliche Diskursebene wieder, sind argumentativ überzeugend, brillant und aktuell.

Der Beitrag "Emanzipation durch Familienarbeit" von Gesa Ebert ist das Ergebnis mehrerer Ausstellungs-Eröffnungsreden. Er bezieht sich auf die Emanzipations- und Rollenteilungsdiskussion hauptsächlich in den 80iger Jahren. Er ist eine aktualisierte und überarbeitete Fassung des Erstabdrucks in der dhg Rundschau 2/93.

Der Schwerpunkt der Rede "Schöner Schein - Geld arbeitet, Mütter machen Urlaub" von Gisela Hofmann aus dem Jahr 1995 liegt auf frauenpolitisch-psychologisch-soziologischer Ebene und stellt die Verortungs- und Leitbild-Frage von Frauen.

"Familienarbeit: existentiell, kompetent, innovativ", die jüngste, 1998 gehaltene Rede von Ursula Metz, hat als Bezugspunkt die gesellschaftliche und soziale Entwicklung, die vor allem die Erfolglosigkeit der Rollenteilungsbemühungen deutlich macht. Sie können als gescheitert gelten - die unbezahlte Arbeit wird eher nicht geteilt, sondern delegiert an einen neu entstehenden Dienstleistungsmarkt.

Exkursionen in die Vergangenheit und globale Zukunft der unbezahlten Frauenarbeit bilden die Beiträge "Mutter-Kind und Vater-Staat" von Anne Happersberger-Lüllwitz und "Hausfrauen, die allerletzte Kolonie" von Jacqueline Poetschke.

Meinungen zur Ausstellung - ausgewählt von Ursula Metz - dokumentieren, daß sich die Mehrheit der BetrachterInnen im Thema und der Intention der Ausstellung wiederfindet.

Die Zusammenstellung der Überschriften von Presseberichten durch Jutta Miller zeigt einen kleinen Ausschnitt des Medienechos.

Eine umfangreiche Auswahl von Untersuchungen, Studien, Fachbeiträgen und populärwissenschaftlicher Literatur zum Thema befindet sich im Anhang. Die Liste wurde zusammengestellt von Helga Pätzold, dhg-Frau aus Kiel und ergänzt durch Gesa Ebert, Jacqueline Poetschke und die Ausstellungsautorin.

Ein Rückblick der dhg-Bundesvorsitzenden Wiltraud Beckenbach auf 20 Jahre dhg-Entwicklung und das aktuelle Grundsatzprogramm beschließen die Dokumentation.

Anläßlich der 20-Jahres-Feier wird die Ausstellung neu gerahmt und versiegelt und kann nunmehr in der Größe 50 x 60 cm (Fotos) und 30 x 40 cm (Texte) ausgeliehen werden.[10] Die Bundesvorstandsfrauen entschlossen sich dazu, denn die Fotos sind einzigartig in ihrer Authentizität - nicht beliebig nachstellbar und wiederholbar. Die Inhalte der Bilder sind zeitlos, unabhängig von Moden und äußeren Bedingungen. Auch wenn Väter statt Mütter - oder Mütter und Väter mit Kind am Herd stehen - oder wenn die Arbeit finanziell und sozial gerecht abgesichert ist, bleibt das, was zu tun ist und getan wird dasselbe, wie es auf den Fotos zu sehen ist.

[10] Anschrift: Deutsche Hausfrauengewerkschaft e. V., Postfach 1462, 53004 Bonn.

Rodenbach, im Januar 1999
Anne Happersberger-Lüllwitz

Die Ausstellung

Fotos und Texte
von Anne Happersberger-Lüllwitz

Die Künstlerin:

Ausstellungen und Ausstellungsbeteiligungen u. a. in:
Altenkirchen, Daaden, Kirchen, Düsseldorf, Frankfurt, Wanderausstellung "Frauenbilder" der Jungsozialistinnen Berlins.

Preise und Auszeichnungen u. a. von:
Merian - Andalusien 1. Preis;
Blende 79 und 85, Jungsozialistinnen Berlin, "die weibliche Wirklichkeit ist anders".

Veröffentlichungen in:
Pädagogischen Fachzeitschriften; Fachbuch "Welt des Kindes", Kösel Verlag; "Kinder", "junge Familie", Junior Verlag; "Unser Körper - unser Leben", Rowohlt Verlag.

Thema und Anliegen

Durch meine Kindheit und Arbeit sind mir die Bedingungen für ein gesundes Leben bekannt: 1948 als erstes von fünf Geschwistern geboren, aufgewachsen in einem landwirtschaftlichen Betrieb, drei Jahre hauswirtschaftliche Ausbildung in einem Mütter- und Kindererholungsheim, auf Krankenhausstationen, im Kindergarten; danach Ausbildung in Sozialpädagogik, Erzieherin und pädagogische Assistentin im Schuldienst, in einer Kindertagesstätte für Körperbehinderte, Einrichtung und Leitung einer Kindertagesstätte, Selbststudium vieler an die Pädagogik angrenzenden Gebiete; Mutter von drei Söhnen.

Gesundes Wachsen braucht bestimmte Voraussetzungen. Es verläuft zyklisch und nicht linear. Es ist begrenzt und nicht unendlich. Leben, Wachsen und Sterben sind ein Ganzes und nicht irgendwelche Teile.

Das Streben nach endlosem Wachstum und Fortschritt ist ein Irr-Witz. Es hebt die Naturgesetze auf. Es geht nicht mehr um Wachsen, sondern um Zerstören.

Wo ist die Ursache von diesem Wahn? Ich denke, sie ist dort, wo dem Wichtigsten der geringste Wert beigemessen wird. Seit diejenigen bestimmen, die am besten ihre Ellbogen einsetzen, nach der Philosophie: was sich nicht wehrt, ist nicht lebenswert.

Mütter-Arbeit gehört zu den unentbehrlichen Lebensgrundlagen einer Gesellschaft. Trotzdem wird ihre Leistung noch nicht einmal als Arbeit bezeichnet: Mutterschafts- und Erziehungs"urlaub".

Wie der Boden werden Mütter "extensiv" genutzt ohne Ausgleich und Rechte.

Der Produktion von Leben und Nahrung wird der geringste Stellenwert eingeräumt. Dagegen wird die Herstellung von Schäden, "lästigem Pomp und trägem Reichtum", die Zerstörung von Lebensgrundlagen als "Sozialprodukt" gezählt, bewertet und bezahlt und mit hohem gesellschaftlichem Ansehen belohnt.

Das darf nicht so weitergehen!

Arbeit und Produktion müssen in ihrer Bedeutung für das Leben als Ganzes gemessen und bewertet werden.

Der erste Schritt dazu ist, die entscheidende Bedeutung der Familien-Haus-Arbeiterinnen sichtbar zu machen, um eine richtige Politik für alle machen zu können.

Mittel der Sichtbarmachung sind:

Fotos,

deren Besonderheit die Dokumentation von erlebter Wirklichkeit ist - nicht gestellt und nicht durch Beleuchtungstricks verfälscht (das Kleinkind steht hier für den Regenerations- und Versorgungsbedarf aller Menschen)

und Texte,

die keine Bildbeschreibung sind, sondern sozial- und wirtschaftspolitische Hintergründe und Zusammenhänge aufzeigen - also auch für sich stehen können.

Zum tieferen Verständnis sind ausführliche Erläuterungen beigefügt. Sie sind aus Anlaß einer Ausstellungsführung entstanden.

Anne Happersberger-Lüllwitz

Unbezahlte Frauenarbeit

Basis der Wirtschaft

Das Bildungswerk der Deutschen Hausfrauengewerkschaft zeigt Fotos und Texte von Anne Happersberger-Lüllwitz

" ... **Mein Herz**
wird angerührt von allem, was ich nicht
bewahren kann: soviel ist zerstört worden.
Ich muß mein Los mit jenen teilen, die
Jahrtausend um Jahrtausend perverserweise,
ohne außergewöhnliche Macht, die Welt
wiederherstellen."
Adrienne Rich

"**...All the things**
I cannot preserve touch my heart: so much
has been destroyed. I must share my lot with
those who have perversely restored the world
for ages and ages without extraordinary
power."
Adrienne Rich

"**...Mon coeur**
est touché par tout ce qu'il m'est impossible
de conserver: Tant de choses ont été
détruites. Je dois partager le sort de toutes
celles qui, millénaire par millénaire, ont
reconstruit le monde en l'absence. Quelle
perversité, de pouvoirs extraordinaires."
Adrienne Rich

" ... **Mijn hart**
is geroerd door alles wat ik niet kan
behoeden: zo veel is vernietigd. Ik moet mijn
lot delen met hen, die milennium na
milennium, zonder over bijzondere macht te
beschikken, de wereld weer moeizaam
opbouwen."
Adrienne Rich

" ... **Mi corazón**
está aflijido por todo lo que no puedo
conservar: tanto ha sido destruído. Debo
compartir mi destino con aquellas, quienes,
milenio tras milenio, restauran el mundo,
absurdamente sin poder extraordinario."
Adrienne Rich

Zum Foto 1

Das erste Bild zeigt eine Schwangere, die Renovierungsmüll wegräumt und gleichzeitig auf das Nachahmungsbedürfnis ihres Kleinkindes eingeht.

Die Arbeit ist eine jener typischen Frauenarbeiten, jener unentbehrlichen und unsichtbaren Voraussetzungen für das Weiterleben und besteht in der Beseitigung von Verbrauchtem und Schmutz, den Spuren des Lebensalltags.

Das Bild enthält drei zeitliche Dimensionen: Vergangenheit, Gegenwart und Zukunft.
Auf die Zukunft bezogen ist die schwangere Frau, das erwartete Kind. In der Gegenwart findet die Vorbereitung auf diese Zukunft statt: die Familie bereitet Wohnraum für das Kind vor.
Zukunft der Gesellschaft bedeutet auch das bereits geborene Kind, welches durch die Mutter an der Gestaltung seiner Lebens- und Erfahrungsräume beteiligt wird.

Die historische Dimension des Bildes besteht in dem Bezug auf die besonderen Leistungen der Frauen in den Nachkriegsjahren, die darin bestanden, daß sie fast alleine die Last der psychischen und materiellen Schäden trugen und damit die Voraussetzung zum Weiterleben schafften. Daß sie deswegen Trümmerfrauen und nicht Aufbaufrauen genannt werden, gibt Auskunft über ihre gesellschaftliche Position. Trotz ihrer elementaren gesellschaftlichen Leistungen sollen Frauen - aufgrund des Geschlechterverhältnisses - immer wieder von Entscheidungen ausgeschlossen werden. Darauf weist noch die Tatsache hin, daß gerade die Frauen, die nach dem Krieg für Kinder, Männer und Wiederaufbau sorgten, in unserem Land um die lächerlichen Kindererziehungszeiten betrogen werden sollten (sie sollten im Auszahlungsstufenplan zuletzt die Rente erhalten).

Der Bildtext, ein Zitat von Adrienne Rich, faßt diese traurige Situation in Worte. Das Zitat ist auch eine Anspielung auf die Enteignung der weiblichen Kompetenz im Zusammenhang mit der Mutterschaft, wie es in ihrem Buch : „Von Frauen geboren, Mutterschaft als Erfahrung und Institution" beschrieben wird.

Familienarbeit

galt und gilt als "traditionelle Frauenarbeit"; aus diesem "Umstand" resultiert viel Paradoxes und Schizophrenes: obwohl Frauenarbeit die unabdingbare Voraussetzung aller wirtschaftlichen, politischen und gesellschaftlichen Vorgänge ist, sind Frauen nach wie vor von Entscheidungen bezüglich dieser (ihrer) Wertschöpfungen und deren Erlös ausgeschlossen!

Family work

has always been considered "traditional women's work"; this "condition" leads to paradox results: although women's work is primary to all other kinds of work in society, economics and politics, women are excluded from the decisions what is to be done with the value of and the money gained by their work.

L'activité de la femme

au foyer a toujours été considérée, et continue de l'être, comme "activité féminine traditionnelle". Cet état des choses est à l'origine de maints paradoxes, voire de situations schizophrènes: Bien que les activités domestiques soient la condition préalable de tous les processus économiques, politiques et sociaux, les femmes restent exclues des décisions concernant la plus-value qu'elles produisent et les bénéfices tirés.

Werk in huishouden

en gezin gold en geldt (nog altijd) als "traditioneel vrouwelijk werk". Uit dit "feit" resulteert veel wat paradox en schizofreen is: hoewel het werk van de vrouwen de absolute voorwaarde is voor alle economische, politieke en maatschappelijke gebeurtenissen, zijn vrouwen nog steeds uitgesloten bij beslissingen die verband houden met deze (haar) waardevolle arbeid en de oogst hiervan.

El trabajo doméstico

ha sido tradicionalmente trabajo femenino; de esa "circunstancia" resultan muchos hechos absurdos y esquisofrenia; aunque el trabajo femenino es condición esencial de todos los procesos económicos, políticos y sociales, las mujeres siguen siendo excluídas de la toma de decisiones en lo que respecta a lo que ha sido su creación de riqueza (valor agregado) y las ganancias de ésas.

Zum Foto 2

Eine Mutter sitzt an der Nähmaschine und wird durch das Kontaktbedürfnis und den Wissensdrang ihres Kindes in ihrer Arbeit unterbrochen. Sie muß auf sein Bedürfnis eingehen, denn die kindliche Fähigkeit, Bedürfniserfüllung aufzuschieben, ist noch sehr gering und muß sich erst entwickeln. Für die Mutter ist das nicht immer angenehm, obwohl gerade dieses Bild Harmonie und Ruhe ausstrahlt. Viele Frauen machen solche Arbeiten daher dann, wenn die Kinder schlafen.

Hier wird im doppelten Sinne Beziehungsarbeit geleistet: direkt durch das Einbeziehen des Kindes, indirekt durch die Verwendung des Produktes: Kleidung für die Kinder, Dinge für die Wohnung, für Wohltätigkeitsbasare von Kirchen und Kindergärten - sozialer Schattendienst. Entgegen den üblichen Klischees zeigt dies Bild, daß Hausfrauen sehr wohl produktiv und kreativ tätig sind.

Frauen machen solche Arbeiten auch aus finanziellen Gründen, um das Familienbudget zu entlasten oder weil bestimmte Artikel auf dem Markt nicht angeboten werden. Somit hat diese Arbeit sozialen, ökonomischen und ökologischen Wert:

Finanzielle familiäre, marktwirtschaftliche und soziale Defizite werden ausgeglichen. Aus Altem wird Neues gemacht (Wiederverwertung) - Beschädigtes wird repariert - Neues kreiert.

Von der Industrie werden Hausarbeitsprodukte innovativ genutzt und gewinnbringend vermarktet (z.B. Nahrungsmittelindustrie, Modebranche, Kunsthandwerk).

Ebenfalls von der Industrie genutzt werden die Qualifikationen, die sich Frauen zuhause aneignen.

Bei der sogenannten Wiedereingliederung wird die Wirtschaft zum Nutznießer der von Frauen durch FamilienHausArbeit erworbenen "Schlüsselqualifikationen": ihrer sozialen Kompetenz, Organisationsfähigkeit, Zuverlässigkeit und hohen Arbeitsmotivation.

Dieses Bild von der textilen Heimarbeit bezieht sich auch auf die typischen Frauenarbeiten und ihre Bedingungen in der Wirtschaft: schlecht bezahlt (Leichtlohngruppen), sehr belastend und ständig in der Gefahr, durch fortschreitende Technisierung und Automatisierung wegrationalisiert zu werden.

Die Wertschöpfungen

der Familienhausfrau: „Nesthocker" werden zu menschlichen Wesen gemacht: sie werden am Leben erhalten, versorgt, zu Selbständigkeit und Eigenverantwortung geführt; zu gesunden, leistungsfähigen Bürgerinnen und Bürgern ...

Society profits

from women's family work: "Nestlings" are formed into human beings: they are sustained and cared for, helped to become independent and responsible, fit and healthy citizens...

La plus-value

par la femme au foyer: Les petits sont transformés en êtres humains: Ils sont nourris, soignés, amenés à être des personnes indépendantes et responsables, des citoyens et des ciotyennes sains et actifs ...

De waardevolle arbeid

van de huisvrouw: van "nestkuikens" worden mensen gemaakt: ze worden in leven gehouden, verzorgd, tot zelfstandigheid en verantwoordelijkheidsbesef geleid; opgevoed tot gezonde en flinke burgeressen en burgers ...

Las creaciones de riqueza

(valor agregado) de la madre de familia: Cuidan de sus hijos, les educan como individuos independientes y responsables, como ciudadanos y ciudadanas sanos y eficientes ...

Zum Foto 3

Dieses Bild zeigt drei Kinder unterschiedlichen Alters und Geschlechts in der Badewanne. Sie sind beim Haarewaschen, in visueller und verbaler Kommunikation mit der Mutter, die sie zur Körperpflege anleitet.

Alles, was einen Menschen zum seelisch-körperlich Gesunden macht, muß er lernen, muß ihn jemand gelehrt haben. Einfachste und selbstverständlich erscheinende Dinge: wie, womit und wann man sich und seinen Körper pflegt. Das beinhaltet die Szene: Die Fürsorge der Mutter gegenüber den Kindern durch Anleitung zur Körperpflege und zur Selbständigkeit ist gleichermaßen Gesunderhaltung, Gesundheitserziehung, Sozial- und Sexualerziehung. Sexualerziehung besteht nicht im Anschauen einer nackten Frau (wie vielfach zu Bild 15 dieser Ausstellung kommentiert wird), sondern in der Bildung eines verantwortlichen Verhältnisses zum eigenen Körper und zu dem von anderen.

Nur wer ganzheitlich angenommen wird, lernt sich selbst kennen.

Nur wer sich selbst kennt, kann sich annehmen.

Nur wer sich annimmt, kann Verantwortung für sich und dann auch für andere übernehmen.

Mit diesem Hinweis möchte ich andeuten, welch immense Bedeutung eine solche Arbeit hat, die fälschlicherweise als primitiv, als nur pflegerisch gewertet wird.

... Aufrechterhaltung
familiärer, sozialer Netze bedeutet Hausarbeit ...

...Maintaining
family and social networks means housework ...

... Maintenir
le réseau des relations familiales et sociales signifie s'acquitter des tâches domestiques ...

... het onderhouden
von familiebanden en sociale relaties betekent werk in de huishouding ...

... mantener
las estructuras familiares y sociales significa trabajo doméstico ...

Zum Foto 4

Dies ist das einzige Bild, das - fast im Mittelpunkt - eine strahlende Frau zeigt. Eine andere Familie ist zu Gast und alle sind im Begriff, gemeinsam zu frühstücken.
Mit diesem Bild bringe ich die soziale Bedeutung von Familie zum Ausdruck und zeige, daß FamilienHausArbeit (auch) befriedigende Elemente beinhaltet.

Die Arbeit, die hinter dieser Situation steht, ist selbstverständlich nicht zu sehen:

Die Kontaktpflege durch Information, Anteilnahme, Interesse, Gespräche (= psychosozialer Dienst), Briefe schreiben; Vorbereitungen organisieren wie Terminvereinbarung, Übernachtungsmöglichkeiten, Einkäufe, gemeinsame Unternehmungen überlegen und planen und die Nacharbeit: aufräumen, putzen, große Wäsche.

Dieses Bild ist das einzige, auf dem auch Männer beteiligt sind. Das entspricht ihrem quantitativen und qualitativen Anteil an der FamilienHausArbeit. 90% der Familienarbeit wird von Frauen geleistet. Für Männer dagegen hat Familie die Bedeutung von Freizeit, Erholung, Nichtarbeit.

Und darin besteht eine weitere Bedeutung der unbezahlten Frauenarbeit für die Wirtschaft:

Motivations- und Regenerationsleistung für Arbeitskräfte,

emotionaler und sozialer Ausgleich zu den einseitigen Belastungen der Erwerbsarbeit (emotionale Entsorgung),

Erhaltung der Arbeitskraft und -moral.

... Güter
werden geschaffen, bewahrt, gelagert, gepflegt, verarbeitet ...

... Making,
preserving, keeping, taking care of, procesing "goods" ...

... Créer,
conserver, stocker, entretenir et transformer les biens ...

... goederen
worden vervaardigd, geconserveerd, opgeslagen, verzorgd, verwerkt ...

... la producción,
la conservación, el depósito, el cuidado y la elaboración de bienes ...

Zum Foto 5

Das fünfte Bild zeigt eine Frau beim Tapezieren einer Decke. Es zeigt wie Bild zwei, daß Hausfrauen sich vielfältige und unterschiedliche Kompetenzen aneignen.

216 verschiedene Qualifikationen manueller, muskulärer, intellektueller und psychisch-sozialer Art werden im Familienhaushalt benötigt und erworben, fand die Uni Hohenheim heraus (Eltern 6/89).

Mit diesem Bild möchte ich vor allem dem Klischee der gepflegten, kaffeetrinkenden, nur staubwischenden Hausfrau entgegentreten. Ich zeige eine Frau, die eine schwere handwerkliche Arbeit leistet und daneben alles "übrige" weiterhin erledigt, wie Kinder versorgen, kochen und waschen. Es ist nicht das starke Bild der Frau (so ein Zeitungstitel), sondern das Bild der starken Frau, das ich zeige.

Ich zeige auch, daß im Haushalt nicht nur konsumiert wird, sondern daß auch wirtschaftliche Güter produziert und instandgehalten werden: vom Hausbau in Eigenleistung bis zur Pflege und Wartung der Wohnung.

... Pflege
von Brauchtum und Traditionen bedeutet Hausarbeit ...

... Keeping
up customs and traditions means housework ...

... Cultiver
les traditions et les usages signifie accomplir les travaux domestiques ...

... gebruiken
en tradities onderhouden betekent huiswerk...

... el preservación
de costumbres y tradiciones es trabajo doméstico ...

Zum Foto 6

In völligem Kontrast zur handwerklichen Schwerarbeit zwecks Erhaltung der Wohnqualität steht das sechste Bild mit der Vorbereitung auf ein Fest, das zur Erhaltung des seelischen Gleichgewichts dient.
Die Frau zündet die Kerzen am Weihnachtsbaum an.

Die Geschenke für alle sind gewählt, besorgt, liebevoll bis in die Nächte hinein verpackt worden. Das Festessen ist vorbereitet, an Freunde und Verwandte wurden Weihnachtsgrüße verschickt und eventuelle Besuche verabredet und vorbereitet.
Die Weihnachtsbäckerei schaffte schon seit Wochen eine duftende Atmosphäre - der Baum ist besorgt und kunstvoll geschmückt. ...
Die Spannung und Erwartungen auf das Fest sind hoch ...

Jede Gemeinschaft, von den Indianern bis zu den Japanern, drückt ihre Kultur auch in ihren Festen aus. Feste dienen - neben vielem anderen - zur Stärkung der Verbindung von Menschen untereinander, ihrer Vergangenheit, Gegenwart und Zukunft. Sie sind lebenswichtig für Seele, Körper und Geist. Feste geben Kraft für den Alltag.
Sie müssen vorbereitet, gestaltet und nachbereitet werden; Arbeit, die überwiegend von Frauen geleistet wird.

Zur Weitergabe von Kultur und Wertvorstellungen an die nächste Generation gehört auch die Auseinandersetzung mit kritischen Fragen. Eine Fünfjährige fragte z. B. ihre Mutter: "Wieso ist Gott der Vater, wenn Josef der Vater ist?"

Eine andere Frau stellt fest: "Wenn du Mutter wirst, mußt du vieles hinterfragen, nachlesen, dich informieren, dir Wissen aneignen, wenn du deinen Kindern Fragen beantworten willst. Kinder hinterfragen alles."

Die Anforderungen

an die Familienhausfrauen sind enorm hoch! Allein die Ansprüche, die aus der Arbeit selbst und den Arbeitsprozessen resultieren, machen eine totale Auslastung bis Überlastung deutlich!

The demands

are enormous! The work itself and the working process keep mothers fully occupied and put a great strain on them.

Les exigences

auxquelles doivent satisfaire la femme au foyer sont énormes! Il suffit de regarder les contraintes de son travail quotidien et les processus d'exécution pour comprendre qu'elle travaille à cent pour cent de sa capacité, qu'il y a constamment surmenage.

De eisen

die aan de huisvrouw gesteld worden zijn enorm hoog! Alleen al de vorderingen die weer ontstaan uit het werk en het arbeidsproces maken duidelijk dat de huisvrouw niet alleen totaal belast is maar overbelast!

Las exigencias

a las madres de familia son muchas! Con sólo aquellas que resultan del trabajo mismo y los procesos que ese trabajo implican, redundan claramente en una ocupación de tiempo completo, o mejor dicho, un recargo de funciones!

Zum Foto 7

Das siebte Bild zeigt eine Mutter beim Einkauf in der Obstabteilung zusammen mit ihren Söhnen. Konzentriert auf Auswahlkriterien und Kaufentscheidung, muß sie sich gleichzeitig mit den Konsumwünschen der Kinder auseinandersetzen.

Das Bild ist eine Gegendarstellung zur Behauptung, der Haushalt sei nur eine Restaufgabe, da viele Arbeiten wie Kerzenziehen, Einkochen und Konservieren industrialisiert worden seien. Mit der Auslagerung ehemaliger Hausarbeit ist neue Arbeit entstanden.

Der Einkauf erfordert umfangreiche finanzielle und hauswirtschaftliche Planung, einen PKW, Berücksichtigung von Öffnungszeiten, Bewältigung großer Entfernungen, Information über Qualität, Herkunft, Anbieter, Verkaufsorte der Waren.

Während des Einkaufs muß geprüft und entschieden werden nach:

Gesundheitswert und -belastung, nach Preis, Haltbarkeit, Inhaltsstoffen (E-Stoffen), Verpackung ...

Die weitreichende Bedeutung allein dieses Hausarbeitsdetails verdeutlichte der Verbraucherkongreß im Oktober 91 unter dem Titel VERANTWORTLICHES EINKAUFEN mit Arbeitsgruppen über Einkaufen und

- Friedenssicherung, Umwelt, Gesundheit, Geld, fairen Handel mit der 3. Welt, ökologische Landwirtschaft, soziale Aspekte ...

Neben seiner weltwirtschaftlichen hat das Einkaufen auch eine persönlichkeitsbildende Bedeutung. Frau muß sich mit den Konsumwünschen ihrer Kinder und ihres Mannes oder Partners auseinandersetzen und Entscheidungen begründen. Kinder sollen zur Urteilsfähigkeit, zu kritischem Konsumverhalten und verantwortlichem Umgang mit Ressourcen hingeführt werden. Allein dieser Aspekt ist geistige und seelische Schwerstarbeit, gilt es doch, ausgeklügelten Werbestrategien die Stirn zu bieten.

Nicht zuletzt ist Einkaufen schwere körperliche Arbeit: bücken, heben, tragen ... für die Versorgung einer Vier-Personen-Familie müssen pro Monat etwa 160 kg Ware achtmal bewegt werden, das sind hochgerechnet 25,6 Zentner (pro Person und Tag 1,3 kg; vom Regal in den Einkaufswagen / an die Kasse / in Taschen oder Kartons / ins Auto / ins Haus / in die Schränke / zur Zubereitung / auf den Tisch).

Als Anforderung

kommt jedoch noch hinzu: das Feedback „der Welt draußen"! Die widersprüchlichsten Aussagen bezüglich der Wertschätzung der Hausarbeit und der Hausfrauen erleichtern ihr nicht gerade das Leben:
- Diffamierungen und Diskriminierungen ihrer Person und Arbeit: „kritiklose, weltfremde Schmarotzerinnen ... Nur Hausfrau ... arbeitet nicht ... Hausarbeit nur eine Frage der Organisation ..."
- Idealisierung: „Mutter ist die beste! Unbezahlbar und unentbehrlich; Hausarbeit ist 4.000 DM pro Monat wert"
- sowie ihre tatsächliche demütigende Situation: aus ihrer dem Haushalt vorstehenden Position, ihrer schweren körperlichen und geistigen Arbeit erwächst ihr nur das „Recht" auf Unterhalt.

In addition

there is another demand: the feedback from "the world outside"! The most controversial points of view on the value of housework and housewives do much to aggravate her situation:
- her person and her work are looked down upon and discriminated: "parasites, stupid and ignorant of the real world ... just a housewife ... doesn't work ... housework - just a matter of organization..."
- the ideal: wonderful mother! Priceless, indispensable. Housework is worth 4.000 DM a month.

De surcroît,

elle doit supporter ce qu'elle reçoit en retour du "monde extérieur"! Les jugements les plus contradictoires portés sur la valeur de l'activité de la femme au foyer et sur sa personne ne sont en effet pas de nature à lui faciliter la tâche:
- Diffamation et discrimination: "Des parasites acceptant n'importe quoi, ignorant les réalités du monde ... Elle ne travaille pas ... Les travaux domestiques, une simple question d'organisation ..."
- Idéalisation: "Maman est la meilleure! Elle est impayable et indispensable;
- Calcul économique: Les travaux domestiques représentent une plus-value se chiffrant à 4.000 deutschmarks par mois ..."

Maar als

belastende omstandigheden komt daar nog bij: de reacties van "de wereld buiten". De meest tegenstrijdige uitlatingen over de waardering van huishoudelijk werk en over de huisvrouw zelf maken haar het leven niet bepaald eenvoudiger:
- het belasteren en discrimineren van de persoon en haar werk: "kritiekloze, wereldvreemde parasiet. Huisvrouw zonder beroep ... werkt niet ... huishouden - alleen maar een kwestie van organiseren ..."
- het idealiseren: "Moeder is de beste! Onbetaalbaar en onontbeerlijk."
- Markteconomische berekening: Huishoudelijk werk is DM 4.000 per maand waard ...

Además hay

una exigencia más: el eco del "mundo exterior"! Las declaraciones más divergentes sobre la estimación del trabajo doméstico y de las madres de familia, realmente les hacen la vida aun más difícil.
- Las difamaciones y discriminación de su persona y su trabajo: "parásitos sin criterio y ajenas al mundo. Simplemente ama de casa ... no trabajan ... trabajo doméstico, es sólo cuestión de organización ..."
- La idealización: "Mamá es la mejor! Inapreciable e indispensable";
- La estimación en la economía del trabajo (alemán): El salario del trabajo doméstico equivale a DM 4.000 por mes ...

Zum Foto 8

Eine schwangere Frau am Herd bei der Zubereitung eines Eintopfes. Hinter ihr bemüht sich das Kleinkind um ihre Aufmerksamkeit. Dieses Bild hatte ich zum Aushängeschild für die Ausstellung gemacht. Es symbolisiert das Geschlechterverhältnis - die rechtliche und soziale Benachteiligung der Frau - und die Hausarbeit in ihrem ursprünglichen Sinn: Frauen tragen und gebären Leben und erhalten es durch ihre Arbeit. Personenfürsorge ist die Ursache der Hausarbeit, ist ihr Inhalt, ihr Ziel - manuelle, hauswirtschaftliche und haushälterische Arbeit ist eine der Folgen.

Dieses Bild steht für Mißverständnisse und Diskriminierungen.

Eine Schwangere ist die sichtbare Folge von Sexualität und damit eine Provokation, auf die mit Ausgrenzung oder Tabuisierung reagiert wird.

In der feministischen Emanzipationsdiskussion wird eine Arbeitsteilung, die auf die weibliche Gebärfähigkeit zurückgeht, als biologistisch abgelehnt.

In allen mir bekannten wissenschaftlichen Schriften wird mütterlich/weibliche Fürsorgeleistung als Instinkthandlung oder Liebe definiert und ihr damit der Arbeitscharakter abgesprochen.

In dieser Deutung liegt der eigentliche Skandal. Sie hat weitreichende Folgen für die Praxis, wie es die Formulierungen Mutterschafts"urlaub", "Nur"Hausfrau oder "Wiedereingliederung" zum Ausdruck bringen. Und diese Deutung hat rechtliche, finanzielle und emanzipatorische Folgen, die der Bildtext anspricht:

Vollzeithausfrauen sind Taschengeld- und Unterhaltsempfängerinnen - Versicherungsopfer - Betrogene im Generationenvertrag. Ihr Versuch, all dem durch eigene Erwerbsarbeit zu entgehen, greift zu kurz: auch als Teilzeit- oder Vollzeiterwerbstätige erzielen Frauen kein gleichwertiges Einkommen.

Die Entmündigung der Frau in Familie und Ehe ist die Ursache ihrer Benachteiligung im Erwerbsbereich.

Das Typische

an der (Familien-)Hausarbeit ist die Untrennbarkeit sozialer und materieller Arbeit: Personenfürsorge ist die Ursache, materielle Arbeit die Folge. Familien-Hausarbeit ist ein komplexer, vieldimensionaler Vorgang, der mit üblichen Arbeitserfassungsnormen nicht meßbar ist; deshalb erscheinen Statistiken über Hausarbeit so lächerlich unwirklich, weil sie gleichzeitig ablaufende Vorgänge linear, hintereinander darstellen!

Typical of

(family)housework: social and material work cannot be separated: caring for one's children means love and work, one leading to the other. Family housework is complex and has many dimensions. It cannot be measured and standardized: this is why statistics on housework seem so unreal and ridiculous - simultaneous processes are shown as a succession.

La caractéristique

de l'activité de la femme au foyer: le travail social et le travail matériel forment un tout indissociable. Le souci du bien-être des personnes humaines qui est à l'origine entraîne forcément du travail matériel.
L'accomplissement des tâches domestiques est un processus si complexe et multidimensionnel qu'il est impossible de mesurer à l'aucune des normes habituelles d'appréciation du rendement. Aussi les statistiques relatives aux activités de la femme au foyer, du fait de considérer linéairement, donc l'un aprés l'autre chacun des actes se déroulant simultanément, donnent-elles une image tout à fait irréaliste.

Het typische van

het werk in huishouden en gezin is, dat het sociale en materiële aspect niet los van elkaar gezien kunnen worden: de zorg voor de persoon is de oorzaak, werk aan het materiaal is het gevolg. Het huishouden is een complexe veelzijdige bezigheid, die men niet kan meten met de gewone normen ter registrering van het werk; daarom doen de statistieken over huishoudelijk werk zo belachelijk aan: omdat ze gelijktijdig aflopende processen lineair, achtereenvolgend tonen.

Lo típico del

trabajo doméstico (para la familia) es que es un trabajo social y económico al mismo tiempo: El atender a las personas produce trabajo material. El trabajo doméstico es un proceso complejo y multidimensional, que no se puede medir con modelos corrientes de evaluación de trabajo; por eso las estadísticas del trabajo doméstico parecen de un modo ridículo irreales, porque representan procesos simultáneos sucesivamente como procesos lineales!

Zum Foto 9

In Bild neun versorgt eine Mutter mit links (und rechts) den Säugling - ihre Aufmerksamkeit ist auf das Dreijährige gerichtet, welches sich selbständig unter riskantem Klettermanöver etwas zu trinken holt - während sie aufpassen muß, daß ihr der Vierjährige mit dem Holzpferd nicht über die Füße schaukelt.
Hier, wie auch in Bild 14, kann jede/r einen Eindruck davon bekommen, daß Arbeit mit Kindern Streß bedeutet und daß Entlastung und Unterstützung für eine Person, die solche Arbeit leistet, überlebenswichtig sind.

Mit jedem zusätzlichen Kind wächst das Niveau von Konzentration und Anforderung - pädagogische Ansprüche werden fast undurchführbar.

Eine solche Situation muß man sich vor Augen halten, wenn man Arbeitszeitstudien über Hausarbeit liest, um zu verstehen, wie unrealistisch und lebensfern Statistiken sein können. Hier werden Simultan-Tätigkeiten fein säuberlich aufgelistet:

soundsoviel Stunden für Kochen, für Waschen, für Kinderbetreuung; gerade so, als wären anwesende Kinder bei der Hausarbeit nicht vorhanden.

Hausarbeit ist immer auch Beziehungsarbeit - Beziehungsarbeit ist immer auch Hausarbeit.

Familien-Hausarbeit

besteht nicht (alleine) in technischen Abläufen, die rationalisierbar und organisierbar sind, vielmehr sind diese die Folge ganz unterschiedlicher Bedürfnisse, im Zusammenhang des jeweiligen (ständig sich verändernden) sozialen Kontextes.

Family-housework

does not (only) consist of technical processes that can be organized and rationalized. The processes result from very different demands in an ever changing social context.

Les activités de la femme

au foyer ne consistent pas (uniquement) en processus techniques dont l'accomplissement peut être rationalisé et organisé, elles sont plutôt une réponse aux besoins humains, trés variés, qu'il s'agit de satisfaire dans le contexte social du moment.

Huishoudelijk werk

bestaat niet alleen uit technische verrichtingen die rationaliseerbaar en organiseerbaar zijn, veeleer zijn deze het gevolg van geheel verschillende menselijke behoeftes, die samenhangen met de (zich constant veranderende) sociale context.

El trabajo doméstico

no sólo consiste en procesos mecánicos, que se pueden racionalizar y organizar, sino que son procesos resultantes de necesidades humanas muy diferentes en su contexto social (siempre en evolución).

Zum Foto 10

Dieses Bild zeigt eine Mutter beim Frühstück, die im Begriff ist, sich ein Honigbrot zuzubereiten. Auf ihrem Schoß sitzt ein Baby, das sich das Messer gegriffen hat und mit der anderen Hand ein Stück Brot zum Mund führt. Daneben sitzen zwei weitere Kinder, von denen eines nach dem Brot des Babys greift, während das dritte Kind das Geschehen genau beobachtet.
Nach der Abnabelung folgt das Stillen, nach dem Stillen das Abstillen. Aber bis zu seinem Tod lebt der Mensch nicht vom Brot allein ...

Nahrung und Ernährung haben von Anfang an nicht nur einen biologischen Zweck. Sie sind von Anbeginn des Lebens ein soziales und kulturelles "Ereignis". Ernährung ist ein ganzheitlicher - das heißt Leib und Seele betreffender - Vorgang. Das wird in diesem Bild besonders deutlich. Während das kleinste Kind noch den unmittelbaren Körperkontakt braucht, können die größeren Kinder schon in einiger Entfernung zum leiblichen Körper der Mutter sitzen. Aber die emotionale Verbindung ist noch notwendig.

Der Text zum Bild verweist darauf, daß die Bedürfnisse des Menschen sich entwickeln und verändern. Und daß dieser Prozeß die Hausarbeit und die Belastungen und Arbeitsumstände von Familienfrauen verändert.

Was die wenigsten in diesem Bild erkennen, ist der Arbeitscharakter - der hohe körperliche und emotionale Anspruch der Kinder an die Mutter. Jede Situation wird durch die Bedürftigkeit von Kindern elementar verändert. Das Einnehmen einer Mahlzeit, die als Genuß, Erholung und Entspannung erlebt wird, wird mit Kindern zur Aufgabe, zum Arbeitsessen.

Viele Ernährungsstörungen wie Allergien, Überernährung, Nahrungsverweigerung, Magenerkrankungen sind psychosomatisch bedingt, sind Folge der Unterschätzung und Fehleinschätzung dieses ganzheitlichen Vorgangs.

Hausarbeit zu organisieren

hieße, diese individuelle und soziale, am Menschen orientierte Bezogenheit wegzurationalisieren, wodurch Hausarbeit zum Selbstzweck pervertierte!

To fully organize

housework would mean to do away with individual human and social needs. This would pervert the work into something done for its own sake.

Organiser les activités

de la femme au foyer, ce serait faire disparaître, à force de la rationaliser, cette référence individuelle et sociale à la personne humaine et reviendrait à faire de ces activités une fin en soi.

Huishoudelijk werk

organiseren zou betekenen dat men deze individuele en sociale, op de mens gerichte betrokkenheid weg zou rationaliseren, waardoor het huishouden tot doel op zichzelf zou worden.

Organizar el trabajo

doméstico significaría sustituir la referencia individual y social del ser humano, por racionalización cambiando así la finalidad misma del trabajo doméstico.

Zum Foto 11

Die Mutter putzt die Badewanne, im Hintergrund spielt ein Zweijähriger "Waschbecken putzen", während das Einjährige Zuflucht bei der Mutter sucht, nachdem es vom Bruder weggeschubst wurde.
Neben der Notwendigkeit, immer auch die Kinder zu beschäftigen, um selbst eine Arbeit verrichten zu können, kommt in diesem Bild der Sisyphus-Charakter der Hausarbeit zum Ausdruck: Wenn frau am Ende angelangt ist, kann sie grad am Anfang weitermachen. Noch während sie die Badewanne sauber macht, wird schon wieder das Waschbecken benutzt ...

Es ist offensichtlich, daß ein solcher Arbeitskreislauf krank machen kann. Vor allem müßte es nachvollziehbar sein, daß es ein berechtigtes Bedürfnis von Müttern ist, endlich mal fertig zu sein, Erfolg zu sehen, eine Arbeit begutachten zu können. Aber während Sisyphos zum weltbekannten Mythos wurde, hat man für Hausfrauen nur abfällige Bezeichnungen übrig - sie seien Putzteufel oder sie hätten einen Putzfimmel.

Besonders Pädagogen und Psychologen haben kein Verständnis für Mütter, die es gar nicht begeistert, wenn ihre Kinder ständig matschen und die Wohnung verdrecken. Ich will damit nicht der Sterilität das Wort reden, sondern einfach darauf hinweisen, daß die gesunde Entwicklung eines Kindes - wozu zweifellos Matschen und Dreck gehören - eine Menge Arbeit bedeutet, und daß die verständnislose Distanz von Theoretikern zu dieser Arbeit Mütter sehr frustieren kann.

Weil die Ursache

und der Maßstab der Hausarbeit Menschen und deren Bedürfnisse sind, ist Hausarbeit auch zeitlich kaum berechenbar! Darüberhinaus bestimmen gesellschaftliche Einrichtungen und Institutionen (Krankenhäuser, Kindergärten, Schulen, Behörden, Arztpraxen, Geschäfte, Sportvereine usw.) den zeitlichen Ablauf der Hausarbeit! Die "Organisation" der Hausarbeit besteht also in der Koordination verschiedenster individueller Bedürfnisse (Kinder, Kranke, Alte) mit gesellschaftlichen Bestimmungen und mit der hieraus sich ergebenden Arbeit!

Because human beings

and their needs are the cause and the mesure of housework it is rather difficult to calculate the time needed. In addition all kinds of social institutions set the hours (hospitals, kindergardens, schools, authorities, surgeries, shops, sport clubs etc,). "Organizing" housework therefore means coordinating various individual needs (of children, invalids and old people) with social determinants and with the resulting work.

Vu que la source

des activités de la femme au foyer à laquelle elles se mesurent est le bien-être des personnes humaines, il est impossible de calculer le temps nécessaire à l'accomplissement de ces tâches. Par ailleurs, le programme d'exécution des tâches de la femme au foyer se voit déterminé par des établissements et institutions sociaux (hôpitaux, maternelles, écoles, services publics, cabinets de médecin, magasins, associations sportives, etc.). L'"organisation" des activités de la femme au foyer consiste donc en la coordination des différents besoins individuels (enfants, malades, personnes âgées) dictés par la société et des tâches à accomplir.

Omdat de oorzaak

van huishoudelijk werk en de maat waarmee het gemeten wordt mensen en hun behoeftes zijn, is het huishouden ook in tijd uitgedrukt nauwelijks te berekenen. Bovendien bepalen maatschappelijke instellingen en inrichtingen (ziekenhuisen, kleuterscholen, scholen, overheidsinstanties, dokterspraktijken, winkels, sportverenigingen enz.) de tijdelijke afloop van het huishouden. De "organisatie" van het huishouden bestaat dus uit het koordineren van de meest verschillende individuele behoeftes (van kinderen, zieken, oude mensen) met hun maatschappelijke bestemming en het werk dat hieruit voortvloeit.

Zum Foto 12

Eine Mutter im Gespräch mit dem Arzthelfer, der ihr Kind behandelt. Sie unterstützt ihn dabei, während das Kind auf dem Schoß voll interessierter Skepsis auf das ihm fremde Geschehen schaut. Es hat sich beim übermütigen Hechtsprung aufs Sofa den Unterarm gebrochen. Bis zur Kinderklinik mußten sie eine Stunde fahren und dort ein und eine halbe Stunde warten, bis sie dran waren. Ein zweites Kind mußte solange anderweitig untergebracht (beschwichtigt) werden.
Wenn Mütter nicht mehr wissen, wo ihnen der Kopf steht, wird ihnen oft vorgeworfen, sie könnten nicht organisieren. Dieses Bild stelle ich gegen diesen Vorwurf.

Unfälle, Krankheiten, seelische Bedürfnisse, Trauer, Wut und Schmerz sind nicht kalkulierbar und besonders für Kinder noch nicht alleine zu bewältigen. Deshalb haben sie Priorität - geplante Arbeiten müssen zurückgestellt / verschoben werden. Berechenbar ist die Unberechenbarkeit im Leben mit Kindern. Mütter können es sich nicht leisten, sich zu verausgaben und krank zu werden. Was sie absolut einzuplanen haben, ist: immer Kraftreserven zu haben. Dies gilt umso mehr, je kleiner die Kinder sind. Hauswirtschaftliche Planung und Management finden an Kindern ihre Grenzen.

Eine Hauswirtschaftsmeisterin, Mutter von zwei Kindern, berichtete, daß das große Chaos ausbrach, als sie selbst einmal für vier Tage krank war. Zwei für sie einspringende Personen brachten es nicht fertig, zu kochen und die Kinder zu versorgen. Da sei ihr erst bewußt geworden, was sie leiste.

Ya que la causa

y la escala de medida del trabajo doméstico son los seres humanos y sus necesidades, este trabajo casi nunca se puede medir en unidades de tiempo. Además las instituciones sociales (hospitales, jardines infantiles, escuelas, autoridades, consultorios médicos, tiendas, clubs deportivos etc.) determinan el transcurso temporal del trabajo doméstico. La "organización" del trabajo doméstico consiste pues, en la coordinación de necesidades individuales muy diferentes (niños, enfermos, ancianos) con reglamentos sociales y el trabajo proveniente de éstos.

Die Priorität

des Menschen hat den ganz typischen Hausarbeitsablauf zur Folge, der so erschöpfend und ermüdend ist: die Zerstückelung des Arbeitsprozesses durch die Unterbrechung, das Provisorische, die Unendlichkeit, die Gleichzeitigkeit, die Konsumierung, die Unsichtbarkeit, den Aufschub / die Zurückstellung, den Verbrauch, die Wiederholung ...

Human needs

are given highest priority. This is typical of housework and makes it so tiring and exhausting: the flow of word is always cut up, interrupted, makeshift and endless, simultaneous, consuming, invisible, postponed, repeated ...

C'est la priorité

accordée à la personne humaine qui est à l'origine du processus spécifique de l'accomplissement des tâches pénibles et fatigantes de la femme au foyer: Il y a constamment fractionnement du processus de travail qui doit être interromptu mainte et mainte fois pour répondre à des besoins plus pressants, il est nécessaire d'improvisionner, de faire plusieurs choses à la fois, de reporter certains actes, d'y renoncer ou de les répéter, autant d'éléments qui, vu l'immensité du travail, souvent invisible, contribuent à user les forces outre mesure.

De prioriteit

van de mens heeft de zeer typische afloop van het huisoudelijk werk ten gevolge, die zo uitputtend en vermoeiend is: door de versnippering van het arbeidsproces door onderbrekingen, door het gelijktijdig doen, het consumeren, het onzichtbaar blijven van het werk, het moeten uitstellen, het eerst iets anders moeten doen, het verbruiken en het steeds weer opnieuw moeten doen.

Los seres humanos

determinan el transcurso típico del trabajo doméstico que es tan agotador y fatigoso: la desegregación del proceso de trabajo por interrupción, las soluciones provisionales, el "nunca acabar", la simultaneidad de las tareas ,el consumo, la invisibilidad de los trabajos hechos, el aplazamiento de cosas por hacer, la depreciación, la repetición...

Zum Foto 13

Die Mutter spült Geschirr, das Kind macht es ihr nach. Erstgeborene und Einzelkinder orientieren sich in erster Linie an der Mutter / an Erwachsenen. (Nachfolgende Kinder orientieren sich an den Erstgeborenen). Sie wollen und müssen lernen. Sie wollen genau das wissen und tun, was Erwachsene tun.

Das heißt in dieser Situation: damit die Mutter überhaupt spülen kann, muß sie dem Kind Einsicht und Nachahmungsmöglichkeit gewähren - sie muß es währenddessen im Auge behalten, damit es sich nicht gefährdet (z.B. nicht vom naß und glitschig werdenden Hocker rutscht), es anleiten (wie es mit zerbrechlichem Geschirr sachgerecht umgeht) und gleichzeitig spülen.

Damit wird eine simple Arbeit zur Schwerstarbeit - die eigentliche Arbeit fast zur Nebensache.

Das Charakteristische

der Hausarbeit ist: Entscheidungen gegensätzlicher Bereiche, kurz- und langfristiger Art fallen zusammen mit unterschiedlichen Handlungen und müssen gleichzeitig erledigt werden!

Characteristic

of housework: conflicting decisions (long- or short-term) coincide with various actions at the same time.

La caractéristique

des activités de la femme au foyer, c'est le fait que les décisions à prendre à court et à long terme n'interviennent pas dans le cadre d'un processus isolé, mais simultanément avec la réalisation d'actes d'une toute autre nature.

Het karakteristieke

van huishoudelijk werk is: dat beslissingen over volkomen tegengestelde zaken - op korte en lange termijn samenvallen met verrichtingen van heel andere aard en toch gelijktijdig gedaan moeten worden.

Lo típico

del trabajo doméstico es que : Hay que tomar deciciones en los más diversos sectores - a corto y largo plazo -, y simultaneomente llevar a cabo tareas diferentes.

Zum Foto 14

Jemand ruft an -
der Versicherungsagent wegen der Hausrats- oder Lebensversicherung,
eine Freundin, um einen Termin mit den Kindern zu verabreden,
der Ehemann, um zu sagen, daß er sich verspäten wird,
die Schwieger-Mutter, um vom schwerkranken Vater zu berichten.

Die Mutter war gerade im Begriff, dem Kleinen die Windeln zu wechseln, als das Telefon klingelte. Mit einer Hand hält sie den Hörer und spricht, während sie mit der anderen Hand den Kleinen zu Boden läßt. Das größere Kind vor ihr greift nach dem Hörer und fordert lautstark Auskunft und den Hörer. Der Telefonapparat - Mittel zur Kommunikation - steht auf dem Schrank, vor dem Zugriff der Kinder gesichert.

Es sollte zu denken geben, daß fast alle Frauen dieses Bild als für ihre Situation typisch nennen. "Kontakte und Gespräche mit Erwachsenen sind auf ein Minimum reduziert - sie sind fast unerreichbar wie der Telefonapparat für die Kinder", kommentierte eine Mutter dieses Bild.

Die konzentrierte Zuwendung auf eine andere Person oder Sache wird von kleinen Kindern als Ausschluß, als Bedrohung erlebt. Infolgedessen wollen sie teilnehmen an der Tätigkeit der Mutter und sich ihrer Zuwendung vergewissern. Damit kommt die Mutter besonders bei Gesprächen in einen unlösbaren Konflikt. Was bei manuellen Arbeiten schon Streß verursacht: die Kinder im Auge zu behalten und unvorhergesehen abbrechen zu müssen, kann im Bereich der sozialen Kommunikation auf Dauer zur Persönlichkeitsstörung führen.

Keine zusammenhängenden Sätze mehr sprechen zu können, keine kontinuierliche Denkarbeit leisten zu können, sind Folgen derartiger Simultankommunikation.

Im Fremd-Sprachbereich gilt die Simultanübersetzung (= während des Hörens zu übersetzen) als höchster Kraftakt. Die Mutter hier leistet jedoch noch etwas dazu: sie muß gleichzeitig unterschiedliche Anforderungen von Kindern und von Erwachsenen (am anderen Ende der Leitung) auffassen, beantworten und vereinbaren.

Die Behauptung, Familienarbeit sei intellektuelle Unterforderung, ist falsch. Ich würde dies eher eine Überforderung nennen.

Ein Kind lernt sprechen durch Benutzen seiner Stimme und durch Interaktion mit der Bezugsperson, durch die Widerspiegelung seiner Äußerungen, durch das Aufgreifen, Interpretieren und Differenzieren seiner lautlichen Signale durch Erwachsene.

Das Vermitteln der Mutter-Sprache ist eine intellektuell hochwertige und schöpferische Entwicklungsleistung von Müttern an ihren Kindern. Erst dann kann das Kind lernen, Sprache als Kommunikations- und Abstraktionsmittel zu gebrauchen, kann sich zurücknehmen, warten und zuhören lernen. Autismus, Stottern, mangelnde Ausdrucksfähigkeit können irreversible Folgen sein von unangemessenen sprachlichen Disziplinierungen und sprachlichem Mißbrauch von Erwachsenen gegenüber Kindern.

Es ist zwingend erforderlich, Mütter in diesem Bereich zu entlasten und ihnen Ausgleichsmöglichkeiten anzubieten.

Zuverlässigkeit,

Vertrauen und Kontinuität sind die Voraussetzung gesunder körperlicher und geistiger Entwicklung. Da es keine Arbeitszeitregelung für Familienhausfrauen gibt, bedeutet das für sie: Verzicht auf eigene elementare Bedürfnisse, rund um die Uhr - ständig zur Verfügung stehen, mit allem zu rechnen, auf alles gefaßt sein und immer noch Kräfte übrig zu haben ...

Children

need reliable, trustworthy and continuous care for the developement of their bodies and minds. For women working in the family there exists no agreement on working hours. This means being at everyone's disposal at all hours, always being prepared for anything that may happen and still possessing surplus energy ... For this women have to put aside their own very elementary needs and neccesities.

La fiabilité,

la confiance et la continuité, telles sont les prémisses d'un développement physique et intellectuel sain. Vu l'absence d'horaires fixes pour la femme au foyer, elle doit: renoncer à satisfaire à ses besoins personnels, être présente et disponible 24 heures sur 24, relever n'importe quel défi, donner une réponse adéquate á quelle situation que ce soit et, de surcroît, avoir toujours des forces en réserve.

Betrouwbaarheid,

vertrouwen en continuïteit zijn de voorwaarden voor een gezonde lichamelijke en geestelijke ontwikkeling. Omdat er geen werktijdregeling bestaat voor huisvrouwen, betekent dit voor haar: afstand doen van eigen behoeftes, de hele dag; voortdurend ter beschikking zijn, op alles voorbereid zijn en altijd nog kracht over hebben.

Cumplimiento,

confianza y continuidad son esenciales para un desarollo sano físico y mental. Si no hay reglamentos sobre horarios de trabajo doméstico para las madres de familia, ellas tienen que: renunciar a sus necesidades elementales y estar siempre a disposición de los demás todo el día, estar preparadas para cualquier cosa y siempre tener fuerza de sobra.

Zum Foto 15

Bild 15, die Abbildung der nackten Wahrheit, erregt am meisten Anstoß und Aufmerksamkeit.
Die Frau will gerade unter die Dusche, als eines der Kinder mit einem Glasgefäß ankommt. Wegen Bruch- und Verletzungsgefahr nimmt sie das Glas an sich - die Zahnbürste hat sie noch im Mund. Das andere Kind steht zähneputzend auf einem Fußschemel am Waschbecken. Bevor sie die eigene Morgentoilette macht, hat die Mutter die Kinder gewindelt und angezogen. Hinter ihr liegt eine Nacht, in der sie durch die zahnenden Kinder viermal geweckt wurde.

Wer verantwortlich ist für Kinder, kann sich nicht ihrer Entwicklung, ihren Ängsten und Schmerzen und ihrer Bedürftigkeit entziehen. Das bedeutet, eigene Bedürfnisse zurückzustellen und sogar ganz darauf zu verzichten. Es geht hier um elementare Bedürfnisse wie Schlaf, Körperpflege, Kleidung, Ernährung und Wärme. Schlafstörung über Jahre hinweg ist eine Foltermethode. Solange keine andere Person Aufgaben an Kindern kontinuierlich mit übernimmt, kann sich eine Mutter keinen Freiraum organisieren. Für viele ist es daher Luxus, sich einmal auszuschlafen, zu erholen, sich einmal gut zu kleiden, zu schmücken oder ein Buch zu lesen.

Diese Situation bringt das Foto zum Ausdruck. Ein Bild, das für Mütter alltäglich ist, erregt Anstoß. Aber es ist nicht die Situation, die Anstoß erregt, sondern die Nacktheit der Person. Empörte Reaktionen auf dieses Bild sind bezeichnend für die Einschätzung von Mütterarbeit und für den Stellenwert von Frauen; hier wird obszöne Sexualität hineininterpretiert - aber die Frau in ihrer Situation wird übersehen.

Weil es die auszehrenden Bedingungen von Mütterarbeit sichtbar macht, hat gerade dieses Bild einen zentralen Stellenwert.

Darüber hinaus ist es symbolisch für die sozialrechtliche Benachteiligung / Nacktheit von Familienfrauen (Vergewaltigung in der Ehe, Unterhaltsempfängerin, sozialer Status ...).

Familienhausfrauen

nehmen am Leben sovieler Menschen auf intime und intensive Weise teil - und sind doch gleichzeitig im Getto; ausgeschlossen, isoliert ... sie stehen allein mit Millionen anderer Frauen.

Women working

in the family take part in the lives of so many people most intimately and intensively. Yet they are in the ghetto, isolated and shut out ... they stand alone with millions of other women.

La femme

au foyer participe d'une manière intime et intense à la vie de tant de personnes - mais voilà que, malgré tout, elle reste enfermée dans une sorte de ghetto, exclue et isolée, sort qu'elle partage avec des millions d'autres femmes.

Huisvrouwen

nemen aan het leven van zo veel mensen deel, van zeer nabij en intensief, en leven tegelijkertijd in een getto; buitengesloten, geisolleerd; ze staan met millioenen vrouwen alleen.

Las madres

de familia participan íntima e intensivamente en la vida de muchos individuos - pero al mismo tiempo están en un ghetto; excluídas y aisladas, como millones de otras mujeres.

Zum Foto 16

Eine Frau steht inmitten eines Wäschebergs, den sie sortiert. Ihr Arbeitsplatz ist eng. Entgegen der Suggestion der Werbung von Waschmaschinenherstellern ist zu sehen, daß mit dem Einsatz einer Maschine die Arbeit noch lange nicht getan ist. Im Gegenteil: die Ansprüche sind gestiegen und damit die Menge der zu waschenden Kleidung. Gewachsen sind die Ansprüche und die Vorstellung, daß zu ihrer Erledigung keine Arbeit mehr erforderlich sei.

Dagegen zeigen Erhebungen, daß Frauen trotz zunehmender Maschinisierung des Haushalts nicht mehr Freizeit haben als früher: 1989 erledigten 62% der Frauen am Wochenende Hausarbeit, 1957 waren es 56%!

Der Einsatz von Maschinen bedeutet eine "Verdichtung der Arbeit"; mehrere Arbeiten werden gleichzeitig erledigt.

Zeitersparnis durch Maschinen erhöht den Bedarf an Beziehungsarbeit an anderer Stelle.

Ebenso ist der Zeitaufwand bei der Anschaffung, Pflege, Wartung und Reparatur einzukalkulieren. In Privathaushalten stehen technische Geräte für 7400 Milliarden DM - bereits halb so viel wie in der Industrie (Bundesforschungsministerium 1991).

Daß diese Arbeit des Waschens von ökologischer und ökonomischer Bedeutung ist, zeigen die Probleme, die wir zur Zeit mit dem Verbrauch und der Vergiftung unserer Gewässer haben. An die Verbraucher (!) wird appelliert, ihr Verhalten an wechselnde Voraussetzungen anzupassen. So kommen zur körperlichen Tätigkeit Informationssuche, Umstellung, Verhaltensänderung und Erziehungsarbeit (siehe auch Müllsortierung) hinzu. Das bezieht sich nicht erst auf die sachgerechte Wäschepflege, sondern bereits auf Materialauswahl und -einkauf.

Wie sehr in diesem Bereich Einfluß ausgeübt wird von Leuten, die nicht die Arbeiten machen - wie Hausfrauen manipuliert und gegängelt werden - zeigen der unbequem geplante Arbeitsplatz und die hygienischen Maßstäbe, die von der (Waschmittel-)Industrie entwickelt werden.

Bei den kommunalpolitischen Projekten "Unser Dorf soll schöner werden" vor etwa 20 Jahren wurde das umweltschonende, strom-, wasser- und geldsparende Wäschetrocknen im Freien als unästhetisch verurteilt und galt als Minuspunkt bei der Bewertung des schönsten Dorfes.

Familienhausfrauen

sind den von "außen" bestimmten lebensfeindlichen Bedingungen ausgeliefert (Architektur, Verkehrs- und Stadtplanung, Atomtechnologie usw.), haben keine Gelegenheit und kaum Zeit für überlebensnotwendige Fachgespräche und Gegenmaßnahmen - und doch die Aufgabe und das Eigeninteresse, ihrer Familie das Leben erträglich zu machen und sie vor Tod und Zerstörung zu behüten!

The hostile

outside conditions women have to endure (architecture, traffic and town-planning, nuclear energy etc.) leave no chance and hardly any time for talks and measures for survival. Yet there remains the wish and duty to make life endurable for the family and to avert death and destruction.

Sujette

á des conditions de vie hostiles dictées par l'"extérieur" (architecture, urbanisme, transports, technologie nucléaire, etc.), la femme au foyer n'a pas la possibilité et pas suffisamment de temps pour discuter des problèmes d'intérêt vital pour elle ni de prendre les contre-mesures nécessaires - et cela face à sa tâche et à son voeu de rendre la vie supportable à sa famille et à la mettre à l'abri de la mort et de la destruction!

Huisvrouwen

zijn overgeleverd aan de door "van buiten" bepaalde levensbedreigende omstandigheden, (architectuur, verkeersplanning, atoomtechnologie enz.) ze hebben geen gelegenheid en nauwelijks tijd voor vakegesprekken en tegenmaatregelen die nodig zijn om te overleven. En desondanks rust op hen de taak, ook in hun eigen belang, het leven voor haar gezin draaglijk te maken en het te behoeden voor dood en vernietiging.

Las madres

de familia están expuestas a condiciones de vida hóstiles, que son determinadas por el "mundo exterior" (la arquitectura, la ordenación urbana y del tráfico, la tecnología nuclear, etc.), casi nunca tienen tiempo ni ocasión de tener conversaciones sobre temas vitales y de tomar medidas contra los peligros - pero sin embargo, tienen la tarea y el interés personal de crear una vida pasable para sus familias y ampararlas de muerte y destrucción!

Zum Foto 17

Zwei Mütter mit ihren Kindern sind sich zufällig beim Einkaufen begegnet. Beide haben einen Säugling auf dem Arm. Im Buggy der einen Mutter liegt das größere ihrer zwei Kinder, weil das Kleine sich weigerte, sich hineinzusetzen. Sie hat keine Hand frei.
Beide stehen auf dem Bürgersteig, der durch eine Mülltonne versperrt ist und tauschen Informationen aus. Noch sind die Kinder geduldig.

Dieses Bild ist Ausdruck der strukturellen Gewalt gegen Frauen und Kinder.

1990 wurden in Deutschland 11.000 Menschen auf der Straße getötet, 500.000 wurden verletzt (Greenpeace).

Frauen sind fast doppelt so häufig wie Männer ohne Auto unterwegs, nur 20% besitzen ein Auto (Bundesverkehrsministerium 1991).

Aus der Verkehrsplanung sind sie so gut wie ausgeschlossen, noch nicht einmal zu 2% an der leitenden Verkehrsplanung und -politik beteiligt (Die Grünen, 2/90).

Die planerische raumgreifende Bevorzugung der männlichen, am Auto orientierten Bedürfnisse war eine zeitlang aktuelles Thema in der Frauenbewegung, ebenso die sexuelle Bedrohung von Frauen auf Straßen, Unterführungen, Haltestellen und öffentlichen Plätzen.

Für Mütter verschärft sich die Situation noch, denn sie sind diesen Zwängen nicht nur selbst ausgeliefert, sondern müssen sie an die Kinder weitergeben, um deren Leben zu schützen.

Gefahren im Verkehr müssen kompensiert werden durch Mehrarbeit von Müttern: durch ständige Beobachtung und Maßregelung. Öffentliche Plätze, zur Erholung und Freizeit gedacht, sind Arbeitsplätze für Mütter, weil Bedürfnisse und der Schutz von Kindern nicht eingeplant sind.

Die Fachlichkeit

und Leistung einer jeden Familienhausfrau besteht in ihrer Flexibilität; der Fähigkeit, die Veränderung und Anpassung an immer andere Bedingungen ermöglicht!

Flexibility

is the highest accomplishment of the woman working in the family. This enables her to adapt to ever changing conditions.

La compétence

et la qualité particulières à la femme au foyer, c'est sa souplesse, cette faculté qui lui permet de s'adapter à tout moment à une situation nouvelle et à y donner une réponse adéquate.

Het vakmanschap

en de prestaties van iedere huisvrouw liggen besloten in haar flexibel-zijn, in die bekwaamheid die verandering en aanpassing aan steeds andere omstandigheden mogelijk maakt.

La profesionalidad

y el rendimiento de cualquier madre de familia consisten en su flexibilidad, la capacidad que hace posible el cambio y la adaptación a condiciones continuamente en evoluició.

Zum Foto 18

Diese Frau repariert unter Zuhilfenahme einer Bohrmaschine einen Sessel, der durch Springübungen der Kinder kaputtgegangen ist. Mit diesem Bild zeige ich die Flexibilität von Frauen, die erforderlich ist, um eine Familie zu versorgen. Das Bild beweist, daß Frauen sehr wohl zu Arbeitsleistungen in der Lage waren und sind, für die mann ihnen Kraft, Kompetenz und Können abspricht.

Ich zeige auch, daß Kinderhaben bedeutet, auf eine gepflegte Wohnung und kostbare Dinge verzichten zu müssen. Eine gesunde Entfaltung von Kindern verursacht Arbeiten und Kosten, die sonst nicht entstehen (Möbel und Gebrauchsgegenstände werden schneller verschlissen und verbraucht).

Aus den unterschiedlichsten
Gegebenheiten (zeitlich, ausbildungsmäßig, personell, räumlich, finanziell, materiell, klimamäßig usw.) gestalten, er-schaffen Frauen der ganzen Welt genau dies: die Voraussetzung des Lebens: das Leben selbst, die Nahrung, die Räume, die Kleidung ...

Women all over
the world create just this: the conditions of life: life itself, food, shelter, clothing ...
The conditions they work in differ widely depending on age, professional training, personal and financial circumstances, housing conditions, country and climate etc..

A partir des
données les plus variées (temps, éducation, situation personnelle, logement, espace, argent, équipement, matériel, climat, etc.), les femmes du monde entier créent par leurs propres moyens rien d'autre que ceci: les conditions de la vie humaine - la vie elle-même, la nourriture, le logement, l'habillement.

Vanuit de meest
verschillende situaties (tijd, opleiding, persoonlijke omstandigheden, enz.) vormen, scheppen vrouwen van over de hele wereld juist dit: de voorwaarden voor het leven. Het leven zelf, het voedsel, de levensruimte, de kleding.

Las mujeres
de todo el mundo crean y forman las condiciones indispensables para vivir, la vida misma, el alimento, la vivienda el vestuario, bajo circunstancias diferentes como (de tiempo, de educación, personales, locales, económicas, materiales, climáticas etc.)

Zum Foto 19

Eine alte Frau bereitet ihren Gemüsegarten auf den Winter vor. Sie bringt eine Karre Kompost oder Mist unter die Erde.
Dieses Bild zeigt wieder, daß Frauenarbeit Subsistenzarbeit für die Familie ist, eine Selbstversorgungs- und Überlebensarbeit.

Alte Frauen und viele Menschen in der Landwirtschaft haben besonders niedrige Renten und müssen diese - wie hier zu sehen - durch harte Arbeit bis ins hohe Alter ausgleichen.

Sie entlasten damit das soziale Netz und die Wohlfahrt. Sie erbringen Leistungen (die andere sich er/kaufen können von ihrem "Lohn für Lebensleistung"), obwohl sie ihr ganzes Leben lang nichts anderes als schwer gearbeitet haben.

Obwohl diese Frauenarbeit

2/3 aller geleisteten Arbeit ausmacht, existiert die (parteipolitische) Illusion, diesen Bärenanteil aller existierenden und unbezahlten Arbeit durch "Rollenteilung" wegorganisieren zu können, bzw. sie als "Privatbereich" weiterhin unsichtbar zu lassen ... anstatt sie eigenständig in Politik und Wirtschaft zu integrieren!

Women's work

amounts to two-thirds of the total amount of work. Nevertheless many people are under the (political) illusion that this lion's share of all existing and unpaid work could be done away with by "role-sharing" or could remain invisible in the "informal sector" instead of integrating the work independently into politics and economy!

Bien que la part

du travail réalisé par les femmes se chiffre à deux tiers de l'ensemble du travail accompli, on (les partis politiques) se berce de l'illusion de pouvoir dissimuler cette part de lion qui est la leur dans le travail non rémunéré global (par le biais du fameux "partage des rôles"), ou de la laisser dans l'invisibilité de la "sphère privée" alors que ce qu'il faudrait faire est de l'intégrer à titre d'élément autonome dans la politique et dans l'économie nationale.

Hoewel dit

door vrouwen verrichte werk twee-derde deel uitmaakt van alle verrichte werk, leeft (in de politieke partijen) de illusie, dat men dit verreweg grootste deel van alle reële en onbetaalde arbeid door "rollenverdeling" weg kan organiseren, of anders gezegd: dat men dit werk ook verder in de privésektor onzichtbaar kan laten voortbestaan inplaats van dat men dit als autonoom punt integreert in de politiek en economie.

Aunque el trabajo

femenino representa 2/3 de todo el trabajo hecho, existe la ilusión (política) de eludir esa gran parte de trabajo existente y no pagado por "división de tareas" (en trabajo femenino y masculino) o de continuar dejándolo invisible en la "vida privada" en vez de integrarlo independiente en la política y la economía!

Zum Foto 20

Die Schwieger-Tochter hebt die schwer pflegebedürftige Schwieger-Mutter von dem im Wohnzimmer stehenden Krankenbett in den Rollstuhl, nachdem sie ihr die Windel gewechselt, sie gewaschen und gefüttert hat. Sie wird sie nach draußen in die sonnige Luft bringen, um unterdessen das Bett neu zu beziehen.
80 % aller schwer und sehr schwer zu Pflegenden werden auf diese Weise über Jahrzehnte versorgt.

Ein Einstieg in die Anerkennung der häuslichen Pflegeleistung hat mit der Einführung der Pflegeversicherung stattgefunden (Pflegegeld und Rentenbeiträge). Zu kritisieren ist daran, daß das Pflegegeld zu niedrig ist und daß es nicht die pflegende, sondern die gepflegte Person erhält. Die pflegende Schwieger-Tochter z. B. muß es dann vom gepflegten Schwieger-Vater einfordern. Diese Situation kann sich in der familiären Beziehungsdynamik hochproblematisch auswirken.

Ebenfalls problematisch ist oft die Einstufungspraxis der medizinischen Dienste in die Pflegestufe, wovon die Höhe des Pflegegeldes abhängt. Die zu Pflegenden überschätzen ihre Fähigkeiten manchmal bzw. wollen ihre Schwächen und Gebrechen gegenüber Außenstehenden/Statushöheren nicht eingestehen.

Um Pflegegeld zu bekommen, müssen zeitaufwendige Anträge gestellt werden - Zeit, die von Pflegenden kaum zu erübrigen ist. Die Anträge werden dann geprüft und eventuell genehmigt. Das Land Nordrhein-Westfalen hat allein 1989, bereits vor der Pflegeversicherung, 33 Millionen DM für ärztliche Gutachten zur Anerkennung von Schwerstpflegebedürftigen ausgegeben. Das ist Geld, das für die Pflege fehlt.

Die Notwendigkeit der Einführung der Pflegeversicherung beweist das Scheitern der Emanzipationsidee, bezahlte und unbezahlte Arbeit gerecht zwischen den Geschlechtern zu teilen.

Aus unbezahlter Frauen-Arbeit ist unterbezahlte Frauen-Arbeit geworden. Und wo bleibt die Emanzipation?

Die gleiche Entwicklung findet zur Zeit statt im Bereich Haushalt durch die Entstehung "haushaltsnaher Dienstleistungsbetriebe".

Es bleibt nun der Entscheidung der Politik / der Gesellschaft vorbehalten, wie sie künftig die "Nachwuchs"- Frage regeln wird. Ob sie auch diesen über den Markt vermitteln, ver-kaufen will.
Die Forschung und Praxis mit künstlichen Gebärmüttern - an toten Schwangeren - und mit Miet- und Leihmüttern zeigen einen möglichen Weg. Es ist eine politische Entscheidung, ob wir diesen Weg begehen wollen - dessen Emanzipationseffekt höchst fraglich ist - oder ob wir Emanzipation auch für die traditionelle Variante ermöglichen wollen.

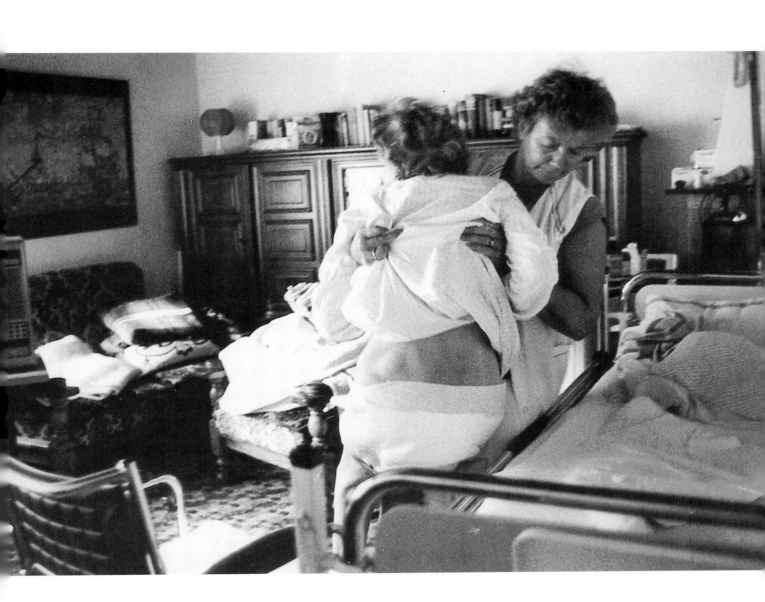

Um diese ver-rückte

Situation zurechtzurücken, kämpfe ich mit der dhg darum: daß die wirtschaftlichen und rechtlichen Bedingungen der wichtigsten gesellschaftlichen Arbeit endlich deren Bedeutung angemessen werden: und zwar um der Frauen willen, die diese Arbeit tun - im Interesse derer, für die sie diese Arbeit tun!

My aim is to remedy

this absurd situation. So this is what I am fighting for with the dhg (Deutsche Hausfrauengewerkschaft - German Housewives' Union): for the revaluation of the conditions of the most important work in society in accordance with its importance for society, for the revaluation in the law and in economy. This I am doing for the women who do this work, but also to the advantage of those they do the work for!

C'est pour replacer

cette situation déplacée dans le bon contexte que je lutte avec le Syndicat allemand des femmes au foyer (dhg) pour atteindre ceci: faire correspondre enfin les conditions économiques et juridiques de l'activité sociale par excellence que celle de la femme au foyer à la valeur réelle du travail qu'elle accomplit - dans l'intérêt de la femme elle-même ainsi que dans celui de tous ceux qui en profitent.

Om deze verkeerde

toestand weer in orde te brengen, strijd ik, samen met de dhg (Duitse Huisvrouwen) daarvoor: dat de economische en juridische voorwaarden van het belangrijkste werk in onze maatschappij eindelijk op hun juiste waarde geschat worden: en wel terwille van de vrouwen die dit werk verrichten - in het belang van hen, voor wie ze dit doen!

Para arreglar

 esta situación tan absurda, lucho junto con el dhg en Alemania por una estimación conveniente de las condiciones económicas y sociales del trabajo más importante.
En beneficio de las mujeres que realizan este trabajo y en interés de aquellos para quienes ellas hacen dicho trabajo!

Zum Foto 21

Es ging mir darum, das quantitative und qualitative Ausmaß von FamilienHausArbeit zu zeigen. Daß diese Leistung Arbeit ist und nicht Instinkt. Daß diese Arbeit von hoher gesellschaftlicher Bedeutung ist, sowohl für das Individuum wie für das soziale System und die Wirtschaft. So schafft FamilienHausArbeit als unbezahlte und ungezählte Arbeit die Basis für die Wirtschaft, die Grundlage der Mehrwertproduktion.
Zu meiner Person: Ich habe die Fachschule für Sozialpädagogik besucht und war dann als Erzieherin - in leitender Stellung - sieben Jahre erwerbstätig. Dann habe ich selbst drei Kinder geboren und bin seither Vollzeit-FamilienHausFrau.

Als die Deutsche Hausfrauengewerkschaft 1979 gegründet wurde, gehörte ich dazu. Von 1987 bis Ende 1993 war ich neben meiner Familienarbeit ehrenamtliche Leiterin der dhg-Rundschau und Vorstandsmitglied. Von 1993 bis 1995 war ich Teilnehmerin und Absolventin des Modellprojektes: "Koblenzer Frauenstudien".
Seit 1988 organisiere und koordiniere ich den Ausstellungsverleih und -versand.

Meinungen

zur Ausstellung -
aus den sie begleitenden Meinungsbüchern
ausgesucht von Ursula Metz

Fabelhafte Sache!! Jede Mutter wird sich wiedererkennen. Die Aufnahmen sollten als Fotoband erscheinen. Es wäre ein wunderschönes Geschenk für Hochzeiter, junge Ehepaare, werdende Väter, für alle Politiker und Stadtväter. (Denen sollte man statt eines Tellers mit Stadtwappen lieber dieses Buch an die Brust drücken.)
PS: Es fehlt noch der Alptraum Schule. Das Bild mit dem Verkehr ist mir zu zahm!
Else Meyer, 52 Jahre, Düsseldorf

Können sich nur Frauen mittleren Alters in den geschilderten Situationen wiedererkennen? Mir fällt es nicht schwer, den Alltag zuhause nachzuvollziehen - geht es mir doch ähnlich. Aus diesem Grund halte ich solche Ausstellung für notwendig - da die Arbeit immer noch nicht anerkannt wird!
Anja, 22 Jahre, Hildesheim

Die Situation der Familienhausfrau ist hier optisch gut eingefangen und kommentiert. Für die berufstätige Frau und Mutter trifft ein großer Teil - der größte sogar - auch zu. Das alles nur unter Zeitdruck und mit schlechtem Gewissen (berufstätige Mutter = Rabenmutter) nach 8 Stunden Arbeit. Steigerungsform: alleinstehende, berufstätige Mutter und Hausfrau
Charlotte, Wolfsburg

Wer Hausarbeit und Kindererziehung mit allem, was dazu gehört über einen längeren Zeitraum als Mann einmal gemacht hat, kann einschätzen, was von einer Hausfrau gefordert wird.
Diese Ausstellung gibt Denkanstöße!
G. Kumler, ein Mann, 43 J., Wolfsburg

Das sind Bilder, wie sie treffender nicht sein könnten! So sieht der Alltag einer Familienmutter aus! Und das alles ohne jede gesellschaftliche und finanzielle Anerkennung. Die nachmittägliche Hausaufgabenbetreuung bei Schulkindern fehlt noch in Ihrer Sammlung!
Gerda B., 3 Kinder, Stuttgart

Warum sieht man solche Bilder nicht einmal in der Werbung! Sie sind wohl zu deprimierend, und nicht so "schön" bunt! Aber sie sind Realität!! Die Bilder sind sehr treffend! Hausfrauenarbeit ist schwerste Arbeit rund um die Uhr! Keine 40 Stunden Woche! Das muß an die Öffentlichkeit. Also, weiter so!!
Dagmar u. Andrea, 29 Jahre!!, Neuwied

Meinungen

Die Bilder sind ganz arg lebendig. Ich bin versucht, mit zuzupacken, wenn ich mir die Situationen vorstelle. Familienarbeit eine Arbeit mit Menschen. Ich wünsche mir, daß Frauen und Männer die Entscheidungsmöglichkeit haben, ob sie ihre gesamte Arbeitskraft in diesen Bereich investieren wollen. Dazu gehört die finanzielle, soziale Absicherung der Familienarbeit!!
D. Harr, 4 Kinder, Stuttgart

Eine großartige Idee, unser "Berufsbild" mal so eindrücklich darzustellen. Ich wünsche der Ausstellung gebührende Beachtung.
Thea, 42 Jahre, Bonn

Eine wunderschöne Ausstellung, viel Erfolg weiter, damit diese Realität unseres Mütteralltages in der Öffentlichkeit eine Selbstverständlichkeit wird und endlich mehr Anerkennung kriegt.
Grete, 50 Jahre, Reutlingen

Heute auf der Fraueninformationsbörse gefiel mir besonders gut die Foto-Ausstellung von Anne Lüllwitz zur Hausarbeit. Ich fände es toll, wenn es die Bilder und Texte in einem Buch geben würde.
S. Feuerbaum, Mühlacker, Enzkreis

*Die Bilder haben mich betroffen gemacht. Ich bin Mutter von 4 Kindern, die inzwischen schon groß sind. Beim Ansehen der Bilder wurde mir bewußt, wie schön aber auch wie schwer meine Arbeit als Familienfrau war und oft noch ist. Vor allem: - ständig bereit sein, - mehrere Dinge gleichzeitig im Auge haben - eigene Bedürfnisse zurückstecken können, wenigstens vorübergehend - Bedürfnisse der Kinder und des Mannes erkennen und "angemessen" reagieren können - flexibel sein - das Wichtigste im Auge behalten - nie richtig Feierabend haben - wenig Anerkennung bekommen.
Mir hat die Ausstellung gut gefallen, wenn sie mich auch traurig gestimmt hat. Ob sich etwas verändern läßt?*
Brigitte Kamutzki, Dieburg

Im Rahmen der Emanzipation kommt das Problem der Familienhausarbeit auch auf uns Männer zu.
Ein noch kinderloser Hausmann, Langenhagen

Die Ausstellung hing - leider nur für 2 Tage - im Vorraum des Nachbarschaftsheimes Mittelhof in Berlin-Zehlendorf. Die Bilder haben uns "aktivistischen" Mütter sehr bewegt. Auch Besucher von der Straße verirrten sich hinein und blieben hängen. Eine zeitlose, gelungene und erschütternde Ausstellung!
Christiane Schier, Berlin

Endlich wird auch in unserer Gemeinde dieses Thema angesprochen. Zeit war's !! Danke.
Müller, Unterschleißheim

Schade, daß ich als einzige jetzt diese Ausstellung betrachte, lese, bedenke. Mehr Öffentlichkeit (ein besserer Ausstellungsplatz) - mehr Werbung dafür - wären wichtig! Ich bin Mitglied im Deutschen Hausfrauenbund (DHB), auch wir treten für die Alterssicherung der arbeitenden, aber nicht erwerbstätigen Hausfrauen seit Jahren ein.
D. Wartz, Berlin

Es tut wirklich gut zu lesen, daß das häufige Gefühl des Überfordertseins nicht mit der eigenen mangelnden Koordinations- und Organisationsfähigkeit zusammenhängt. Hausfrauen und Mütter sollten den Mut haben einzugestehen, daß trotz Arbeitswilligkeit und Ausdauer ein perfekter Haushalt und immer bildsaubere Kinder nicht das wichtigste Aushängeschild einer Mutter und Hausfrau und Ehefrau sind.
Maria Ehrt, Mutter und Hausfrau, Landshut - Achdorf

Unbedingt in Schulen ausstellen!
Klaus Strienz, Höchststadt

Eine schöne Ausstellung. Die Schwarz-Weiß-Fotos haben die alltäglichen "Streßsituationen" gut eingefangen. Eine Möglichkeit, den Wert der "unbezahlten Frauenarbeit" bewußt zu machen, sehe ich darin, den Vätern die Möglichkeit zu geben, ihre Arbeitszeit "anders" zu gestalten und Erziehungsurlaub zu nehmen. Ich bin erst in der zweiten Hälfte der Dreißiger Mutter von zwei Kindern geworden und spüre den Unterschied gegenüber den Solozeiten sehr stark - die eigenen Bedürfnisse zurückzustellen, bedarf immer wieder der neuen bewußten Entscheidung für die Kinder und den Wert der Lebensgrundlagen.
U. Muhs, Nürnberg

Meinungen

Ihre Ausstellung und das Rahmenprogramm, das wir in bezug auf diese Ausstellung veranstalteten, fand allgemein gute Zustimmung. Manche Frauen waren überrascht, wie wenig Rechte sie als "Familienfrau" haben. Wir hoffen, daß sich die Kreise wie bei einem Kieselstein, den man ins Wasser wirft, weiterziehen.
Die dhg-Frauen aus Markgröningen

Diese Ausstellung war längst überfällig, sehr gut!
L. Garner, Landshut - Achdorf

Liebe Frau Happersberger-Lüllwitz, Ihre Ausstellung hat mich beeindruckt, mehr aber noch Ihre Materialsammlung zum Thema. Ich habe nicht gewußt und auch nicht gespürt, wie groß und vielseitig unsere Arbeitsleistungen als Mütter sind, besonders auch die Leistungen, die im Kopf stattfinden müssen. Die Forderungen nach Einkommen für Erziehungsleistung war mir zunächst sehr fremd. In meiner Auseinandersetzung mit dem Thema finde ich sie aber nur gerecht und volkswirtschaftlich sinnvoll und nützlich. Ich denke, das Wissen um die Zusammenhänge des Familienmanagements sollte in die Schulbücher und in die Ausbildungen hineingebracht werden. Wenn diese Zusammenhänge mehr Menschen - Frauen - bekannt werden, findet (vielleicht) die Forderung nach Entgelt für dieses Familienmanagement mehr (politische) Unterstützung.
Lieselotte Pastoors, Kleve

Ich bin zwar keine Hausfrau, aber ich halte die Forderungen für berechtigt.
U. Taales, Pforzheim

Genau so eine Beschreibung und Dokumentierung von Familienarbeit habe ich mir schon lange gewünscht. Die Bilder sind absolut wahr! Hoffentlich sehen sich auch viele Männer diese Ausstellung an; ich fürchte jedoch, sie werden es nicht tun.
C. Susanne Staemmler, Flensburg

Fachärztlich und beim Sozialgericht, sagt man, Nur-Hausfrau mit 5 Kindern sei kein Beruf.
Scheuermann W., Bad Dürkheim

Liebe Anne, ich bin wie Du in der Hausfrauengewerkschaft, und ich staune immer wieder über die "unsichtbare Arbeit", die Du in Deinen Fotos sichtbar machst.
Monika Bunte, Ratingen

Ich dachte, das Ausmaß an Belastung durch "Hausarbeit" sei mir als alleinerziehender Mutter (seit 22 Jahren) - voll berufstätig, da kein "Unterhalt", - zur Genüge bekannt. Leider hat mir die Fotoausstellung klargemacht, daß es noch viel mehr ist, wie ich es in Erinnerung habe und erlebe. Für diesen Impuls bin ich dankbar.
Eine Frau, Flensburg

"Kreativ - Kompetent - Kraftvoll". Ein Motto, das auf die "Familienfrau" in besonderem Maße zutrifft ...
Birgit Löwer,
Gleichstellungsbeauftragte der Stadt Worms

Stärkere gesellschaftliche Anerkennung und Aufwertung von Familienarbeit von Männern und Frauen erscheint mir dringend erforderlich. Alle politischen Parteien sind gefordert, sich intensiver als bisher mit dieser Problematik auseinanderzusetzen. Auch die vielfach propagierte Teilzeitarbeit erweist sich in zahlreichen Fällen als kräftezehrende Doppelbelastung!
Angelika Spiegler, Worms

Was für eine gute Idee von den Basler Duffras (Die ungehörten, unerhörten Familienfrauen), diese Ausstellung der Deutschen Hausfrauengewerkschaft nach Basel zu holen! Das Problem der Nicht-Anerkennung von Familienarbeit als ARBEIT ist international. Ohne Gleichstellung von Familienarbeit und Erwerbsarbeit wird es keine weibliche Gleichberechtigung/Gleichwertigkeit zwischen den Geschlechtern geben. Kinder werden nicht "nebenbei" groß, oder diese Arbeit muß von Dritten geleistet werden (Omas, Tagesmüttern usw., die nur zu oft ausgebeutet werden). Nicht diese Arbeit ist schlecht, sondern die Bedingungen sind es!
Thea Philipp-Schöllermann,
Grenzach-Wyhlen

Die Ausstellung zeigt uns aufs Deutlichste den Alltag der Hausfrauen und Mütter, wie es immer war und sein wird. Die Bilder sind sehr eindrucksvoll.
H. Wittinger, Mannheim - Herzogenried

Die Bilder kommen mir vor, als habe man sie anstandshalber aus dem Familienalbum weggelassen. eine der beeindruckendsten Ausstellungen, die ich gesehen habe!!
Renate Cordes, Lennestadt -
Gleichstellungsbeauftragte

Meinungen

*Ich finde mich in den Situationen wieder.
Kleinkindbetreuung bedeutet Streß und
Arbeit - wir Frauen sollten das zugeben und
dazu stehen! Aber - Kindererziehung ist auch
eine der wichtigsten Aufgaben der
Gesellschaft. Auch das sollten wir uns
eingestehen und mit Stolz darauf verweisen. -
Nicht nur mit dem Hintergedanken:
"Eigentlich ginge es noch perfekter und
besser - also bin ich nichts wert".*
A. Hüfner, München

*Die Ausstellung hat mich sehr beeindruckt,
und mir wurde wieder bewußt, wieviel
Erleichterung ich durch den Einsatz meines
Partners im Haushalt habe. Auch heute noch
keine Selbstverständlichkeit.*
Jutta Strack, verh. 2 Kinder,
Bad Nauheim/Fulda

*Liebe Anne, Ihre Bilder erlebter Wirklichkeit
lassen mich verstummen. Sie machen mich
traurig, weil ich zu spät erkannt habe,
daß Mütter an ihrem Hausfrauendasein
zerbrechen können. Meine Mutter hatte für
sich keine Grenzen gesetzt. Sie war immer für
uns da - und ging dabei zugrunde.
Aber dennoch gibt es Hoffnung.
Wir brauchen neue Männer und Frauen.
Vielen Dank für die Ausstellung Ihrer Fotos.*
Helmut Frick, Praktikant,
Mannheim - Herzogenried

*Frauen sollten mehr für ihre Rechte und
Partnerschaft kämpfen und nicht aufgeben.
Frauen sollten mehr denken in der Ehe und
Familie, das Einkommen ist unser und nicht
Dein oder mein. Frauen sollten auch
ausrechnen, was der Ehemann für sich
ausgibt und sich dasselbe zugestehen und
erkämpfen.*
Anonym, Ludwigsburg

*Aus Sicht eines Ehemannes (Jahrgang 1918):
"Was ich verdiene, geht Dich einen Dreck
an, das ist mein Geld!" (Äußerung ca. 1958)
Eine inzwischen geschiedene - und
für sich selbst aufkommende - "Ehefrau"!*

*Die Texte gefallen mir,
sie geben auch meine Empfindungen wieder.*
Verena Böttcher-Henning, Bonn

*Die Ausstellung ist großartig und wichtig.
Machen Sie alle auf diesem Weg weiter.*
gez. Wolfram Eigenbrod,
Leiter des Sozialamtes, Olpe

*Solange eine Frau abhängig ist (finanziell)
von ihrem Partner/Mann, ist eine
Partnerschaft nicht möglich.
Diese Ausstellung ist ein kleiner Schritt auf
einem langen Weg.*
Rotraud Richter, Olpe

*Beeindruckende Bilder! Bin noch Studentin,
weder Hausfrau (außer für mich selbst) noch
Mutter. Aber diese ganze Arbeit werde ich
nicht alleine machen, wozu gibt's denn die
Väter? Keine faulen Kompromisse eingehen!*
H. Paul, Flensburg

*Ich könnte und möchte die Ausstellung
fortschreiben: Mit großen Kindern - mit
pubertierenden, sich abnabelnden
Menschenkindern, Töchtern und Söhnen
geht's erst richtig los und erfordert von den
Müttern Weisheit und Verstand, Reden und
Schweigen, Loslassen und Halten, Ermutigen
und Bestätigen, Aushalten von schweren
Erfahrungen, die Reaktion des anderen
Elternteils ertragen, ablehnen, die eigene
überdenken. Kinder fordern uns heraus.
Die Kleinen treten uns auf die Füße, die
Großen aufs Herz. Unsere Kinder sind unsere
Lebenslektionen - an ihnen, durch sie
entwickeln wir uns.*
Helga Rößner, Olpe

*Die alten Photos sind nach wie vor aktuell.
Noch eindringlicher wären sie,
wenn neuere Photos danebenhingen.
Es hat sich nichts geändert!*
Gertrud Sch., Kitzingen

*Die Ausstellung hat mich sehr berührt. Inhalt
und Form bilden eine wohltuende Einheit,
und endlich wieder mal Schwarz-Weiß-Fotos.
Unbezahlte Frauenarbeit ist nicht nur Basis
der Wirtschaft, sondern der Gesellschaft
überhaupt. Ich weiß, wovon ich rede; denn
ich lebe als Mann mit meiner 10jährigen
Tochter allein, so daß ich Ihre Forderung
nach gesellschaftlicher Anerkennung dieser
Arbeit nachdrücklich unterstützen kann.*
Karl-Michael Weber, Dresden

*Ich bin von der zeitlosen Subjektivität
der Bilder tief beeindruckt.
Jedes Bild lädt zur Reflexion über den
eingefangenen Moment hinaus ein
und setzt dadurch viele Gefühle frei.*
Dr. R. Fuhrer, Mannheim

Meinungen

Warum ich die Ausstellung zur Frauenhochschulwoche an die bildungswissenschaftliche Hochschule Flensburg geholt habe

Im Seminar "Wirtschaft und Politik" entstand die Frage: "Ist LEBEN eine wissenschaftliche Kategorie?" Ein Pädagoge darf diese Frage eigentlich nicht mit "NEIN" beantworten. Wenn Pädagogik das Verhältnis zwischen den Generationen beschreibt, dann wird folgendes deutlich:

Die Grundlage menschlichen Lebens, Liebe und Fürsorge für die junge Generation ist durch das (Über-) Gewicht des ökonomischen Ansatzes und Denkens in der Gesellschaft zum Reproduktionsbereich, zum kostenlosen Zulieferbetrieb des menschlichen Materials herabgewürdigt worden. Die "Arbeit", die von Eltern in die Erziehung und Fürsorge investiert wird, ist nichts "wert". Familienbindungen wurden und werden von der Ökonomie durch ein ungerechtes Tauschverhältnis zerschlagen - und man ist überrascht, daß der "Sozialkitt" nicht mehr hält! Das ökonomische Weltbild, in dem "männliche" Prinzipien des Wettbewerbs, der Beherrschung der Natur, der Nachsorge oder Reparatur von Schäden, der Orientierung an monetären Größen vorherrschen, hat "weibliche" Prinzipien des Vor- und Fürsorgens, des sorgsamen Umgangs mit der Natur, der Kooperation, der Orientierung am Lebenswichtigen immer weiter zurückgedrängt.

Wird die Pädagogik den tiefgreifenden Prozeß der Ökonomisierung der Gesellschaft mitmachen und zu einem gigantischen Nachsorge- bzw. Zurichtungsbetrieb für den "homo oeconomicus" werden? Oder ist sie emanzipatorisch genug, das gestörte Gleichgewicht beider Prinzipien einzufordern?

Margrit Hansen

PS: Wenn die Verteilungsmechanismen einer Gesellschaft so strukturiert sind, daß das Betreuen und Erziehen von Kindern für Eltern (und besonders für Mütter) zu sozialer Deklassierung und Armut führt, so sollte man an einer Erziehungswissenschaftlichen Hochschule aufhorchen!

Eröffnungsreden

Emanzipation durch Familienarbeit
von Gesa Ebert

Schöner Schein - Geld arbeitet, Mütter machen Urlaub
von Gisela Hofmann

Familienarbeit: existentiell - bewährt - kompetent - innovativ
von Ursula Metz

Emanzipation durch Familienarbeit
Wider die geschlechtsspezifische ArbeitsBewertung

von Gesa Ebert

Dieser Artikel ist das Ergebnis mehrerer Ausstellungs-Eröffnungsreden und erschien erstmals in der dhg RS 2/93. Er wurde für diese Dokumentation aktualisiert und vollständig überarbeitet.

Gesa Ebert, geb. 1953, gelernte Einzelhandelskauffrau und geprüfte Sekretärin, Familienfrau seit 21 Jahren, drei Töchter.

Gründungsmitglied der Deutschen Hausfrauengewerkschaft, Aufbau der Stuttgarter Gruppe und des Landesverbandes Baden-Württemberg, Landesvorsitzende von 1988 - 1994, stellvertretende Bundesvorsitzende von 1992 - 1998; im Gleichstellungsbeirat der Stadt Stuttgart seit 1991.

"Emanzipation" -

was heißt das eigentlich? In der ursprünglichen Bedeutung, im römischen Recht, war damit gemeint: die Entlassung eines Familienmitgliedes aus der hausherrlichen Gewalt.

Allgemein verstehen wir heute darunter, die Befreiung aus Abhängigkeit von benachteiligten Bevölkerungsgruppen in einer Gesellschaft (Juden, Arbeiter und ganz zum Schluß die Frauen). Hier soll es jetzt um die Befreiung der Frau gehen. Also um ihre rechtliche, politische, wirtschaftliche, soziale Unabhängigkeit. Dazu gehört, laut "Philosophischem Wörterbuch" - und dies ist bislang gängige öffentliche Meinung - u. a. die

- "besondere Unterstützung der Frauen hinsichtlich Bildung und Qualifizierung
- Einbeziehung der Frauen in das gesellschaftliche Leben und
- die Befreiung der Frau von der Bürde der Hauswirtschaft".

Emanzipation für eine Kinder erziehende und den Haushalt führende Frau war und wäre demnach also völlig ausgeschlossen. Oder andersherum: Nur über Erwerbsarbeit ist angeblich für die Frau ein nicht-bevormundetes Leben möglich. Allerdings wird auch einer Kinder erziehenden oder den Haushalt führenden Frau Emanzipation zugestanden; es dürfen nur nicht die eigenen Kinder samt eigenem Haushalt sein. Eine emanzipierte Haus- oder Familienfrau - ein Widerspruch in sich also?

Betrachten wir die Erwerbsarbeit von Frauen näher:

Wie sieht es denn mit ihrer Nicht-Abhängigkeit aus? Von den 27,2 Millionen Frauen im erwerbsfähigen Alter (zw. 15 und 64 J.) in Gesamt-Deutschland sind 15 Mill. tatsächlich erwerbstätig; das sind 55,2 % (Über die Hälfte dieser Frauen, 53,2%, hat keine Kinder zu versorgen.). Vollzeit erwerbstätig sind 9,5 Mill. (34,7%), teilzeit erwerbstätig 5,6 Mill. (20,4 %) Frauen. 12,2 Millionen Frauen sind demnach nicht erwerbstätig.[1] Näheres dazu beim Kapitel Familienhausarbeit. Es ist davon auszugehen, daß nur Vollerwerbstätige ausschließlich vom eigenen Einkommen leben können; also allerhöchstens ein Drittel der verdienenden Frauen. Die große Masse der erwerbstätigen Frauen ist demnach vom Partner finanziell abhängig. Trotzdem ist natürlich nicht zu verkennen:

Diese Frauen
- bekommen Anerkennung für einen Teil ihrer Arbeit in Form von Geld, über das sie selbst verfügen können
- können bei zerrütteter Ehe, bei Mißhandlungen durch den Ehemann, leichter eine Scheidung erwägen
- stehen im Alter finanziell besser da, als wenn sie längere Zeit familientätig gewesen wären.

Außerdem
- werden diese Frauen als arbeitende Menschen anerkannt und
- es wird ihnen über die außerhäusliche Arbeit ein eigener sozialer Status zuerkannt.

Und dies alles ganz unabhängig davon, was sie für eine Tätigkeit ausüben (wie bei Männern eben auch). Es ist völlig unerheblich, ob diese Arbeit sinnvoll und wichtig, interessant oder verantwortungsvoll ist.

[1] *Zahlen (Basis 1995) aus "Die Familie im Spiegel der amtl. Statistik" des Bundesministeriums für Familie, Senioren, Frauen und Jugend / Stat. Bundesamt, Auflage März 1997, und eigene Berechnungen.*

Sie kann genausogut langweilig, völlig unsinnig oder sogar schädlich für die gesamte Menschheit sein (z. B. Produktion und Verkauf von Wegwerfartikeln, von immer schnelleren Autos, von Umweltgiften, von immer ausgefeilteren Waffen einschließlich verheerender Landminen und Giftgas. Dies spielt alles keine Rolle. Nach dem wirklichen Wert einer bezahlten Arbeit für die Gesellschaft wird nicht gefragt. Allerdings erhöht sie das Bruttosozialprodukt, fließt also als "Wertschöpfung" in die volkswirtschaftlichen Gesamtrechnungen ein (und bringt Steuern); sogar die Folgekosten von schweren Unfällen und von Umweltverseuchungen gehen hier positiv ein!

Gehen wir einmal durch eine Stadt und sehen uns an, wer welche Arbeit verrichtet. Sicher, es gibt interessantere Berufe. Frauen sind jedoch überwiegend an folgenden Erwerbsarbeitsplätzen tätig:

in der Produktion
- Fertigung von industriellen Massenprodukten an Montagebändern (den ganzen Tag stupide Handgriffe)
- nähen in Industriebetrieben

im Verkauf
- bei Selbstbedienung keine Beratung mehr
- starke Spezialisierung: nur Kaffee, Eis, Zeitungen, Fahrkarten
- Regale auffüllen, immer wieder
- Auskunftsstelle im Kaufhaus
- Kassendienst in Museen, Parkhäusern, Kaufhäusern

im Büro
- einfache Schreib- und Registraturarbeiten
- Telefondienst
- Datenerfassung am Bildschirm

im Dienstleistungsbereich
- servieren im Café
- Hilfsarbeit in Großküchen
- waschen, bügeln
- putzen
- Post zustellen
- Aufsicht in Museen

Viele dieser Tätigkeiten sind einseitig; viele - nicht alle - sind geistig wenig anspruchsvoll. Die Bezahlung ist gering. Können wir da pauschal sagen, Erwerbsarbeit macht

- unabhängig
- bringt persönlich weiter
- ermöglicht Selbstverwirklichung
- erweitert den Horizont
- emanzipiert im weitesten Sinne ?

Es geht mir nicht darum, gegen die Erwerbstätigkeit von Frauen zu sprechen. Mein Anliegen ist, auf UNGEREIMTHEITEN in der Frauenbewegung und in der öffentlichen Diskussion hinzuweisen, die sich für mich so darstellen: Erwerbsarbeit wird pauschal als Draußen-Arbeit, als positiv und persönlich weiterbringend hingestellt; Familienhausarbeit dagegen pauschal als Drinnen-Arbeit, als negativ und geistig hemmend angesehen.

Wird aber diese "Drinnen-Arbeit", also die Erziehungs- und Versorgungsarbeit, teilweise verlagert in Kindertagesstätten, Pflegeheime, Kantinen, Wäschereien etc., dann ist sie plötzlich ernstzunehmende Arbeit: entlohnt, sozial abgesichert, gesellschaftlich anerkannt, wenn auch nur in dem Rahmen, den man den Frauen zugesteht. Die Arbeit wird nun, da sie entlohnt verrichtet wird, nicht mehr als minderwertig angesehen, obwohl sie nun viel einseitiger ist. Ja, sie muß noch nicht einmal nach draußen verlagert werden. Es geht auch so: Meine Nachbarin oder Freundin kommt zu mir und führt meinen Haushalt und betreut meine Kinder. Ich arbeite dafür in ihrer Wohnung, versorge ihre Kinder. Wir stellen uns gegenseitig zum gleichen Tarif ein, es geht null-zu-null auf. So werden - quasi im Herdumdrehen - aus zwei angeblich nicht arbeitenden Familienfrauen zwei voll erwerbstätige Mütter. Als Nebenprodukt haben wir zwei "neue Arbeitsplätze" geschaffen, die es vorher angeblich nicht gegeben hat.

Nicht nur Männer denken unlogisch, Frauen können das auch. Aber das heißt nicht, daß wir diesem Unsinn zustimmen müssen. Es wird höchste Zeit, daß jede Frau, die sich still über dieses vernebelte Denken ärgert, dies auch laut ausspricht. Nicht jede erwerbstätige Frau ist emanzipiert, bei weitem nicht! Andersherum sind viele familientätigen Mütter sehr emanzipierte Frauen! Eine Familienfrau muß sich allerdings beim derzeitigen öffentlichen Klima und wegen der bestehenden Gesetze ein sehr hohes Maß an Selbstbewußtsein erarbeiten, und zwar aus eigener Kraft. Um dies zu erreichen, ist es wichtig oder zumindest hilfreich, daß sie sich bewußt macht, was und wieviel sie da eigentlich arbeitet und wem die Arbeit nützt. Ebenso nötig ist, daß sie sich befreit von den Vorurteilen anderer, sie also schlicht überhört bzw. sich dagegen wehrt und sie zurückweist. Sehen wir uns zu diesem Zweck die Familienarbeit näher an.

Familien(haus)arbeit

12,2 Millionen oder 44,8 % der Frauen im erwerbsfähigen Alter sind nicht erwerbstätig, verrichten also keine bezahlte Arbeit. Davon sind bei den Arbeitsämtern 2 Millionen Frauen (7,5 %) erwerbslos gemeldet. Der große "Rest", also 10,2 Millionen Frauen (37,3 %), sind demnach Familienfrauen oder Hausfrauen. Sie werden hinter dem Begriff "Nichterwerbspersonen" versteckt.[1] Die Statistik weist diese Zahl nicht aus, sie muß immer selbst errechnet werden. Haben die AuftraggeberInnen eine Scheu davor, diese 10 Millionen schwarz auf weiß zu sehen, weil sie selbst ja immer betonen, Hausfrauen seien eine Randgruppe, im Aussterben begriffen? Dabei sind sie ganz eindeutig die größte Berufsgruppe überhaupt in Gesamt-Deutschland! Zum Vergleich: Das Statistische Jahrbuch 1997 weist als die mit Abstand größte Berufsgruppe bei den erwerbstätigen Männern und Frauen die "Büroberufe der kfm. Angestellten" aus, und zwar mit insgesamt nur 4,5 Millionen; davon sind 3,3 Millionen Frauen.

1975 veröffentlichte die Soziologin Helge Pross ihre Studie über Hausfrauen. Meines Wissens war das die erste Untersuchung überhaupt, die diesen Beruf betrifft. Helge Pross formulierte damals so: "Die Hausfrauen-Arbeit ist Leistung gegen Kost, Logis und Kleidung." Ich füge hinzu: plus Gewinn-Beteiligung, aber nur, wenn die Ehe geschieden wird. Das ist in der Tat nicht sehr verlockend. Es ist demütigend.

Im Jahre 1980 haben die Vereinten Nationen aus Anlaß des Jahrzehntes der Frau festgestellt: "Frauen leisten weltweit ZWEI DRITTEL der Arbeit. Dafür bekommen sie EIN ZEHNTEL des Lohnes. Und sie besitzen EIN HUNDERTSTEL des Weltvermögens." Von diesen zwei Dritteln der Weltarbeit macht die Haus- und Familienarbeit den größten Teil aus. Die Arbeit, die Lenin 1918 so beschrieben hat: sie sei "geradezu barbarisch, unproduktiv, kleinlich, entnervend, abstumpfend, niederdrückend". (Sicher hat auch er sich nicht gescheut, trotzdem davon zu profitieren ...) Grund genug, die

---

[1] *Zahlen (Basis 1995) aus "Die Familie im Spiegel der amtl. Statistik" des Bundesministeriums für Familie, Senioren, Frauen und Jugend / Stat. Bundesamt, Auflage März 1997, und eigene Berechnungen.*

Hausarbeit abzuschaffen. Nur, geht das überhaupt? Ist sie entbehrlich? Oder, andersherum: Wie wird im Erwerbsbereich mit Berufen umgegangen, bei denen die Arbeitsbedingungen zu schlecht sind? Es werden Verbesserungen diskutiert, aber nie wird die Abschaffung des Berufes gefordert.

Wir alle wissen, daß es nirgendwo auf der Welt gelungen ist, die Hausarbeit wegzurationalisieren oder gerecht zwischen Frau und Mann zu teilen. Auch in den Ländern nicht, in denen fast alle Mütter erwerbstätig sind. Frauen machen eben diese Arbeit zusätzlich: am Abend, am Wochenende. So war es auch in den fünf neuen Bundesländern, als die noch DDR genannt wurden. 70 - 80 % der Familienarbeit mußten die Frauen nach ihren mindestens 40 Stunden Erwerbsarbeit noch verrichten, sagt die Statistik. (Trotz Kindertagesstätten waren das noch einmal 30 - 40 Stunden pro Woche).

Ihre weitgehende finanzielle Unabhängigkeit vom Partner mußten und müssen die Frauen mit einer vollen zweiten Schicht bezahlen. Für doppelte Arbeit gibt es einmal Lohn. Als Emanzipation habe ich das nie verstanden. Dazu kommt, daß die eigentliche Abhängigkeit vom Mann durch Erwerbstätigkeit der Frau nicht aufgehoben ist: die Orientierung an männlichen Wert-Maßstäben. Und dazu zählt eben auch die VerAchtung der sozialen Familienarbeit und im Gegensatz dazu die Überbewertung der technischen Arbeit. Kurz gesagt: Die Arbeit an Maschinen wird viel höher bewertet als Arbeit mit und an Menschen.

Art und Umfang der Familien(haus)arbeit

Hausarbeit umfaßt: hauswirtschaftliche Arbeiten einschließlich Erziehungs-, Pflege-, Betreuungs- und Beziehungsarbeit. Beziehungsarbeit betrifft die Gestaltung des Zusammenlebens in der Familie. Sie beinhaltet im wesentlichen emotionale, personengebundene Zuwendung. Unter „Hausarbeit" wird aber immer mehr nur die reine hauswirtschaftliche Arbeit verstanden (kochen, waschen, putzen, einkaufen ...). Um den vorhandenen sozialen Anteil der Hausarbeit mitzubenennen, verwenden wir die Begriffe Familien-Hausarbeit oder Familien-Arbeit. Die Familienarbeit (oder Familienhausarbeit) ist vielfältiger und stellt höhere Anforderungen als eine ganze Reihe von spezialisierten Berufen aus der vorigen Aufzählung.
Denn die Arbeit mit Kindern bedeutet
- viele unterschiedliche Handlungen gleichzeitig erledigen zu müssen
- ständige Unterbrechungen zu ertragen, also kaum eine Arbeit am Stück erledigen zu können
- häufig Unvorhergesehenes meistern zu müssen
- unbegrenzte Arbeitszeit (kein Nachtarbeitsverbot, Sonntagsarbeit)
- für alles zuständig zu sein.

Familienarbeit ist "vermischtes Tun", Schwer- und häufig Schwerst-Arbeit. Nicht wenige Frauen wechseln von der Kinderbetreuung nahtlos in die Pflege von alten Angehörigen oder müssen sogar beides gleichzeitig schaffen.

Nun wird uns häufig gesagt, daß durch den Einsatz von technischen Geräten die Hausarbeit doch fast bedeutungslos geworden und nebenbei zu erledigen sei. „Meine Mutter hat noch alles von Hand gewaschen ...", erzählte mir anerkennend ein Makler, als er mir in einem Haus die Küche zeigte und meinte, die bräuchte ja heute nicht mehr so groß zu sein, da die Frauen eh nicht mehr richtig kochen würden ... und gewaschen würde auch alles von Maschinen. Eigenartig, Männer werden in ihrer Arbeit mit viel mehr Technik unterstützt, ohne daß deshalb gesagt wird, sie würden immer

*² Forschungsbericht
Kerstin Költzsch Ruch,
(Teil 1, 1997),
23 Franken,
Hg. Projekt Sonnhalde
Worb, Vechigenstr. 29,
CH-3076 Worb,
ISBN-Nr. 3-905584-68-9.*

weniger arbeiten. Ich habe in den ersten Jahren meiner Familientätigkeit auch nicht so recht gewußt, warum ich schon mittags erschöpft war, und das mit "nur" drei Kindern. Schließlich hatte meine Mutter sieben von diesen kleinen Persönlichkeiten, dafür keine Waschmaschine, keine Spülmaschine und schon gar nicht eine menschliche Hilfe, außer ihren Töchtern. Die Sache wurde mir klarer, als ich über einige Wochen ein Tages-Protokoll geführt habe. Jede Tätigkeit und die Dauer habe ich notiert. Was ich da herausgefunden habe, wurde mir zwischenzeitlich durch verschiedene neuere wissenschaftliche Untersuchungen bestätigt, die besagen: Der Einsatz von Haushaltsgeräten verringert die körperliche Arbeit. Diese Erleichterung wird aber aufgehoben durch neue zusätzliche Aufgaben und höhere Ansprüche der Familienmitglieder:

- Wir beschäftigen uns heute viel mehr mit unseren Kindern.
- Wir nehmen uns viel mehr Zeit für Gespräche mit ihnen; stures Anordnen und Gehorchen gehört weitgehend der Vergangenheit an.
- Wir machen uns mehr Gedanken über die Erziehung und Ausbildung.
- Wir sorgen dafür, daß die Kinder auch außerhalb der Schule gefördert werden.
- Die Schule selbst beschäftigt die Eltern, vor allem die Mütter, heute mehr als früher. Auch dann, wenn sie - wie ich - so gut wie keine Hausaufgaben-Hilfe leisten.
- Wir haben mehr Organisations- und Verwaltungsarbeit zu erledigen ("neue Hausarbeit").
- Neuerdings sollen wir auch noch die Männer - oft gegen deren Widerstand - dahin bringen, Erziehungs- und Hausarbeit verantwortlich zu übernehmen; auch dies ist Arbeit!
- Wir haben andere Hygiene-Vorstellungen, waschen öfter.
- Wir kochen aufwendiger als früher, abwechslungsreicher.
- Oft müssen wir heute nach gesunden Nahrungsmitteln suchen.
- Wir machen uns mehr Gedanken, was umweltverträglich ist und was nicht und leisten praktischen Umweltschutz (Mülltrennung, Pfandflaschen, sanfte Putzmittel etc.).
- Das "Sichkundigmachen" über das, was dem Menschen, gerade dem heranwachsenden Menschen, gut tut oder schadet, was der Umwelt schadet, verschlingt unendlich viel Zeit.

Selbstverständlich erwerben wir uns in dieser Arbeit eine breite Palette von neuen Qualifikationen. Dies wurde nun auch wissenschaftlich bestätigt: Die Schweizer Psychologin Dr. Kerstin Költzsch Ruch hat 1995/96 in einer Untersuchung die Anforderungen und Belastungen der Familien- und Hausarbeit arbeitspsychologisch untersucht. Sie hat herausgefunden, daß "ein durchschnittlicher Familien- und Hausarbeitsplatz mindestens so anspruchsvoll und belastungsreich ist wie der Arbeitsplatz einer Krankenschwester, eines Polizisten, eines Bauingenieurs ... Ein Viertel der Haushalte kann es hinsichtlich Anforderungsprofil und Arbeitsplatzbelastungen gar mit Managementpositionen aufnehmen." ²

Die einzelne Familienfrau arbeitet im Durchschnitt 60 Std./Woche. Die Spanne reicht von 40 bis knapp 80 Stunden. Das hängt ab von der Anzahl der Kinder, den zu pflegenden Personen und der Größe der Wohnung, ob ein Garten, ob Haustiere zu versorgen sind. Der Umfang der gesamten unbezahlten Arbeit im Haushalt wurde vom Statistischen Bundesamt erstmalig für das Jahr 1992 wie folgt errechnet (repräsentative Zeitbudgeterhebung):

[1] *Zahlen (Basis 1995) aus "Die Familie im Spiegel der amtl. Statistik" des Bundesministeriums für Familie, Senioren, Frauen und Jugend / Stat. Bundesamt, Auflage März 1997, und eigene Berechnungen.*

[3] *Zahlen aus: "Zeit im Blickfeld: Ergebnisse einer repräs. Zeitbudgeterhebung" (Hrsg.: BM für Familie, Senioren, Frauen und Jugend, Schriftenreihe Bd. 121) Karen Blanke, Manfred Ehling, Norbert Schwarz. - Stuttgart, Berlin, Köln; Kohlhammer 1996.*

[4] *Amtsblatt der Landeshauptstadt Stuttgart, 29. 6. 1995: Der Sport als Wirtschaftsfaktor.*

[5] *Für Baden-Württ. hat 1982 das Institut für Sozial- und Familienpolitik der Universität Marburg gemeinsam mit dem Stat. Landesamt BaWü eine Zeitbudgetstudie zur Erfassung der häuslichen Arbeit durchgeführt.*

Deutschland West	76,5 Mrd. Stunden
Deutschland Ost	19,0 Mrd. Stunden
Gesamt-Deutschland	95,5 Mrd. Stunden

Nur die Stunden für das frühere Bundesgebiet liegen aufgeschlüsselt vor. Von den rund 77 Mrd. Stunden entfallen 7 Mrd. auf Betreuung und Pflege, 8 Mrd. auf handwerkliche, 3 Mrd. auf ehrenamtliche soziale und 59 Mrd. Stunden auf hauswirtschaftliche Tätigkeiten. Zum Vergleich der Umfang der gesamten Erwerbsarbeit (ebenfalls 1992):

Deutschland West	47,5 Mrd. Stunden
Deutschland Ost	12,5 Mrd. Stunden
Gesamt-Deutschland	60,0 Mrd. Stunden

Die unbezahlte Arbeit ist zeitlich bedeutend umfangreicher als die Erwerbsarbeit; sie ist um 59 % höher! Mindestens zwei Drittel dieser Arbeit wird von Frauen geleistet; sowohl von nichterwerbstätigen, als auch von erwerbstätigen.[3]

Wert der Familien(haus)arbeit

Die Bewertung aller volkswirtschaftlichen Arbeit liegt bislang ebenfalls nur für das frühere Bundesgebiet vor; Basis 1992. Wert der gesamten unbezahlten Arbeit: Für die oben genannte gesamte unbezahlte Arbeit in den alten Bundesländern von rund 77 Mrd. Stunden gibt das Stat. Bundesamt als absolute Untergrenze den volkswirtschaftlichen Wert von 897 Mrd. DM an. Basis für diese Berechnung ist der Nettostundenlohn einer Hauswirtschafterin; er wird mit 11,70 DM angenommen. Werden dagegen die durchschnittlichen Lohnkosten aller Beschäftigten als Berechnungsbasis genommen, ergibt sich ein volkswirtschaftlicher Wert von 2,8 Billionen DM für die unbezahlte Arbeit![3] Zum Vergleich der Wert der gesamten Erwerbsarbeit: 1,2 Bill. DM für rund 48 Mrd. Stunden. [1]

Das Stat. Bundesamt gibt selbst an, daß die Zahlen für die unbezahlte Arbeit jeweils unterste Werte sind. Dazu kommt, daß die (typische!) Gleichzeitigkeit von Tätigkeiten nicht mitberechnet wurde. Wenn eine Frau beispielsweise kocht und dabei Kinder betreut, so zählt in diesem Fall die Betreuungs- und Beziehungsarbeit überhaupt nicht. Auch die Bereitschaftszeiten für Kinder werden nicht mitgerechnet. Ebensowenig das oben erwähnte aufwendige "Sichkundigmachen" für Hauswirtschaft und Erziehung, also die Weiterbildung im ausgeübten Beruf. Dagegen fließt in die Summe der Erwerbsarbeitszeit sogar die Suche nach einer Stelle als Arbeitszeit ein!

Wie niedrig typische Arbeit von Frauen bewertet wird (hier 11,70 DM pro Stunde) zeigt folgender Vergleich: ehrenamtliche Tätigkeit in Sportvereinen soll 30 DM pro Stunde wert sein![4] Trotz dieser und weiterer Mängel ist es positiv, daß nun endlich eine bundesweite Ermittlung der Wertschöpfung durch die Familienhausarbeit vorgenommen wurde; angeblich war diese Arbeit bisher ja "unsichtbar". [5] Sie wird nun (allerdings nur) als "Satellitensystem Haushaltsproduktion" neben dem marktorientierten Bruttoinlandsprodukt in den Volkswirtschaftlichen Gesamtrechnungen ausgewiesen.

Gehalt für Familien(haus)arbeit

Was müßte aber die einzelne Familienfrau (oder ihr männlicher Kollege), die hauptverantwortlich die Kinder erzieht und den Haushalt führt, für ihre Arbeit bekommen? Dies wurde erstmals 1986 an der Universität Marburg von Prof. Krüsselberg berechnet[5]: Haushalt mit zwei Kindern, 60 h/Woche: 3.300 DM; Basis: Tarif einer angelernten Arbeiterin in der Industrie.

[2] Forschungsbericht Kerstin Költzsch Ruch, (Teil 1, 1997), 23 Franken, Hg. Projekt Sonnhalde Worb, Vechigenstr. 29, CH-3076 Worb, ISBN-Nr. 3-905584-68-9.

1988 an der Universität Hohenheim, Prof. Landau: Haushalt mit zwei bis drei Kindern, 72 - 80 h/Woche: 3.700 DM; Basis: vergleichbare Arbeiten in der Industrie, Verwaltung, Pflege (= niedrige Löhne). Das ist einerseits viel, auf der anderen Seite aber wieder sehr wenig, wenn wir uns die geleisteten Stunden ansehen und die Anforderungen: Es ist in hohem Maße integrierte, verflochtene Arbeit. [2]

Anlaß für die Berechnungen damals war nicht, eine Bezahlung vorzubereiten, sondern Haftpflicht-Streitigkeiten mit Versicherungen zu regeln, wenn eine Hausfrau verletzt oder getötet wurde. Lebt und arbeitet die Hausfrau, fragen bislang wenige nach ihrer Leistung. Erst wenn sie tot ist, wird gerechnet. SOS-Kinderdorf-Mütter erhalten ca. 4000 DM. Dazu Rente, Urlaub und alle sonstigen Sozialleistungen. Laut einer Studie des Deutschen Jugendinstituts in München leidet fast die Hälfte der Familienfrauen darunter, keine ausreichende eigene Alterssicherung zu haben.

Volkswirtschaftler haben errechnet, daß die Erziehung und Betreuung von drei Kindern einer vollen Lebens-Leistung entspricht. Es müßte demnach wenigstens im Alter eine Durchschnitts-Rente bezahlt werden (so meinte auch Kurt Biedenkopf einmal ...).

Abwertung von außen - von innen

Trotz aller Bewertung, tatsächlich anerkannt ist weder die Arbeit, noch die Person. Verachtet gerade auch von denen, die am meisten davon profitieren. Und immer mehr Hausfrauen selbst können sich deshalb zu ihrer Arbeit nicht mehr bekennen. Sie stimmen in das Abwertungs-Konzept mit ein - und werten sich dadurch selbst mit ab.

Ich habe den Kurs "Neue Wege gehen" besucht, den das Sozialministerium Baden-Württemberg für Familienfrauen anbietet. Kaum ein Kurstag verging, an dem nicht mindestens eine der 15 Teilnehmerinnen sagte: Ich kann doch nichts; ich bin seit 10, 17, 20 Jahren Hausfrau ... Mir gab das jedesmal einen Stich, aber verwunderlich finde ich es nicht mehr. Wie soll eine Frau ein positives Bild von sich und ihrem Beruf haben, wenn ihr von morgens bis abends, aus der Zeitung, dem Radio, auf Behörden, in den Kirchen, auf der Straße, in der Arztpraxis, aus dem Fernseher solche und ähnliche Äußerungen um die Ohren geschlagen werden:

- "Ach, Sie sind Nur-Hausfrau!" - Keine andere Berufsbezeichnung bekommt dieses reduzierende Wörtchen vorangestellt. Es gibt keinen Nur-Lehrer, keinen Nur-Straßenkehrer, keine Nur-Zeitschriften-Verkäuferin und keine Nur-Parkwächterin ...

- "Sie nahm das Angebot als Hostess an, weil sie als Hausfrau und Mutter wieder etwas tun wollte."

- Ein Beispiel aus einem Kirchenblatt: ..."Wir haben in unserer Gemeinde viele Senioren und Hausfrauen. Wie wäre es, wenn sie sich zum Gebet einfänden, weil andere, die 'Aktiven', beruflich gefordert sind? Ob diese nicht unseres Gedenkens bedürfen? Mit ein bißchen Phantasie und Engagement (= Überwindung der Trägheit) wäre vieles auch unter Christen anders."

Das sind einige von den vielen Äußerungen, die ich gesammelt habe; die Liste läßt sich leicht fortsetzen. Hausfrauen werden also öffentlich pauschal als phantasielos und träge, als reduziert und einseitig, als dumm, geistig verkümmert und ungebildet hingestellt, egal welche Schul- und Berufsausbildung sie absolviert haben, egal, wie sie wirklich sind. Familienfrauen brauchen nach dieser Abqualifizierung nicht für voll genommen zu werden:

- Sie haben angeblich Urlaub, wenn sie ein Kind versorgen und erziehen: "Erziehungsurlaub"
  (Vorschlag: Freistellung für Kindererziehung).
- Sie sind angeblich ausgegliedert: "Wiedereingliederung"
  (Vorschlag: Berufswechsel).
- Sie werden in Statistiken nicht ausgewiesen, so als gäbe es sie nicht oder nur als unwichtige Minderheit. Dabei sind sie eine Mehrheit!
- Niemals "arbeiten" sie, obwohl angeblich sogar Geld, eine tote Materie "arbeitet"! Auch Holz "arbeitet".

Wie soll ein Mensch da selbstbewußt bleiben oder werden? Jedem erwerbslosen Mann wird Verständnis entgegengebracht, wenn er unter seiner Situation leidet, weil ihm ja die Anerkennung fehlt. Aber die Familienfrau wird mit ihrer Klage über fehlende (sprachliche) Anerkennung trotz qualifizierter Arbeit nicht ernst genommen.

Wie kommt es dazu? Ich behaupte, es liegt nicht an der Arbeit an sich, es liegt daran,
- daß sie von Frauen geleistet wird
- daß sie bislang gratis geleistet wird
- daß zu wenig ernsthaft darüber geredet wird.

Widerstand leisten müssen Familienhausfrauen
- gegen die Herabsetzungen
- gegen die Nicht-Wahrnehmung
- gegen die fehlende soziale Absicherung
- gegen das selbstverständliche Nehmen ihrer Arbeitskraft ohne nennenswerte Gegenleistung und
- gegen den Widerspruch in unseren Gesetzen: Hierzu nur ein Beispiel:
  Gemäß § 1360 Satz 2 BGB wird die häusliche Tätigkeit als gleichrangig mit der Erwerbsarbeit anerkannt. Es ist eine gleichwertige und nicht ergänzungsbedürftige Beitragsleistung zum Familienunterhalt.[6] Der gesetzliche Güterstand (sogenannte Zugewinngemeinschaft) dagegen negiert während der Ehe die Gleichwertigkeit, denn absurderweise kommt sie erst bei einer Scheidung zum Tragen!

Neuer Arbeitsbegriff

Seit mindestens zehn Jahren reden und schreiben PolitikerInnen, Frauenbeauftragte und WissenschaftlerInnen davon, daß wir einen neuen Arbeitsbegriff bräuchten; denn nicht nur Erwerbsarbeit sei Arbeit. Sie sind aber nicht fähig - von wenigen Ausnahmen abgesehen - ihren eigenen Appell umzusetzen. Oder sind sie nicht willens? Beides spricht für sich.

Hier nur ein Beispiel: Im "Frauenlexikon"[7] wird die Verengung des Arbeitsbegriffes auf die Erwerbsarbeit heftig kritisiert. Die Autorin stellt fest, daß dadurch die unbezahlte Frauenarbeit, die die Grundtypen menschlicher Arbeit umfaßt, also das Leben der Menschheit sichert, keine Beachtung mehr findet. Es wird eine umfassende Definition von Arbeit gefordert, "die alle Tätigkeiten zur Lebenserhaltung umfaßt. Außer der Erwerbsarbeit gehören hierzu sowohl die Haus-, Familien-, Alltags- oder Reproduktionsarbeit wie auch die sogenannte ehrenamtliche oder gesellschaftlich-nützliche Arbeit." Einige Sätze später heißt es dann aber: "Diese Erweiterung des Arbeitsbegriffs muß praktisch werden durch eine Umverteilung aller Formen von Arbeit, so daß es für Männer und Frauen möglich wird, in allen Bereichen von Arbeit tätig zu werden."

---

[6] vergl. Erman, Kommentar zum BGB, 9. Auflage, 1993, sowie Palandt, Kommentar zum BGB, 57. Aufl., 1998

[7] Herder Verlag, 1988, Hg. Lissner/ Süßmuth/ Walter. Stichwort Arbeit, Autorin: Marita Estor

Ist das alles? Seitenlanger Lärm um nichts. - Ich weiß, ich wiederhole mich: Auch Frauen können unlogische Schlüsse ziehen; davor schützt offenbar kein noch so langes Studium. Denn das Gerede um einen erweiterten Arbeitsbegriff soll offensichtlich nur als Köder dienen, Männern die Familienarbeit schmackhaft zu machen. Es geht diesen Frauen gar nicht darum, alle Arbeit, die vor allem Mütter leisten, wenigstens sprachlich anzuerkennen und somit deren angeschlagenes Selbstbewußtsein zu stärken. Nein, es geht darum, die von diesen Frauen selbst geringgeschätzte Familienarbeit den Männern auf einem silbernen Tablett anzubieten. Abgesehen davon, daß das nicht funktionieren kann, ist es ein absurder Vorgang, der Frauen schwächt und Männer stärkt.

Ausblick in die Zukunft
Vorstellungen, Wünsche, Forderungen

Sich wehren geht besser gemeinsam. Deshalb wurde 1979 die Hausfrauen-Gewerkschaft (dhg) gegründet. Sie bietet keine Hauswirtschafts-Kurse an; dies wird von anderen Vereinen abgedeckt. Die dhg will erreichen, daß sich Familien-Hausfrauen, die generell als unpolitisch eingestuft werden, in großer Zahl in die alltägliche Politik und Wirtschaft einmischen und ihre eigenen Interessen äußern und vertreten.

Das wird uns nicht gerade leicht gemacht. Mit der Forderung, Familienarbeit sozial abzusichern und zu entlohnen, ecken wir nicht nur bei PolitikerInnen an, die es lieber bei der hergebrachten Un-Ordnung belassen wollen. Wir werden auch zurückgewiesen und als anti-emanzipatorisch eingestuft von manchen Frauen, die uns vorhalten, die Frauenbewegung zurückzuwerfen. Merkwürdigerweise haben diese Frauen nichts dagegen, daß es für die häusliche Pflege Renten- und Unfallversicherung sowie Pflegegeld gibt! Ich sehe das genau andersherum: Aus meiner Sicht wäre die wirkliche Anerkennung der familiären Erziehungs- und Pflegeleistung ein großer Vorwärts-Schritt in der Emanzipationsbewegung und hätte gewaltige Auswirkungen auch auf die Erwerbsarbeit von Frauen.

1. Wohl kaum eine Mutter müßte dann noch aus wirtschaftlicher Not für einen Hungerlohn Putz- oder Montagearbeiten machen. Die Unternehmer wären gezwungen, die Löhne zu erhöhen. Alle Frauen würden somit bessere Bedingungen haben, auch die ohne Kinder.

2. Die Arbeit der Erzieherin, der Krankenschwester, der Altenpflegerin würde dadurch aufgewertet. Wie lange soll eigentlich noch festgestellt werden, daß Frauen im Durchschnitt 30 % weniger verdienen als Männer, ohne endlich an der Wurzel des Übels anzusetzen?

3. Frauen wären nicht mehr so leicht als „Reservearmee" manipulierbar.

4. Nicht zuletzt wäre das Bild der Mutter ein ganz anderes als heute. Sie wäre nicht mehr die Selbstaufopferung in Person, die keine eigenen Ansprüche stellen darf. Sie dürfte (offiziell anerkannt) ein eigenständiges Wesen sein. Dies käme sicher auch der Erziehung der Kinder zugute. Und Männern müßte das letztendlich nicht schaden.

Dieses Gleis der Frauenbewegung - Anerkennung aller von Frauen verrichteten Arbeit und damit die Emanzipation auch über die Familienarbeit - ist nicht neu verlegt worden. Schon in der Frauenbewegung zwischen 1905 und 1919 gab es Frauen, die diesen Weg gehen wollten neben der Möglichkeit der Erwerbsarbeit.

Käthe Schirmacher forderte damals einen Lohn für die Mütter, da Kindererziehung keine Privatsache, sondern eine gesellschaftliche Aufgabe sei. Deshalb müßten die Kosten von allen getragen werden. Andere Frauen stellten damals die Lohnforderung an den Ehemann. Keine der Gruppen hatte mit ihren Forderungen Erfolg. Die Frauen, die die Erwerbsarbeit (Fabrikarbeit) als einzigen Weg zur Befreiung ansahen, waren strikt dagegen. Auch in der neuen Frauenbewegung nach 1968 wurde diese Idee wieder aufgegriffen, eine Lohn-für-Hausarbeits-Bewegung entstand. In Stuttgart gab es in den siebziger Jahren die Gruppe "feministische Initiative lohnloser Mütter". Auch sie ist wohl am SchwesternStreit gestorben.

Ich bedaure das sehr und bin davon überzeugt, daß wir so nicht viel weiter kommen werden. Schon gar nicht, wenn wir die Frauengruppen noch weiter aufspalten. Mir fällt auf, daß eine weitere Hierarchie-Stufe für Mütter eingerichtet wurde. Wir unterschieden bisher erwerbstätige Mütter und nicht-erwerbstätige Mütter. Die nicht-erwerbstätigen Mütter werden jetzt aufgespalten in Tagesmütter und angeblich "nicht arbeitende" Familienfrauen. Es gibt Modellprojekte für Tagesmütter mit eigenständiger sozialer Sicherung; aber den Frauen, die mehrere eigene Kinder erziehen, wird die soziale Sicherung vorenthalten.

Die Tagesmutter gilt als fortschrittlich; die Tag- und Nachtmutter dagegen als rückständig. Beide leben eventuell in derselben Ehe-Form, die dem Mann mehr Rechte einräumt. Allein die (sehr geringe!) Entlohnung der Tagesmutter verleiht ihr einen besseren Status. Oder ist die Familienfrau in Form einer Tagesmutter bei erwerbstätigen Müttern deshalb so anerkannt und begehrt, weil sie deren eigenes Kind zum Ausbeutungstarif familienähnlich (also gut) betreut?

Eine Emanzipations-Politik, die den Frauen vorschreiben will, welchen Weg sie gehen müssen, wie sie ihr Leben mit Kindern zu gestalten haben (Erwerbsarbeit bzw. Vereinbarkeit als Pflicht) und andere Meinungen unterdrückt, die bevormundet die Frauen, anstatt sie zu befreien!

Die Soziologin Monika Jaeckel hat einen Aufsatz geschrieben mit dem Titel "Mütter und Amazonen". Veröffentlicht wurde er 1989 in dem Buch "Mütter an die Macht". Sie schreibt: "Die feministische Analyse des Patriarchats hat längst den Reproduktionsbereich einbezogen und trägt die Theorie der unbezahlten Hausarbeit vor sich her. Nur gibt es hier eine emotionale Trennung zwischen gesellschaftlicher Analyse und der Einstellung zu den betroffenen Personen, den Hausfrauen. Jede Gruppe von Frauen, die ihre spezielle Situation thematisiert und sich in eigenen Gruppen organisiert, seien es die Lesben, die Alleinerziehenden, die Prostituierten, wird in der Frauenbewegung akzeptiert, nur der Gruppe der Hausfrauen wird das Recht auf Eigen-Organisation, eigene Räume, eigene politische Schwerpunkte abgesprochen. Wer sich nicht für die Dreifach-Belastung im Namen der Emanzipation entscheidet, gilt als faul, parasitär und unterjocht."

Emanzipation auch über Familienarbeit?

Ja, selbstverständlich,
- wenn wir diese Arbeit bewußt machen, dazu stehen, Mißstände in den Arbeitsbedingungen benennen, sie in die Öffentlichkeit tragen und auf Gesetzes-Änderungen bestehen.
- Wenn wir den Mut haben, Freiräume, die sich ergeben, wenn die Kinder nicht mehr ganz so klein sind, für eigene Interessen zu nutzen.

- Wenn wir der Gesellschaft zumuten, daß wir durchaus Nein sagen können zum sozialen Ehrenamt, das so gerne für uns bereitgehalten wird. (Mit dem politischen Ehrenamt ist das eine andere Sache).
- Schließlich sollten sich auch mehr von uns Familienfrauen ein politisches Mandat zutrauen, denn unsere Lebenserfahrung fehlt fast gänzlich in den Parlamenten. Im 13. Deutschen Bundestag gab es elf Abgeordnete, die als Beruf "Hausfrau" genannt haben; das sind 1,6 %. Sie werden geführt unter "Politische Randgruppen". Also: Mut zum Einstieg in die Politik anstatt Berufswechsel ins Erwerbsleben, der meist unterhalb der erworbenen Qualifikationen und in dienender Position stattfindet.

Zugegeben, es ist noch ein mühsamer Weg für die Frauen, sich über die Familienarbeit freizuschwimmen; es geht ja auch gegen den (vorgeschriebenen) Strom. Aber diese Gedanken stoßen zunehmend auf großes Interesse, bei Frauen wie auch bei Männern.

Die ausschließliche Konzentration auf die Erwerbsarbeit ist eine Anpassung an männliche Wert-Vorstellungen! Die ideologische Frauenbewegung stößt sicher deshalb bei so vielen Frauen auf Desinteresse und Ablehnung, weil sie den größten Teil der Arbeit, ja die größte Berufsgruppe (!) überhaupt, nicht ernsthaft wahrnimmt. Immer mehr Frauen sehen das so wie die Soziologin Susanne Lüpsen: „Eine feministische Politik müßte die Macht der Frauen nicht dort zu verwirklichen suchen, wo frau sich noch nicht befindet, in den Chefsesseln und Führungsposten, sondern in denjenigen Bereichen ansetzen, wo die Frauen hier und heute bereits vertreten sind: in Hausarbeit und ungeschützten Erwerbsverhältnissen." [8]

[8] *Susanne Lüpsen in: Quotierung im Kreuzfeuer. Die Grünen Baden-Württemberg, 7/91.*

Schöner Schein - Geld arbeitet, Mütter machen Urlaub

von Gisela Hofmann

Vortrag zur Ausstellungseröffnung in Geislingen/Steige am 08. Nov. 1995

Gisela Hofmann, verheiratet, 3 Kinder, Studium der Sozialpädagogik, Meisterin der städt. Hauswirtschaft, seit 1995 stellvertr. Landesvorsitzende des dhg-Landesverbandes Baden-Württemberg

Kurz vor der Jahrtausendwende gestalten Frauen im Jahreskreislauf unserer Kultur recht selbstverständlich ihre Veranstaltungen, z. B. den Internationalen Frauentag, den Weltgebetstag der Frauen; vielfältige Frauennetzwerke organisieren in der BRD mittlerweile Frauenmessen, - seminare, - ausstellungen, Frauen-Infotage oder Frauenfrühstücke. Alle Medien haben frauenspezifische Ausgaben, Reihen, Sendungen, Seiten etabliert. In diesem Herbst (1995) fand die 4. Weltfrauenkonferenz der UNO seit 1975 statt. Auch der Deutsche Frauenrat war in Peking mit dabei.

In der BRD gibt es auf politischer Ebene Frauenministerien auf Bundes- und Landesebene, sie legen Entwürfe für Gleichstellungsgesetze vor, auch in Baden-Württemberg; Frauenbeauftragte arbeiten in Kommunen, so wie in der Stadt Aalen und im Ostalbkreis, auch die Gleichstellungsbeauftragten in öffentlichen Institutionen und Kirchen erstellen dort Frauenförderpläne für erwerbstätige Frauen und solche, die aus dem Erziehungs"urlaub" zurückkehren. Es finden Existenzgründungstage statt, auch für Frauen. In Karlsruhe demnächst unter dem Slogan: ich werde mein eigener Chef. Die Landeszentrale für politische Bildung in Baden-Württemberg hat eine eigene Abteilung Frauen und initiiert Seminare wie: Unsere Stadt braucht Frauen. Frauenforschung, nicht nur an der Uni, ist im Bildungsbereich nicht mehr wegzudenken. Frauenstudien sind heute nichts Neues mehr. Die Frauen - ich, Sie, wir, weltweit und auch hier in Geislingen einThema. Gut so! Ich stelle kurz dagegen: Männerförderpläne für Männer in der Familienarbeit, Männerbeauftragte, Männergleichstellungsgesetze, Internationaler Männertag, Männerpolitik mit einem Seminar: Unsere Familien brauchen Männer. Sehr komisch, lächerlich, unüblich, kreativ, zukunftsweisend!? Es kommt auf Ihre Sichtweise an.

Fakt ist: Frauen sind die Hälfte der Welt, Frauen gestalten und bereichern die Welt, Frauen sind Kulturträgerinnen seit 20.000 Jahren, Frauen arbeiten - seit jeher. Warum dann so viel Aufhebens, Streß, hoch bezahlte Arbeit, freiwilliges Engagement und ehrenamtliche Arbeit nur um sie, in diesem Jahrhundert. Und wie lange noch?! Sind Frauen im Defizit, müssen wir nur aufholen? Endlich ist Frau auf dem Weg nach oben. Wenn sie zögert, dieses neue Leitbild zu verinnerlichen, wo bleibt sie dann? Zurück, unten, machtlos, geldlos, arbeitslos, verdrängt vom Markt an den Herd, außer Konkurrenz im Wettbewerb unserer Marktwirtschaft, in der sogenannten traditionellen Abhängigkeit vom Mann?

Gerda Weiler, Frauenforscherin, gab ihrem letzten Buch den klaren Titel: "Der aufrechte Gang der Menschenfrau". Sie zeigt in diesem zweiten Band ihrer feministischen Anthropologie die Bedeutung der Frau für die Entwicklung des Menschen und ihre Kulturleistungen auf. Gerda Weiler starb im Schwarzwald im Oktober 1994 im Alter von 73 Jahren.

Gisela Hofmann

Marija Gimbutas, die große alte Dame der Archäologie, widmete 25 Jahre intensiver Forschung der Entschlüsselung von Leben, Religion und Sozialstruktur der neolithischen BewohnerInnen Europas. Sie prägte den Begriff "Alt-Europa" für diese Zivilisation, in der Zeit 6500 - 3500 v. u .Z.. In dieser europäischen Frühgeschichte war der Herd mit dem Feuer eines der zentralen Symbole für die leben gebende, lebenerhaltende und lebenerneuernde Kraft. Sie starb im Februar 1994, auch im Alter von 73 Jahren.

Wenn wir uns treffen, zusammen arbeiten, uns zuhören, wir Frauen, geschieht das mit weiblichem Selbstbewußtsein, aus Stolz und Zufriedenheit über unsere gelungenen vielfältigen Aufgaben, aus dem uralten, vertieften Fachwissen um die Lebenszusammenhänge der Geschlechter und Generationen. Was ist mit uns Frauen, von was träumen wir, für was arbeiten und kämpfen wir, was wollen wir: letztendlich doch viel lieber volle Gleichstellung mit dem Leben und den Privilegien der Väter, Brüder, Freunde, Ehemänner, Arbeitskollegen, Lebensgefährten? Geht es uns um die männliche Anerkennung und damit freien Eintritt in ihre Lebensräume?!

Carol Gilligan, seit 1979 Professorin für Psychologie an der Harvard University, arbeitet auf dem Gebiet der weiblichen Entwicklungspsychologie und den Problemen der Moral. Sie hat unglaubliche Versäumnisse und Fehler der psychologischen Forschung aufgedeckt. Denn in der bisherigen, grundlegenden Theoriebildung, z. B. von Erik Erikson, Kohlberg und Piaget, wurde die Gruppe der Frauen vernachlässigt. Auch neuere Konzepte über Geschlechtsrollen spiegeln ein Erwachsensein, das ein autonomes Leben voller Arbeit höher einschätzt als ein auf andere Menschen bezogenes Leben voller Arbeit, als die Interdependenz der Liebe und Anteilnahme. Männlichkeit wird durch Ablösung definiert, Weiblichkeit hingegen durch Bindung.

Gilligan findet in der männlich geprägten Entwicklungspsychologie ein Paradox: Genau die Züge, die Psychologen traditionell als die "Güte" der Frauen definierten, ihre Verantwortung und ihre Fürsorge für andere (im Englischen to care), ihre Einfühlsamkeit in deren Bedürfnisse und ihre Zuständigkeit für die Versorgung von abhängigen Menschen sind dieselben Züge, die Psychologen bei Frauen als defizitär, als Mängelwesen in ihrer Entwicklung ausweisen. Stehen die Individuation und die individuellen Leistungen bis ins Erwachsenenleben im Mittelpunkt, und wird Reife mit persönlicher Autonomie gleichgesetzt, dann erscheint die Rücksichtnahme auf andere Menschen und auf Beziehungen als eine Schwäche der Frauen, nicht als menschliche Stärke.

Doch Mädchen, Frauen, wollen eigentlich eine Moral vertreten, die sich vor allem an menschlichen Bindungen, an Kommunikation und Gemeinschaft orientiert. Carol Gilligan arbeitet heute daran, der Psychologie ein klareres Bild vom Enwicklungsprozeß der weiblichen Persönlichkeit zu geben, insbesondere im Hinblick auf die Identitätsbildung der Frauen und ihre moralische Enwicklung in der Jugend/Pubertät und im Erwachsenenalter. Sie ist auf der Suche nach der "verlorenen Stimme" in der weiblichen Adoleszenz.

Heutige Frauenpolitik wertet traditionell weibliche Orientierung ab und fördert nach meinen langjährigen Erfahrungen letztendlich das "abgelöste" Leben. Denn auch das Konzept der gleichzeitigen Doppelorientierung auf Kinder und Beruf sieht den einen Arbeitsbereich, den Beziehungsbereich, eigene Kinder, eigener Haushalt und Familienangehörige nicht gleichwertig vor zum anderen Arbeitsbereich - dem Erwerbsbereich. Teilzeitarbeit, Kindererziehungsarbeit und Pflegezeiten wirken sich finanziell ein Erwachsenenleben lang nachteilig aus, das gilt für Frauen und Männer, in jeder Lebensform. Solange Frauenpolitik, trotz hoher Erwerbslosigkeit, die individuelle finanzielle Unabhängigkeit bis ins hohe Alter nur durch Erwerbsarbeit als Leitbild vertritt, bleiben die Frauen und auch die Männer heute benachteiligt, die häusliche Familienarbeit tatsächlich tun oder mit einem Partner teilen; auch diejenigen, die bereit sind, für mehrere Kinder unterhaltspflichtig zu werden und jene, die wenig Familienarbeit delegieren an Dienstleistende.

Was wollen wir mit all unserem Frauenaufwand: Erfolgreich werden wie Männer, die männliche Normalbiografie erreichen, die unserem bisherigen gesamten Rentensystem zugrunde liegt? Nein, ich möchte das nicht, die Deutsche Hausfrauengewerkschaft als "Verband zur Durchsetzung eigenständiger finanzieller und sozialer Absicherung der Familienarbeit" möchte das auch nicht, und viele aktive Frauen und Männer in über 30 Familienorganisationen mit Verantwortung, Freude und Last an eigenen Kindern auch nicht.

Denn wir erkennen: in der gültigen Wirtschafts-, Sozial- und Rechtsordnung wird nach wie vor nach traditionell patriarchalen Maßstäben der Wert von Arbeit bemessen, zählen nach wie vor maßgeblich nur die Männer und zunehmend die Frauen, die in den Jahren ihres Erwachsenenlebens viel Zeit, volle Arbeitskraft, berufliche Kompetenz und finanzielle Investitionen in eine außerhäusliche Erwerbsarbeit einbringen. Leistungsträger nennt sie unsere Kultur. Eine Mehrkinderfamilie ist in dieser Kultur keine Existenzgründung und gegenüber einem Videoladen oder einer Vermögensberatungsagentur kein Wirtschaftsbetrieb. Vor kurzem war wieder Weltspartag für unsere Kids. Kindersparen - der Riesenhit - auch unsere kleinen und jungen Kunden beraten wir rundum! So wurde von Banken und Sparkassen geworben. Bis zur Jahrtausendwende werden wir und unsere Kinder vollends an die gesellschaftlichen Veränderungen angepaßt sein: Geld arbeitet - Tag und Nacht auf der Bank, Mütter machen Urlaub - zuhause bei der Erziehung, Väter sind arbeitslos - und stehen auf der Straße.

Doch Frauen, Männer und Kinder sind seit jeher in den Lebenskreislauf von Geburt und Tod eingebunden. Daraus entstanden Lebensaufgaben, die Arbeit zur Existenzsicherung. Früher genauso wie heute brauchen Gesellschaften eine Sozialordnung, die dem Leben der Geschlechter und Generationen dient. Der heutige Wirtschaftskreislauf, der sich zu unserer Existenzsicherung und Bedürfnisbefriedigung entwickelt hat, wurde von Männern gestaltet. Darin sind die privaten Haushalte zwar ein wichtiger Sektor, nämlich die Stätten des Verbrauchs, des Konsums. Aber es erfolgt nach ihrer Volkswirtschaftslehre dort keine Produktion. Mütter und ihre Arbeit sind darin eine Naturressource.

Gisela Hofmann

1993 veröffentlichte das Magazin "Die Zeit" einen Sonderdruck: Zeit der Ökonomen - eine kritische Bilanz volkswirtschaftlichen Denkens. Sie können darin lesen, was seit Aristoteles bis heute Männer an wirtschaftswissenschaftlichen Theorien in die jeweiligen Gesellschaftsordnungen eingebracht haben und weiterhin tradieren.

Schon 1920 wurde das sogenannte Hausfrauenparadoxon formuliert, es lautet: "Andererseits wiederum gehen die Dienstleistungen von Frauen ins Sozialprodukt ein, wenn sie, ob in der Fabrik oder im Hause gegen Lohn geliefert werden, dagegen nicht, wenn sie von Müttern und Ehefrauen kostenlos ihren Familien geleistet werden. So sinkt das Sozialprodukt, wenn ein Mann seine Haushälterin oder Köchin heiratet. Das sind Paradoxa." Heute lautet eine der zentralen Forderungen der dhg, familiäre Arbeit gleichwertig in die volkswirtschaftliche Gesamtrechnung aufzunehmen und der Erwerbsarbeit gleichzustellen. Doch der Ausbau des Altenhilfemarktes in Deutschland unter den Schlagworten: Von der Betreuung zur Kundenorientierung - vom Heim zum sozialen Dienstleistungsunternehmen - vom Hilfeangebot zum Markt, lassen uns erahnen, daß ebenso die häusliche Familienarbeit an Kindern zu einem zunehmenden Markt für Dienstleistende werden wird.

Unbezahlte Frauenarbeit - Basis der Wirtschaft.
Wer diesen Ausstellungs- und Arbeitstitel als Provokation, als falsch empfindet, will sich vom hierarchischen Denken nicht trennen. Dieses abendländische Denkmuster basiert auf der Auf- und Abwertung von Menschen und ihrer Arbeit auf Grund ihres Geschlechtes und nicht auf einer lebensnotwendigen Werteordnung. Das Bildungswerk der dhg zeigt Ihnen schwarz-weiße Bilder mit Text. Gerade beim Thema Bewertung von Frauenarbeit sind wir alle noch tief geprägt von spaltenden schwarz-weißen Bildern. Trotz einer immer bunter werdenden Welt.

Unbezahlte Frauenarbeit,
Texte und Bilder von Anne Happersberger-Lüllwitz. Sie ist seit Beginn, seit 1979 Mitglied der dhg. Sie macht Arbeit von Müttern sichtbar, geleistet generationenlang, weltweit, Tag für Tag. Von Müttern in den townships in Südafrika und von Ihnen hier. 70 % der Armen der Welt sind Frauen, zu hören war dies auf dem Sozialgipfel in Kopenhagen im Frühjahr 1995. Warum wohl?

Alle ihre Bilder und Texte zeigen klar, was Mütter und Väter, Frauen und Männer, die Familienarbeit selbst mit ihren Händen tun, eigentlich wissen: diese Arbeit ist gleichwertige Arbeit zur Erwerbsarbeit, egal, ob sie stundenweise, in Teilzeit oder ganztags geleistet wird. Doch wenn sich dieses hierarchische Denkmuster von Auf- und Abwertung der Arbeit wie ein fein geknüpftes Netz über menschliche Grundrechte, über eigene Wahrnehmungen und Erfahrungen gelegt hat, bedarf es langwieriger Anstrengung, dieses enge Netz zu zerreißen.

Basis der Wirtschaft.
Das Statistische Bundesamt hat eine Erhebung zur Zeitverwendung in privaten Haushalten durchgeführt. Die Ergebnisse und Daten sind seit Herbst 94 in einer Broschüre nachzulesen.
Aus Kapitel 5: Haushalt: Arbeit zum Nulltarif?
"Ein gesamtwirtschaftlicher Vergleich zeigt, daß der Wert der unbezahlten Arbeit nur um 26 % unter der Summe der bezahlten Bruttolöhne und -gehälter liegt - und dies bei einer Bewertung

der unbezahlten Arbeit in Nettolöhnen. Die unbezahlten Leistungen privater Haushalte haben für die Versorgung der Bevölkerung mit Waren und Dienstleistungen auch quantitativ eine nicht zu vernachlässigende Bedeutung. Selbst in einem Industrieland wie Deutschland haben sie denselben Umfang wie die Leistungen des produzierenden Gewerbes."

Prof. Dr. Heinz Lampert referierte auf der Fachtagung des Familienministeriums Baden-Württemberg im Nov. 94 zum Thema: "Wer produziert das Humanvermögen einer Gesellschaft? Die Leistungen der Familien für die Bildung und Erhaltung von Humanvermögen oder Humankapital." Er sagte: "Die angeführten Leistungen der Familien werden in der Wirtschaftswissenschaft und in der Politik nicht zutreffend gewürdigt. Gedankenlos sieht bis heute die traditionelle Wirtschaftswissenschaft an gesellschaftlich ganz zentralen Leistungen vorbei."

Dr. Jürgen Borchert, Richter am Landessozialgericht Darmstadt, war Prozeßbevollmächtigter bei der Klage vor dem Bundesverfassungsgericht. Es ging um die Anerkennung von Erziehungsleistungen im Rentenrecht und um mehr Familiengerechtigkeit. Das Urteil am 7. 7. 92 verkündete damals der heutige Bundespräsident Herzog. Borchert schrieb 1989 ein Buch mit dem Titel: "Innenweltzerstörung". Seine These: unsere Sozialbeziehungen, insbesondere die Familienbeziehungen werden mit wirtschaftlichen Mustern zerstört.

Schöner Schein: Geld arbeitet - Mütter machen Urlaub.
War 1994 das Jahr der Familie oder das Jahr des Geldes und der Banken? Als ich die Bilanzen des Jahres 1994 für beide Unternehmen ansah, konnte ich folgendes lesen:

Die Familien:
Aus dem Familienreport zum Internationalen Jahr der Familie zitiert: "Wirtschaftliche Lage der Familien - Neben Erwerbslosigkeit birgt die Situation, Kinder zu haben, ein besonderes Armuts- und damit auch Überschuldungsrisiko. Die Zeiten, in denen Eltern für ihre Kinder aufkommen, haben sich extrem verlängert. Die Gesamtkosten für zwei Kinder belaufen sich bis zum 18. Lebensjahr auf über 1 Million DM. Mit der Erziehung von mehreren Kindern geht während des Berufslebens der Eltern ein dramatischer Abstieg im Lebensstandard einher." Die diesjährige Neuregelung des Kindergeldes wird von der Bundesregierung als Weiterentwicklung des Familienleistungsausgleichs und Verbesserung der finanziellen Situation der Familien gefeiert - ganz im Gegensatz zur Meinung der dhg, des Deutschen Familienverbandes und der meisten familienpolitischen Experten. Der Einkommensvorteil von Kinderlosen und ihre soziale Absicherung über einen Erwerbsberuf wirkt sich weiterhin lebenslang aus.

Die Banken:
Sie hatten Anfang dieses Jahres ihre Erfolgsbilanzen 1994 vorgelegt und in den Zeitungen veröffentlicht. Die Bilanzvolumen waren auf stolze Beträge gewachsen. Mann zeigte sich mit der Geschäftsentwicklung zufrieden und die Verantwortlichen der Banken konnten das Jahr 1994 unter die erfolgreichen Jahre einreihen. Aus der Werbung erfahre ich, daß die Sparkassen für viele den Weg zu mehr Unabhängigkeit frei machen und unser Geld dort mehr als 8 Stunden arbeitet. Was macht das Geld Tag und Nacht auf der Bank? Bei dieser Geldarbeit entstehen schöne Scheine.

Gisela Hofmann

Fragen Sie Mütter im sogenannten Erziehungsurlaub, was sie nachts tun. Und ob sie damit sicher ans Ziel kommen. Für das einkommensabhängige Erziehungsgeld müssen sie sich sagen lassen, daß sie in der sozialstaatlichen Hängematte liegen. Sie werden jedoch mit jedem weiteren Kind abhängiger von ihrem Mann oder vom Staat, dem Ersatzvater. Von wegen Unabhängigkeit oder Autonomie!

Kommen wir von der Scheinwelt zurück zu den schwarz-weißen Bildern der Ausstellung. Sie zeigen Basisarbeit in unserer Kultur, realistische, ungeschönte Frauenarbeit. Dieser normale Alltag einer Hausfrau und Mutter gehört auch zu meinem Lebenslauf, zu meiner Laufbahn und Position. Ich kam in den Ostalbkreis, um als Kurleiterin in einem Mutter-Kind-Kurheim der Müttergenesung zu arbeiten. Vor 15 Jahren begann meine Mutterzeit. Bald hatte ich drei Kinder geboren, zwei Söhne und eine Tochter. Mein Mann und ich arbeiteten mehr als acht Stunden. Ich war keine Tagesmutter. Meine Familienarbeit, die Honorararbeit in der Erwachsenenbildung, die ehrenamtliche familienpolitische Arbeit und die pflegebedürftigen Angehörigen erforderten über alle Jahre Vereinbarkeit von uns Eltern.

Ich bin jetzt über 40 Jahre alt, eine amtlich gemeldete Rückkehrerin. Wo war ich? Wo sind wir Familienfrauen? Wir Mütter? In den Stunden, Wochen, Jahren der Nicht-Erwerbstätigkeit?

Welche Frau wird es sich in Zukunft noch leisten, selbst mit eigenen Kindern schwanger zu gehen, sie zu gebären und großzuziehen. Wer Geld hat und dieses für sich arbeiten läßt, kann delegieren. Welcher Mann wird es sich in Zukunft noch leisten, sein Geld nicht für sich auf der Bank arbeiten zu lassen, sondern mit einer Frau zu teilen und es in die Kindererziehungskosten von mehreren eigenen Kindern zu investieren. In diesem Jahrhundert haben meine Großeltern, meine Eltern und ich und mein Mann als Ehepartner unbezahlte Generationenarbeit geleistet. Vielfältige Lebensformen im nächsten Jahrhundert lassen sich durch eingegangene Unterhaltspflichten und -aufgaben unterscheiden. Sie sehen: Der Abschied vom Familienleben ist von der Politik und der Wirtschaftsordnung zu verantworten und nicht von den einzelnen Frauen. Wer den Erziehungsstandort Familie für wichtig erachtet, sollte sich dafür kompetent engagieren.

Zum Schluß möchte ich auf vier Bilder der Ausstellung näher eingehen. Sie verdeutlichen meine Anliegen und die Forderungen der dhg. Das erste Bild (Foto 17) zeigt zwei Frauen mit drei Kleinkindern. Sie reden miteinander auf dem Gehweg. Ein Kind sitzt im Buggy, jede Mutter hat ein Kind auf dem Arm. Mütter im Erziehungs"urlaub" - Mütter haben Zeit, sie reden viel, sie können ihre Zeit einteilen, sie haben keine Verantwortung - tiefsitzende Urteile. Vielleicht kommt die eine vom Kindergarten, die andere vom Kinderarzt, reden sie über den Kindersachen-Basar, den sie mitorganisieren, überlegen sie sich, ob sie gemeinsam am Vortrag "Unbezahlte Frauenarbeit" teilnehmen; bereden sie Urlaubsplanungen, wohin mit so kleinen Kindern und das Erziehungsgeld ist gekürzt worden, erzählt eine der Frauen, daß der geschiedene Mann seinen Unterhaltszahlungen nicht nachkommt. Vielleicht ist es um die Zeit am Morgen, in der erwerbstätige Frauen und Männer rechtlich geregelte Vesperpause machen. Können Sie diesen zwei Frauen gönnen, daß sie sich auf der Straße getroffen haben?

Das zweite Bild (Foto 11) zeigt eine Mutter mit zwei kleinen Kindern im Bad. Sie putzt die Badewanne. Sie hat Arbeitskleidung an. Es ist eng. Alltagshausarbeit, bei der Frauen angeblich dumm werden, einen Reinlichkeitsfimmel haben, und schlecht organisieren.
In der Pflegeversicherung nennt sich das hauswirtschaftliche Versorgung: Einkaufen, Kochen, Reinigen, Spülen, Wechseln und Waschen der Kleidung. Wenn Senioren Sachleistungen wählen, kommen sogenannte professionelle hauswirtschaftliche Kräfte in den privaten Haushalt und rechnen jede Versorgungstätigkeit ab. Sie bekommen Fortbildung, haben Dienstbesprechungen, nehmen Urlaubstage und bleiben bezahlt zu Hause bei Krankheit. Diese Mutter im Erziehungs"urlaub" verwöhnt nur ihre Kinder und ihren Mann.
So eine braucht doch an den Sozialstaat keine Forderungen zu stellen.

Das dritte Bild (Foto 14) zeigt eine Mutter mit zwei kleinen Kindern. Sie telefoniert. Das Telefon steht auf dem Schrank. Vielleicht gehört sie zu einem Frauennetzwerk und redet mit der Frauenbeauftragten wegen der Aktionen am Frauentag. Ihr Haus ist ihr Arbeitsplatz. Sie führt Gespräche mit Frauen und Männern, die an Schreibtischen in einem Büro sitzen und eine Arbeitszeit haben. Sie sind auch oft in Besprechungen, Sitzungen, Tagungen, bei Terminen. Dann probiert sie es noch einmal. Auf ihre Kosten. Sie schreibt keinen Tätigkeitsbericht. Schade. Sie würde dann erkennen, schwarz auf weiß, wie vielfältig ihre Aufgaben sind. Sie macht seit langem die Baufinanzierung. Ob der ältere einen Kindergartenplatz bekommt im neuen Wohngebiet? Wie war das mit dem Rechtsanspruch und der Stichtagsregelung und der neuen Kindergeldregelung? Sie kommt nicht immer dazu, ausführlich die Zeitung zu lesen. Schade, daß es kein Familienbüro gibt. Eine Frau im Erziehungs"urlaub" - sie arbeitet nicht erwerbsmäßig.

Mein Lieblingsbild (Foto 3) - drei Kinder in der Badewanne - "Brutpflege Humankapital" - Experten haben ausgerechnet, daß die in Familien erbrachten Arbeitsleistungen allein im Jahr 1990 in den alten Bundesländern dem Wert von mehr als 15 Billionen DM entsprochen haben. Wertschöpfung - Basis der Wirtschaft - soziale Intelligenz.
Die dhg will auf die Situation der Familienarbeit von Frauen und Männern aufmerksam machen, Mißstände aufdecken, Gesetzesverbesserungen einfordern und auf das Bewußtsein der Öffentlichkeit einwirken.

Familienarbeit: existentiell - bewährt - kompetent - innovativ

von Ursula Metz

Eröffnung und Einführung zur Ausstellung "Unbezahlte Frauenarbeit - Basis der Wirtschaft" am 3. März 1998 in Balingen.

Ursula Metz, geb. 1957, verheiratet, 3 Kinder, Krankenschwester,

seit der Geburt des ersten Kindes 1982 Hausfrau, zeitweise zusätzlich als Krankenschwester tätig, zur Zeit bei einer Diakonie-Sozialstation.

Seit 1983 Mitglied in der dhg, seit 1990 im Landesvorstand von Baden-Württemberg, seit 1994 Landesvorsitzende des dhg-Landesverbands Baden-Württemberg, seit 1998 stellvertr. Bundesvorsitzende.

Bilder von Müttern mit Kindern an der Hand oder auf dem Schoß, Mütter gebeugt über eine zu putzende Badewanne, zwischen Wäschebergen, beim Einkauf, beim Arzt, mit einem verletzten Kind, am Herd, Mütter mit fröhlichen und mit quengelnden, ungeduldigen Kindern, Mütter bei Versorgung, Erziehung und Pflege…
Diese Bilder sind Anlaß für unsere Begegnung hier.
Ich freue mich sehr, daß Sie sich Zeit nehmen für den Blick auf die Familienarbeit und zu Gedanken dazu.

- Ich führe Sie in die Ausstellung ein, als eine der Frauen, die diese unbezahlte häusliche Arbeit seit vielen Jahren praktisch leistet - Mutter von 3 Kindern (16, 13, 10). Für mich war und ist diese häusliche Versorgungs- und Erziehungsarbeit schon immer selbstverständlicher Bestandteil des Lebens.

- Auch als Jugendliche habe ich diese Arbeit registriert - wie mir Tagebucheintragungen und meine Erinnerung aufzeigen - damals in der Position der Nutznießerin, die verwundert war, daß ihre Mutter auch haderte (mangelnde gesellschaftliche Anerkennung). Als Haushaltspraktikantin in einer Familie mit drei kleinen Kindern gingen mir noch mehr die Augen auf, ich war beeindruckt. Eine wertvolle Lehrzeit – damals noch Voraussetzung für meine Ausbildung zur Krankenschwester.

- Ich eröffne die Ausstellung als Landesvorsitzende der Deutschen Hausfrauengewerkschaft e.V. Baden-Württemberg. Auf die dhg stieß ich nach 1fijähriger eigener Familienarbeitspraxis mit der gewonnenen Erkenntnis, die ich als Nutznießerin so noch nicht hatte, daß die Bewertung und der gesellschaftliche Umgang mit dieser wichtigen Arbeit keineswegs stimmig ist (Arbeitsbegriff, hohe Verantwortlichkeit, Rechtfertigungsdruck). Ich fand mich in der Zielsetzung der dhg wieder, die sich ganz klar für die Anerkennung und Aufwertung einsetzt. Die dhg e.V. fordert die finanzielle und soziale Absicherung der Familienarbeit. Nach
längerer stiller Mitgliedschaft gebe ich jetzt sehr viel Energie in das aktive Engagement - seit 1990 im Landesvorstand, seit 1994 Landesvorsitzende.

Die dhg zeigt die Ausstellung "Unbezahlte Frauenarbeit - Basis der Wirtschaft" dank der Autorin Anne Happersberger-Lüllwitz, die eigene Arbeit dokumentiert, teilweise mit Selbstauslöser. Ich eröffne die Ausstellung gerne, denn das Engagement für gerechtere Rahmenbedingungen für Familienarbeit ist für mich untrennbar verbunden mit dem genauen Wahrnehmen dessen, was diese Arbeit beinhaltet, wie sie strukturiert ist und was sie leistet. Zur Bewertung gehört die Wahrnehmung!

Hier wird nun die Arbeit der Familienfrauen gezeigt. In Biberach sind z. Zt. Plakate für die Oberschwäbische Woche zu sehen, einer Leistungsschau des Handwerks und der Industrie. Hier sehen sie heute die "Leistungsschau" der Familienfrauen. Sie werden Eindrücke davon mitnehmen und zu eigenen Gedanken angeregt.

Meine Einführung zu dieser Ausstellung stelle ich unter den Titel: Familienarbeit: existentiell – bewährt – kompetent - innovativ.
Unter den genannten Stichworten werde ich etwas zur Familienarbeit sagen. Dann kurz auf die rechtliche und soziale Situation der

Familienfrauen (-männer) eingehen, und den meines Erachtens nötigen Handlungsbedarf skizzieren (die Perspektive "Gehalt für Familienarbeit"/ Erziehungsgehalt).

1. Familienarbeit: existentiell - bewährt - kompetent - innovativ

1.1. Existentiell *(Bild Nr. 3)*

Familienarbeit ist unerläßliche, lebenswichtige = existentielle Versorgung. Grundbedürfnisse werden "gestillt", oft im wahrsten Sinne des Wortes, Grundlagen gelegt, Weichen gestellt. Obwohl bekannt ist und viel thematisiert wird, wie wichtig die ersten Lebensjahre für die weitere Entwicklung sind, steigt das Ansehen der Arbeit an Kindern und für Kinder erst mit deren Alter und bei anderen Personen als den Eltern. Für mich paradox.

Von Ernährung über liebevolle Zuwendung und Annahme, über unermüdliche Erklärungen "Warum? Wieso?...." des Alltäglichen und Besonderen, von den Regeln des Zusammenlebens über die Gestaltung der Umgebung und der notwendigen Hausarbeit, gehört eine Fülle an Aufgaben zum Großziehen von Kindern. Kinder lernen durch Nachahmung, Mithelfen, Erklären, Ausprobieren...; eigene Schritte müssen begleitet werden. *(Bild 13)*

Für diese Aufgabe sind Eigenschaften wichtig wie: Zuverlässigkeit, Kontinuität, langer Atem, Geduld, Verantwortung, Flexibilität, Vorausdenken, Hineindenken, Organisationstalent, Tatkraft, körperliche Kraft..., Familienarbeit legt Grundlagen – auf denen nachher auch andere Personen, die mit den Kindern zu tun haben, aufbauen:

Beispiel Spracherziehung: In einem Artikel "Sprechen Sie mit Ihrem Kind" in "Spielen und Lernen" heißt es, daß jedes 4. Kind Sprachstörungen hat und es wird aufgefordert zu "mehr Zeit für Ihre Kinder". In einem Beitrag im Elternjournal des Kultusministeriums "Leseförderung im Elternhaus" steht: "Wer allerdings glaubt, daß Leseförderung erst beim Eintritt in die Schule beginnt, verkennt die wichtige Rolle des Elternhauses. Ohne eine umfassende und differenzierte Sprachbildung der Kinder im Elternhaus hat die Schule schlechte Grundlagen für ihre Arbeit." Entwicklung der Sprache setzt miteinander sprechen voraus, Schäkern, Tonlagen...

Familienarbeit ist existentiell, sie muß von jemand anders übernommen werden, wenn die Mutter oder der Vater die Versorgung nicht selbst übernehmen kann oder will. Es besteht Substitutionsbedarf. Und dies nicht nur für Kinder unter drei Jahren. Auf einem Werbeplakat des Jugendamts für Tagespflege sind Kinder verschiedensten Alters abgebildet, auch Schulkinder.

1.2. Bewährt

Und damit komme ich zu "bewährt". Es zeigt sich: Familienarbeit hat sich bzw. ist bewährt - sie kann nicht einfach gestrichen werden. Versorgungslücken entstehen, werden sichtbar. Nachdem vielfach der Auszug aus dieser Arbeit postuliert wurde und wird, die Maßgabe gilt, sich nicht zu sehr auf diese Aufgaben als Hausfrau und Mutter einzulassen und entsprechend Politik gestaltet wird, stehen nun die Substitute auf dem Herd der Politik, Parteien aller couleur rühren im Dienstleistungstopf. *(BLÜM –Anzeige"Arbeitsplatz Haushalt")* Familienfrauen nehmens mit Staunen, Wut, Heiterkeit oder Bitterkeit zur Kenntnis – je nach Verfassung. Familienfrauen sehen sich zweierlei Druck ausgesetzt:

1. Auf der Schiene des Selbstwertgefühls (ständig hinterfragt werden, "nicht arbeiten"...) und
2. Wirtschaftlichem Druck als Familie insgesamt und für ihre Person im besonderen.

Nun können sie verfolgen, wie am flächendeckenden Netz von Tagesmüttervereinen, "Familienserviceunternehmen", familienähnlichen Kindergruppen (altersgemischt, kleine Gruppe etc.), und dergleichen mehr, politisch gearbeitet wird, was bisher für Familienfrauen nicht möglich war. Propagiert auch von Politikerinnen (Frauenpolitik), die sonst in der Arbeit von Müttern/ Hausfrauen ein "Auslaufmodell" sehen, ein nicht emanzipiertes Leben, vom "Rückzug oder enden am Herd" sprechen und was da sonst noch so an Spott oder Gedankenlosigkeit wohlfeil ist für Familienhausfrauen.

(Bild 15) Hier muß etwas zum Umfang der hier gezeigten unbezahlten Arbeit gesagt werden: 77 Mrd. unbezahlte Stunden im Haushalt stehen 47 Mrd. Erwerbsarbeitsstunden gegenüber. (Studie "Wo bleibt die Zeit?" 1994). Mütter mit kleinen Kindern arbeiten zwischen 60 - 70 (90) Stunden/Woche.

Es wird deutlich, daß es nicht gehen kann, daß der größere Anteil an Arbeit locker nebenbei oder durch "Rollenteilung" erledigt wird. Die sogenannte "Vereinbarkeit" ist zum Scheitern verurteilt für den vollen Umfang dieser Arbeit - insbesondere bei kleineren Kindern und mehreren. Gerade auch im Blick auf den Umfang, die "Bereitschaftsdienste", das Unvorhersehbare, Unberechenbare im Leben mit Kindern. *(Bild 10)* Um Bedürfnisse, Handlungsnotwendigkeiten zu erkennen, zu reagieren, eine Situation einzuschätzen (auch Selbstständigkeit) muß ich das Kind kennen. Das Kind muß mich kennen, um Sicherheit, Rückhalt zu haben, eine "sichere Basis".

Familienhausfrauen und -männer haben viel Arbeit. Der "neu entdeckte" Arbeitsplatz Haushalt ist seit Jahren und Jahrzehnten besetzt. Das Arbeitspensum wird engagiert bewältigt. Die Arbeit ist schon lange vorhanden und keine Einbildung. ("Was machst du dir auch so viel Arbeit".)

Wer von Vereinbarkeit spricht bei einem gewissen Alter und einer bestimmten Anzahl der Kinder, verwendet ein irreführendes Wort. Delegation von Familienarbeit steht meist dahinter. Niemand kann an zwei Arbeitsplätzen zur gleichen Zeit sein. Es geht hier nicht um eine Bewertung von unterschiedlichen Lösungen, aber um das Zurechtrücken falscher Postulate und Begriffe. Die Flut an Ratgebern, wie frau angeblich alles unter einen Hut bekommt, verursachen Schuldgefühle und mangelndes Selbstwertgefühl bei vielen, wenn sie es dennoch nicht schaffen bzw. nicht mehr so frisch und munter wirken wie auf den Bildern zum Ratgeber. Sie halten sich persönlich für unzulänglich. Hier gilt es, genau hinzuschauen. Alltagsbeispiele zeigen mehr als deutlich:

- Einsatz der Großeltern in größerem, verbindlichen Umfang
- vermehrter Einsatz von Au pair-Frauen und –Männern (schick)
- Tagesmütter
- Ersatzhausfrauen (siehe Anzeigen)
- Putzfrauen
- institutionelle Ganztagsbetreuung
- Dienstleistungsunternehmen.

Oft genug ist es aber so, daß Familien dringend auf ein zweites Einkommen angewiesen sind, ohne für bezahlte Delegation etwas übrig zu haben. Hier wirkt sich die derzeitige Politik besonders verhängnisvoll aus. Es gibt dann Schichtdienst für die Eltern in allen Bereichen oder riskante Lösungen (Aufsichtspflichtverletzungen, Vernachlässigung). Es bedeutet Belastung der Beziehung der Eltern.

Die Väter: Der Ruf, daß sich Eltern die häusliche Arbeit teilen sollen, wird seltener. Die es (noch) am lautesten rufen, leben es nicht vor. Ich stelle fest: Auch wenn ein Elternteil hauptsächlich die Familienarbeit macht, gibt es für den anderen noch genug zu teilen und zu übernehmen. (35, 39, 40 Stunden Woche gibt es nicht). Viele Väter zeigen Einsatz in der Familie – oft genug auf Kosten einer beruflichen Karriere und mehr Geld für die Familie. Ich sehe die Zwickmühlen, die immer mehr entstehen, aufgrund betrieblicher Bedingungen, wachsendem Druck.

Natürlich gibt es auch noch eine ganze Menge Männer, die nicht registrieren, was in der Familie zu tun ist, es weder anerkennen, geschweige denn mithelfen. ("Möchte bloß wissen, von was du müde bist".)

Wieviel Organisationsaufwand und Streß sollen sich Paare mit Kindern zumuten? Von Paaren wird verlangt, etwas untereinander zu lösen, was schlicht meist nicht möglich ist.

Fakt ist jedenfalls: Ein mehr oder weniger großer Teil der unbezahlten Arbeit wird unbezahlt oder unterbezahlt weitergegeben. Öffentliche Einrichtungen schlagen in den öffentlichen Haushalten kräftig zu Buche. Mängel in der Versorgung als Folgekosten ebenfalls. Was Familienfrauen leisten hat sich bewährt – Ersatz ist gesucht. (Eine neuere Sammelleidenschaft unter uns dhg-Frauen ist das Sammeln von Stellenangeboten wie z.B. "Herzliche Frau für Haushalt"...)

1.3. Kompetent *(Bild 14)*

Wer die Bilder betrachtet, kann erkennen, daß Kompetenz (Sachverstand, Fähigkeiten, Zuständigkeit) erforderlich ist und geboten wird: Verantwortungssinn, Einfühlungsvermögen, hauswirtschaftliche und pflegerische Kenntnisse und Fertigkeiten, Belastbarkeit, Organisationstalent, Teamfähigkeit, Fähigkeit zur Analyse und Synthese unterschiedlicher Anforderungen, Ausdauer, ...

Kompetenzen werden mitgebracht; sie sind notwendig

 - aus der Herkunftsfamilie
 - über Schulbildung (Grundwissen)
 - Berufsausbildung
 - Lebenserfahrung.

Sicherlich gibt es hier Unterschiede. Und zu fordern ist, daß Haus- und Familienarbeit in den Lehrplan aufgenommen wird für a l l e Schulen, für Mädchen und Jungen!

Abnehmendes Wissen hat auch mit dem Ansehen der Arbeit zu tun. Wer die häusliche Arbeit nicht wertschätzt, nicht wahrnimmt, unterbricht damit auch die Kette des Weitervermittelns der Kulturarbeit, und damit gehen Wissen und Fähigkeit auch verloren. (Das Landwirtschaftsministerium Bad.-Württ. richtete 1997 modellhaft Ernährungszentren ein, weil 40 % der BürgerInnen nicht mehr kochen können).

Es entsteht Kompetenzzuwachs
 - in Gesprächen mit anderen Menschen (eigene Erfahrung mit guter Begleitung durch erfahrene Mütter), Kolleginnen (Mu-Ki-Gruppen)
 - "Mütterschule" -> Familienbildungsstätte, VHS........
 - Fachleute (Anweisungen von ÄrztInnen, KrankengymnastInnen...)
 - Fachliteratur
 - eigene Erfindungs- und Gestaltungskraft - reagieren auf Herausforderungen.

Zu allen Zeiten haben sich Mütter um gute Arbeit bemüht. Dabei ist Weiterbildung für Familienfrauen eigentlich nicht vorgesehen: Wer gibt ihnen die geregelte Zeit dafür, d. h. Entlastung/Ablösung bei ihrer Arbeit? Es gibt für Familienfrauen nirgendwo Ermäßigungen für Kurse, obwohl sie über kein eigenes Einkommen verfügen, wie Studierende oder Erwerbslose und Senioren. Von der Steuer ist Weiterbildung für Familienarbeit nicht absetzbar.

(Bild 12) Mit einer enormen Energie erfüllen Frauen Anforderungen und auch Ansprüche, die sich ergeben und an die Familie mit ihrem Haushalt gestellt werden; die gesellschaftlich vorgegeben werden - Familienfrauen sind nicht "draußen", wie es oft heißt, sondern handfest mitten drin im gesellschaftlichen Geschehen. Zu hinterfragen ist: Was unterstützen wir? Was lehnen wir ab, weisen wir zurück? Lassen wir über uns verfügen? Wird Familienarbeit den anderen Bereichen immer nachgeordnet oder wird auf gleicher Ebene verhandelt? Ein ganz wichtiger Apekt auch für die echte "Vereinbarung".

Gesellschaftliche Vorgaben: *(Bild 17)* Beispiel Verkehrssituation -> vermehrte Aufsichtspflicht, "Verschulung" von Hobbies wie Sport und Musik -> vermehrte Fahrdienste, Wertstoffhöfe/Mülltrennung, Flexibilisierung der Erwerbsarbeitszeiten/ Erwerbsarbeitsplatzunsicherheit -> u. U. weniger Mithilfe des Ehepartners, Koordinationsprobleme, "Neue Hausarbeit"- Technisierung -> neue Ansprüche. An täglichen Herausforderungen mangelt es nicht. Kompetenzen werden entwickelt. Wie wird damit umgegangen?

Genützte Kompetenzen aus Familienarbeit. Inzwischen gibt es zu begrüßende Ansätze, die aus Familienarbeit gewonnenen Kompetenzen bei Berufswechsel anzuerkennen, Berufsausbildung; leider nicht mit Konsequenz auf die aktive Familienarbeitsphase.

- Möglichkeiten zur aus- und fortbildungsverkürzenden Anerkennung von Familientätigkeit (Schriftenreihe des Ministeriums für Frauen und Jugend, 1991) Auswertung eines Modellprojekts.
- "Was bringt die Familien-und Hausarbeit für den Beruf?" Kerstin Költzsch Ruch, Schweiz, Projekt Sonnhalde, Worb - (es mangelt selbst den Betroffenen an Bewußtsein).
- Nach §9 Abs. 2 des Landesgleichberechtigungsgesetzes sind "bei der Beurteilung der Eignung .. Fähigkeiten und Erfahrungen, die durch die Betreuung von Kindern oder Pflegebedürftigen im häuslichen Bereich (Familienarbeit) oder ehrenamtlichen Tätigkeiten im sozialen Bereich erworben wurden, mit einzubeziehen, wenn sie für die vorgesehene Tätigkeit von Bedeutung sind." Eine Arbeitsgruppe soll hierzu eingerichtet werden - laut bad.-württ. 10-Punkte-Programm einer zukunftsorientierten Frauenpolitik - um allgemein anerkannte Kriterien zu entwickeln.

Noch ein Aspekt zum Stichwort "kompetent". Eine Aussage, die öfter zu hören ist und mich beschäftigt und bedrückt, lautet, daß, je gebildeter die Frauen heute sind, sie umso weniger zuhause bleiben wollen. Was bedeutet das zu Ende gedacht? Fähigkeiten, Bildung, Intelligenz zu schade für Kinder? Ist es kompetent/gebildet Familienarbeit so zu sehen? Wie kann bei diesem Image der Familienarbeit dann jemals erwartet werden, daß auch Männer diesen Bereich als wichtige Aufgabe sehen und mitübernehmen? Wie ist hier der Blick auf unsere Müttergeneration!? Der 4. Begriff, den ich mit Familienarbeit in Verbindung bringe ist "innovativ".

Helga Traphagen: Selbstbewußte Hauswirtschaft - eine tragfähige Brücke zwischen gestern und morgen, in Hauswirtschaft und Wissenschaft 4/1997.

1.4. Innovativ

Der neueste Hit in der "Innovationskultur" sind Existenzgründungen von Frauen im "Dienstleistungsbereich Haushalt". Propagiert, Anhörungen und Tagungen finden statt, mit öffentlichen Mitteln wird gefördert - so z. B. über das EU-Programm NOW = New opportunities for women" (Neue Chancen/Möglichkeiten für Frauen). Finanziell unterstützt werden u.a. Weiterbildung in Dienstleistungsagenturen "von Putzen bis zum Bügeln" und Existenzgründungen in diesem Bereich. Ein Förderobjekt entwickelt ein Schulungsprogramm zur "eigenständigen Haushaltsbetreuerin". Was unterscheidet sie von der Hauswirtschaftsmeisterin?

Ob Großputz, Betreuung psychisch labiler Menschen, Ausrichten von Kindergeburtstagen, Blumen gießen, Wäsche waschen - alles Zitate - vom Norden bis zum Süden, ob im ländlichen oder städtischen Bereich, mal über EU-Gelder, mal über die Bundesanstalt für Arbeit finanziell gefördert, hier gilt auch der häusliche Versorgungsbereich als Innovation. Sie hören: Hier schwingt bei mir Sarkasmus mit. Innovativ ist ein Modewort geworden - ich benutze es einerseits mit spöttischer Distanz, weil es eigentlich abgegriffen ist, inflationär benutzt wird. Wirklich täglich kann ich in der Zeitung lesen, wie durchzogen unser Land von "Innovationen" ist: Der "innovative Kopf" eines Designers wird vorgestellt, der Bürgermeister von Freiburg stellt seine Kandidatur unter das Motto "Kontinuität und Innovation", ein High-Tech-Boot ist ein "Paradebeispiel für Innovationskultur", ... die Liste ist täglich fortsetzbar.
(3. Februarwoche 98). Doch bei allem Sarkasmus: Ich habe das Wort ganz bewußt in Zusammenhang mit Familienarbeit gestellt. Die unbezahlte Frauenarbeit, die Sie in dieser Ausstellung sehen, ist zutiefst innovativ. Auch sie ist allemal ein Paradebeispiel für Innovationskultur. Ich will die anderen Dinge nicht abwerten.

Prof. Helga Traphagen, TU München: "Der Arbeitsplatz, die Berufskenntnisse ändern sich ständig, das Angebot an Informationen beeinflußt gesellschaftliches Normverhalten, die Wirtschaft wie die Politik erschließen immer größere Wirkungsräume und werden dadurch immer weniger transparent. Für die Leistungen im außerhäuslichen Bereich werden vordergründig und brutal immense Mengen an Energie für Innovationen, für Anpassung, zur Abwehr von Konkurrenz benötigt und umgesetzt. Ganze Leistungsbereiche verschwinden. Für neuen Bedarf, für erfolgversprechende Leistungen werden über Nacht neue Berufe kreiert. Es ist dies die Wirklichkeit, die scharf und unbarmherzig in die Wirklichkeit der Haushalte eingreift. Für die Haushalte (eig. Anmerk.: Die darin arbeitenden Menschen) stehen keine solchen immensen Mengen an Energien für Innovationen, für Leistungssteigerung, keine Finanzmittel für die Anpassung an die Veränderungen zur Verfügung. Ganz im Gegenteil: Die Wirklichkeit der Haushalte wird zusätzlich belastet..."[1]

Trotz dieser schwierigen Ausgangslage, die Prof. Traphagen benennt, sind Frauen, wie hier auf diesen Bildern, ungeheuer innovativ (Ideenreichtum, Energie in ihre Arbeit, reagieren auf Veränderungen und Herausforderungen, gestalten). Familienhausfrauen bieten selbstverständlich "Kontinuität und Innovation". Die Grundlagen zu legen (ernähren, erziehen, annehmen ...) für einen später als innovativ bezeichneten Menschen, ist auch eine Innovation. Jede Generation braucht dies aufs Neue - Familienarbeit ist im wahrsten Sinne des Wortes E r n e u e r u n g.

"Familienarbeit: existentiell - bewährt - kompetent - innovativ", eine Aussage durch die rosarote Brille? Eine Muttertagshymne? Jeder und jedem fallen sofort tausend Beispiele mißlingender Erziehung, schlechter Haushaltsführung, Vernachlässigung, Faulheit und anderes ein. Richtig: Wie in allen Lebens- und Arbeitsbereichen gibt es Unvermögen, schlechte Arbeit bis hin zu Kriminalität. Dies hindert jedoch sonst nicht daran, jenen die gebührende Anerkennung zu geben, die gute Arbeit leisten, die notwendigen Mittel bereit zu stellen und für gute Rahmenbedingungen zu sorgen.

2. Die rechtliche und soziale Situation der Familienfrau (-mann)

Wie sehen die Rahmenbedingungen aus? Wer Familienarbeit als Hauptaufgabe übernimmt, läßt sich auf eine persönlich sehr riskante Situation ein, die der Aufgabenbewältigung nicht immer dienlich ist:
- auf wirtschaftliche Abhängigkeit;
  Unterhalts- und TaschengeldempfängerInnenstatus
- gravierende Abstriche in der Altersversorgung bis hin zum Risiko der Altersarmut
- fehlenden gesetzlichen Unfallversicherungsschutz
- abgeleitete Ansprüche vom Ehepartner, nicht über die eigene Arbeit und Handlungsweise.
- last but not least - Ansehensverlust/Statusverlust.

2.1 Eherecht - wirtschaftliche Abhängigkeit

Kurz erläutert werden muß das Eherecht. Obwohl laut § 1360 BGB die Haushaltsführung als ein gleichwertiger Beitrag zum Familieneinkommen gilt, ist die haushaltsführende Person (meist die Frau) Unterhalts- und Taschengeldempfängerin wie ihre Kinder. Denn § 1363 BGB besagt, daß das während der Ehe erworbene Einkommen der Frau und das des Mannes nicht gemeinschaftliches Vermögen werden. Wer aufgrund von Familienarbeit kein eigenes Einkommen hat oder nur ein sehr geringes, hat also in der Regel auch kein Vermögen bzw. kann keines bilden. Dies versetzt in Abhängigkeit und viele haben bittere Erfahrungen damit. Von einer Gleichwertigkeit der Unterhaltsbeiträge kann also nicht die Rede sein. Der gesetzliche Güterstand der "Zugewinngemeinschaft" bedeutet bei bestehender Ehe tatsächlich einen Güterstand der Gütertrennung.

Der Begriff Zugewinngemeinschaft täuscht hier viele. Erst wenn die Ehe endet, durch Scheidung oder Tod, wird davon ausgangen, daß das vorhandene Vermögen gemeinsam erarbeitet wurde - was ja auch stimmt - und der Zugewinn wird aufgeteilt. Der Staat hat hier ein Interesse daran, daß nicht gleich die Sozialhilfe einspringen muß. Bei bestehender Ehe hat die Frau (oder der Hausmann) lediglich Anspruch auf "angemessenen Unterhalt"; gleichberechtigte Verfügungsgewalt über Einkommen und Vermögen, das in der Ehe erworben wird, und Anspruch auf Kontovollmacht hat sie nicht.

Dies führt zum einen bei Männern zur Meinung, daß nur sie "arbeiten" und die "Versorger" sind, aber auch in der (sogenannten) Frauenpolitik begegnet uns die Meinung, daß Familienhausfrauen in der "Versorgerehe" leben. Ein gemütliches Nest, auf Wolken gebettet, wird suggeriert, die Mentalität, des Sich-versorgen-lassens wird damit in Zusammenhang gebracht und vermittelt falsche Bilder. (DGB-Broschüre). Die Versorgungsleistung, der geldwerte Beitrag Familienarbeit, wird nicht gesehen und wahrgenommen - bzw. die Konsequenz aus § 1360 wird nicht gezogen. Weitere Aspekte:

- schwierige Position, wenn Ansprüche erst eingeklagt werden müssen.
- erschwert echte Partnerschaft
- Ehevertragsproblematik
- Splitting; Steuerrückzahlung gehört dem "verdienenden Partner"
- Problematik auch bei Umkehrung der Positionen, hat mit Bewertung von Familienarbeit zu tun, auch Hausmänner thematisieren Abhängigkeit. Und Frauen wollen auch Geldmacht nicht abgeben.
- Aufklärung über Gesetzeslage - Beispiel Standesamt Stuttgart.

Die dhg fordert eine Reform des bestehenden Eherechts, die Änderung des gesetzlichen Güterstands in dem Sinne, daß Ehegatten gleichberechtigt über das Einkommen während bestehender Ehe verfügen können, daß also das in der Ehe erworbene Geld konsequent als gemeinsam erwirtschaftet gilt.

2.2 Soziale Sicherung

In keinem Verhältnis steht die soziale Sicherung zu dem was geleistet wird. Im Gegenteil, sie ist explizit eine Mißachtung. Diese ist auch mit der neuen Berechnung der Kindererziehungszeiten nicht vom Tisch - für die wohl Dankbarkeit erwartet wird, die ich persönlich aber nicht mehr aufbringe. Das Verhältnis zwischen Frauen- und Männerrenten ist unverändert:

Zahlen von 1994:
Arbeiterrentenversicherung:

　　Frauen:　　　　　611,-DM
　　Männer:　　　　　1578,-DM

Angestelltenrentenversicherung:

　　Frauen:　　　　　1005,-DM
　　Männer:　　　　　2129,-DM

Das Arbeitsleben von Frauen liegt unserem Rentenversicherungssystem nicht zugrunde. Seit Jahren, ja Jahrzehnten wird diskutiert und ist klar, daß damit Müttern eine eklatante Ungerechtigkeit widerfährt. Unsere Müttergeneration hat dies als Demütigung erfahren. Für Frauen meines Alters sieht es nicht viel besser aus. Es wird wider besseres Wissen Politik gemacht. Die systematische Diskriminierung im Rentenrecht aufzuzeigen führt hier zu weit - es ist ein abendfüllendes Thema für sich. Stichworte: Gesamtleistungsbewertung (persönlicher Durchschnittswert), Berechnungsmodus richtet sich nach der individuellen Beitragsdichte und -höhe (Ausbildungszeit/ Krankheitszeit), Zeiten der Arbeitslosigkeit ohne Leistungsbezug... Wie gesagt, für Details ist hier nicht der Rahmen - und es zeichnet sich ja immer deutlicher ab, daß das Altersversorgungssystem insgesamt auf dem Prüfstand steht.

3. Gute Arbeit - risikoreiche Bedingungen oder "Nicht die Arbeit ist schlecht, sondern das Arbeitsverhältnis"

Familienfrauen wird empfohlen:

- Sie sollten den (Erwerbs-)Beruf nicht aufgeben. Die sogenannte "Hausfrauenehe" münde in der Katastrophe, wenn die Partnerschaft zerbricht (Barbelies Wiegmann).
- "... vor allem in Hinsicht auf die Altersversorgung kann Frauen nur empfohlen werden, Vollzeit(erwerbs)arbeit anzustreben" (Landesfrauenrat, Runder Tisch Gleichstellungspolitik)
- Wenn Familienfrauen sich kaputt und ausgelaugt fühlen, weil das Pensum oder die Belastung zu hoch ist (rund-um-die-Uhr), dann

wird ihnen Erwerbsarbeit empfohlen (als Abwechslung, weniger stressig) anstatt für Freizeit zu sorgen, für echten Urlaub, Entspannung.

- Finanzielle und soziale Sicherung seien vernachlässigbar, weil Frauen heute nicht mehr so lange Familienhausfrauen seien. Probleme der Teilzeit, Frauenlöhne, werden wenig gesehen.

Wer käme auf die Idee, einen Beruf, eine lebensnotwendige Arbeit zu streichen, weil die Arbeitsbedingungen nicht stimmen? Warum wird nicht oder so wenig in Betracht gezogen, diese zu verändern? Wo ist das breite Engagement dafür? Für uns besteht Handlungsbedarf aufgrund unserer Erfahrung und Kenntnis der Arbeit. Innovation ist angesagt. Ein "Gehalt für Familienarbeit" (Erziehungsgehalt): Die Bereitstellung der notwendigen Mittel für gute und notwendige Arbeit. Kindererziehung, Betreuung, Versorgung brauchen Kraft, Verläßlichkeit, Kontinuität. Dies ist nur zu gewährleisten, wenn Zeit und Geld dafür zur Verfügung stehen. Wenn Familien/Familienfrauen nicht immer noch mehr Druck ausgesetzt werden. Familienarbeit muß in unserer Gesellschaft anders gewertet werden, darf nicht allen anderen Bereichen nachgeordnet sein. (Anpassung der Kinder an Betriebsabläufe kann es nicht sein). Erreicht würde damit:

- Eine Stärkung der Personen, die die häusliche Erziehung und Versorgung übernehmen. Sie könnten deutlich unbelasteter ihre Aufgaben wahrnehmen.
- Wirtschaftliche Eigenständigkeit und soziale Sicherung.
- Mehr Partnerschaft / entspanntere Beziehungen.
- WAHLFREIHEIT!
- Es diente dem Leben mit Kindern. Wie wirken sich Reden auf unsere Kinder aus, wenn sie zum einen als Armutsrisiko gelten und häufig auch sind, zum anderen aber als "Barriere" oder "Karrierehindernis" von ihnen gesprochen wird, weil sie ein "Betreuungsproblem" sind?

Als engagierte Vertreterin des Ziels "Gehalt für Familienarbeit" und inzwischen langjährige Kennerin der Diskussion, sehe ich die Bereitschaft deutlich wachsen, sich mit diesem Vorschlag auseinanderzusetzen. Die "Lücken" helfen hier wohl weiter. Die dhg hat 1996 ein Positionspapier verabschiedet. Wir begleiten mit Stellungnahmen und Diskussionsbeiträgen die verschiedenen Modelle und Entwicklungsprozesse. Der Weg und das Ziel sind nicht frei von Schwierigkeiten und Risiken. Die Gründe, sich dafür einzusetzen sind unterschiedlich. Für uns, die dhg, stehen die Familienfrauen und –männer mit ihrer geleisteten Arbeit und das Wohl der Kinder im Mittelpunkt.

Am konkretesten wird z. Zt. an der Erziehungsgehaltsstudie gearbeitet. Die Studie Erziehungsgehalt, im Auftrag des Deutschen Arbeitskreises für Familienhilfe e. V., Freiburg erstellt, hat die Diskussionen stark vorangebracht. Die Fortentwicklung "Erziehungsgehalt 2000" soll demnächst der Öffentlichkeit vorgestellt werden. Ein Diskussionspapier wurde von vielen Verbänden und Fachleuten bereits schriftlich und auf einer Fachtagung diskutiert und dies wird eingearbeitet. Es ist ein Entwicklungsprozeß.

Der sächsische Staatsminister für Soziales, Gesundheit und Familie ging im Februar 98 mit seinem Diskussionspapier an die Öffentlichkeit (Sächsisches Modell). Die Grundsatzreferentin aus dem Familienressort Simone Wenzler hatte es im September 97 bereits in der dhg-Jahreshauptversammlung vorgestellt. Motivation Sachsen:

"Ausgewogene Anerkennung von Erziehungsleistung und Erhöhung der Wahlfreiheit. Bislang wird in der Bundesrepublik Deutschland die gesellschaftliche Bedeutung der Erziehungsleistung, die von Familien unter großem finanziellen und zeitlichen Aufwand erbracht wird, nicht ausreichend gewürdigt und honoriert. Zudem besteht eine erhebliche Diskrepanz zwischen der staatlichen Förderung von außerhäuslicher Kindertagesbetreuung mit sehr hohen Beiträgen pro Betreuungsplatz und der deutlich niedrigeren und einkommensabhängigen Unterstützung elterlicher Erziehung. Diese unausgewogene Förderstruktur widerspricht dem Ziel, den Eltern die freie Wahl der Betreuungsform zu ermöglichen. Das Erziehungsgehalt würde auch Vätern die Entscheidung erleichtern, ihre Erwerbsarbeit zu reduzieren, um verstärkt Erziehungsaufgaben übernehmen zu können."
Weitere Vorschläge: ÖDP Baden-Württemberg, KAB (Bezahlte Freistellung für Erziehung und Pflege als gleichberechtigte Erwerbsarbeit), Katholikenbund (Trierer Modell).

Österreich - Machbarkeitsstudie zum Kinderbetreuungsscheck. Aspekte: fördert Partnerschaftlichkeit, Anerkennung als gesellschaftlich relevante Arbeit, Wahlfreiheit - verschiedenste Kombinationen möglich - Vielfalt, "Kostenwahrheit und -bewußtsein bezüglich sozialer Güter wird gefördert". Weiter in Details zu gehen sprengt hier den Rahmen.

Wer eine Diskussion darüber für utopisch hält mit dem Argument der Unbezahlbarkeit, sollte sich bewußt sein:
  - daß es noch nie umsonst war (Eltern, Mütter finanzieren) – siehe Berechnungen von Prof. Lampert im 5. Familienbericht / Schweizer Berechnungen,
  - daß institutionelle Betreuung teuer ist - zwar eine Alternative in der Lebensgestaltung und -bewältigung, aber keine Alternative in bezug auf Kosten,
  - daß Folgekosten für Sparen zur falschen Zeit am falschen Ort sehr viel höher ausfallen. (Schulsozialarbeit).

Schluß

Familienfrauen bei der Arbeit – eigentlich täglich zu beobachten, zu erleben, zu sehen. Trotzdem eine Ausstellung? Gerade deshalb. Vor lauter Selbstverständlichkeit wird die wahre Dimension und Bedeutung der erbrachten Leistung, die Vielfalt und Power, die dahinter steckt, oft übersehen. Hier wird sie gezeigt – mit Texten zum Nachdenken, Überdenken und Umdenken. Die Deutsche Hausfrauengewerkschaft macht mit dieser Ausstellung die Arbeit sichtbar und deutlich, daß politischer Handlungsbedarf besteht. Dafür setzt sich die dhg ein "daß die wirtschaftlichen und rechtlichen Bedingungen der wichtigsten gesellschaftlichen Arbeit endlich deren Bedeutung angemessen werden: und zwar um der Frauen (und Männer) willen, die diese Arbeit tun – im Interesse derer, für die sie diese Arbeit tun!" *(Ausstellungstext Bild 21)*

Das starke Bild der Frau im Mittelpunkt
Fotoausstellung zu den zweiten Calwer Frauentagen im Foyer der Volkshochschule

Genies gibt's halt nicht zum Nulltarif
Bilder in der Münze fordern Recht für Hausfrauen

Am ersten Mai ruhen Fabriken und Büros. Die Lohnabhängigen haben ihren wohlverdienten Feiertag. Am ersten Mai glühen die Küchen. Die lohnlosen Hausfrauen haben ihre Familien zu Hause.

„Wenn Hausfrauenarbeit bezahlt würde, …"
„…könnte sich kein Mann seine Frau leisten" — Unbezahlte Frauenarbeit als Basis der Wirtschaft

Frauen machen enorme Klimmzüge

20 Jahre alte Ausstellung auch

Was Mutter wirklich tut
Im Landratsamt ist zu sehen, daß „Erziehungsurlaub" ein harter Vollzeitjob ist

Die betrogenen Mütter

Unbezahlte Frauenarbeit - Basis der Wirtschaft
Eine Fotoausstellung der Deutschen Hausfrauengewerkschaft

Unbegrenzte Arbeitszeit unendliche Zuständigke
Foto-Ausstellung zum Jahrestag im „Frauen

Mütter fordern ein Gehalt für die Hausarbeit
„Politiker zeichnen schiefes Bild"

Frauen kämpfen ge "Gewalt gegen F

Hausfrauen: Die unbezahlten Dienstleisterinnen der Nation
Fotoausstellung zeigt Multitalente bei der Basisarbeit für die Wirtschaft
Von KATRIN SCHEIB

Die Be in ein b

Eine wichtige Rolle im Sozialgefüge
Ausstellung der Hausfrauengewerkschaft in der Stadtbücherei

Hausfrauen fordern Gehalt für Familienarbeit

Arbeitsleben als Hausfrau: Ohne Geld und Anerkennung
Gewerkschaft fordert unabhängiges Gehalt vom Staat

„Frau

Benachteiligung der Frauen geschieht im Rahmen von Recht und Gesetz

„Hier besteht eine ganz enorme Schieflage"
Vortrag: Die unbezahlte Arbeit der Hausfrau als Basis für Wirtschaft und Gesellschaft / Heute Frauenstreiktag

Fazit der Veranstaltungsreihe „Schöner Schein" in Bad Waldsee: „Es hat sich gelohnt"

„Es g
Ausstellung

„Familien müssen sich stärker als bisher solidarisieren"

Anerkennung von Hausfrauenarbeit
Dhg verschreibt sich Bewußtseinsarbeit und konkreten Forderungen
Von unserem Redaktionsmitglied Maris Prinzing

Vor

Frau muß rund um die Uhr zur Verfügung stehen
Ausstellung über unbezahlte Frauenarbeit als Gesellschaftsbasis

Zeichen der Menschlichkeit
Themen wurden in Workshops behandelt — Mehr Informationen angemahnt
Von unserer Mitarbeiterin Ingrid Roth

Rente statt Rosen: Frauen wollen Früchte ihrer Arbeit selbst ernten
Ausstellung „Unbezahlte Frauenarbeit" im Ehninger Rathaus

Thema:

Thema des Frauenempfangs: Unbezahlte Frauenarbeit
„Ohne Arbeit der Frauen ginge gar nichts"

Hausfrauengewerkschaft in Kassel
Familienarbeiter/innen kämpfen um Anerkennung

„Die Hausarbeit als Beruf anerkennen"
Deutsche Hausfrauengewerkschaft gegen Benachteiligungen — Eindrucksvolle Photoausstellung

Gewalt ist ein Gesellschaftsprob

Ausstellung über den „schwersten Beruf, den es gibt"

Referentin Happersberger-Lüllwitz von der Deutschen Hausfrauengewerkschaft:
Hausfrauen sollten Bedeutung ihrer Arbeit für die Gesellschaft nachhaltiger bewußt machen

Wenn der Ehe lange nicht

Viel Arbeit, wenig Karriere: Multitalent Hausfrau und Mutter
Ein Tausendsassa in rechtloser Situation

Collage von Zeitungsüberschriften

- Leistung, ...erkennung ...fehlen
- ...schaft lud ins Laurentiushaus
- ...noch aktuell
- **Familie kann Frau sich kaum noch leisten** — Dritter Abend bei der Hausfrauengewerkschaft / Echtes Gehalt und mehr Rente statt Taschengeld gefordert
- Ausstellung über „Unbezahlte Frauenarbeit"
- **Diskriminiert und ständig benachteiligt**
- **Die Mütter sind die Manager der Familien**
- **Der Mann hat Familie – und die Frau die Arbeit damit** — Rollenverständnis und fehlende finanzielle Absicherung kritisiert
- **(Haus-) Frauen – aus dem Hintergrund ins Rampenlicht** — Unbezahlte Frauenarbeit Thema einer Ausstellung – Aldenhovener Gruppen präsentieren sich der Öffentlichkeit
- **Familienfrau habe nicht einmal Status eines Arbeitslosen** — Rößner: Geld auch für Mütter Maß der Freiheit
- „Nur-Hausfrau" oder die „Beste"? — Fotoausstellung von Anne Lüllwitz in der Bücherei eröffnet
- **Hausfrauendenkmal enthüllt**
- Stellung der Frau aus verschiedenen Positionen beleuchtet
- *Rente statt Rosen*
- Nicht nur Hausfrau, sondern „Familienfrau" – Situation verbessert
- *Der Hausfrauenjob kennt keine Konjunkturkrise*
- Ist Familienarbeit genügend gewürdigt?
- ...g der Hausarbeit ...Licht rücken
- Eine neue Untersuchung der Bundesanstalt für Arbeitsschutz
- **Forscher: Putzen ist schwere Arbeit**
- ...lich – Bitte überprüfen!
- ...bsicherung und ...lbstwertgefühl
- Mütter halten Familien zusammen
- „Wissen um Stärken nutzen" — Forderung der Hausfrauengewerkschaft
- **Aufwertung der Familienarbeit** — Regionalgruppe soll gegründet werden – Ziel ist ein Monatsgehalt für Hausfrauen und -männer
- „Mucken wir doch einmal auf!" — Ausstellung will „Bewußtsein der Hausfrauen vom Wert der eigenen Arbeit" fördern
- ...öne Schein trügt — Thema „Familienarbeit" im Foyer der Vhs
- ...h eine Menge zu tun" — ...werkschaft im „Kaffeeklatsch" der Familienbildungsstätte
- 58 Milliarden Stunden unbezahlte Haushaltsarbeit
- Unbezahlte Frauenarbeit Basis der Wirtschaft
- Fotoausstellung zeigt ungeschminkten Hausfrauen-Alltag
- **Keine bloße Privatangelegenheit** — „Unbezahlte Frauenarbeit – Basis der Wirtschaft" – Frauen wehren sich
- ...n Hausarbeit
- ...spruch durch Familienarbeit?
- ...te Palette ...chen Arbeit
- Da brodelte im Publikum einiges — Kommunale Kontakt Teater Stuttgart: Rollenverteilung in der Ehe
- **Arbeit der Hausfrau ständig unterschätzt**
- Podium meint: Familienarbeit berücksichtigen
- **Frauen unzufrieden mit ihrer Rentensituation**
- Hausfrauen sollen sozialversichert werden
- **Unbezahlt und unbeachtet jedoch unentbehrlich** — „Unbezahlte Frauenarbeit" in der Zehntscheuer eröffnet
- Putzen und Waschen fast unbezahlbar — Statistiker bewerten Hausfrauen-Arbeit – Wert bei einer Billion Mark
- Von der Macht einer Mutter
- **Hausfrauen: Idealisierung hilft nicht**
- Sensibilisieren für das Thema „Gewalt gegen Frauen"
- Frauen Selbstbewußtsein nahebringen
- Frauen diskutierten und protestierten
- **Lohn der Familienarbeit: Geld oder Liebe?** — Podiumsdiskussion im Waldbauer-Saal — „Eine Frauengeneration wird um ihre Lebensleistung betrogen"

Exkursionen

in Vergangenheit und Zukunft:

Mutter-Kind und Vater-Staat
von Anne Happersberger-Lüllwitz

Hausfrauen, die allerletzte Kolonie
von Jacqueline Poetschke

Mutter-Kind und Vater-Staat
Die Mutter-Kind-Beziehung in der deutschen Rechtsentwicklung

von Anna-Maria Happersberger-Lüllwitz

Einen historischen Aspekt des Ausstellungsthemas stellt dieser Artikel dar. Er ist die überarbeitete Fassung eines Vortrags und wurde auf der Tagung "Frauen in Öffentlichkeit, Beruf und Familie" an der Universität Koblenz am 3./4.11.1995 vorgetragen. Die Tagung beschloß das Modellprojekt: "Koblenzer Frauenstudien", an dem die Autorin Teilnehmerin und Absolventin war.

Veröffentlicht in: Wissenschaftliche Weiterbildung, hrsg. von Elisabeth de Sotelo und Irmhild Kettschau. LiT Verlag Münster, 1997 und in: INFO, No 26, Ein Bericht des Wissenschaftsladens Innsbruck. Hrsgin: Gabriela Schroffenegger, Innsbruck, 1996

Mütter oder Ersatzmütter leisten in erster Linie die Sorge-Arbeit an der zukünftigen Generation, ohne adäquat mit Rechten ausgestattet zu sein und ohne persönliche und soziale Rechte damit zu erwerben. Letztlich kann man sogar sagen, daß ihre Arbeit sinnlos ist, daß ihre Investitionen nicht zur Wirkung kommen, daß ihr Wissen nicht anerkannt wird.

"Der Erziehungsurlaub wird von 96 Prozent der Berechtigten fast ausschließlich von Müttern in Anspruch genommen" heißt es in einer Presseerklärung des Bundesfamilienministeriums vom 8. Oktober 1991. Zur Vergegenwärtigung: Mit einem Kind schwanger zu gehen, es zu gebären und am Leben zu erhalten, es großzuziehen und ihm gerecht zu werden, erfordert Wissen, persönlichen Einsatz und viel Zeit - in den ersten Jahren oft rund um die Uhr. Das ist Konsumtion von Lebenskraft und -zeit, also Arbeit und nicht Urlaub. Mit der "Entstehung der Kindheit" (Aries) und der damit verbundenen "Emotionalisierung der Eltern-Kind-Beziehung" sei "Elternschaft bzw. Mutterschaft zu einer Aufgabe" geworden, "die sich u. U. über mehr als zwei Jahrzehnte erstreckt" schreibt Philipp Herder-Dorneich in dem Forschungsbericht der Bundesregierung (Herder-Dorneich 1990: 37). Zur Sicherung dieser Aufgabenerfüllung verpflichtet sich der Staat gegenüber Müttern im Grundgesetz Art. 6 Abs. 4 lediglich dazu, sie zu schützen, ohne ihnen jedoch persönliche oder soziale Rechte zuzugestehen. "Ziel der Rechtsnorm ist ... der Schutz des Mutter-Kind-Verhältnisses ... um des Kindes willen ... Ein vollziehendes Gesetz wäre nicht erforderlich". Das einzige ausführende Gesetz ist das sog. Mutterschutzgesetz und gilt nur für erwerbstätige Mütter. (Maunz/Dürig 1994: Art. 6, Rdnr. 41,42).

Da der Bezugspunkt des Mutterschutzgesetzes der Schutz der Mutter während bzw. vor der Erwerbsarbeit ist und nicht die Arbeit der Mutter am Kind betrifft - Ziel der Rechtsnorm ist nicht die "Hilfsbedürftigkeit" der Mutter (Maunz/Dürig) -, wirkt es sich zum Nachteil der Frauen im Erwerbsbereich aus (Isensee/Kirchhof 1992)[1]. Gegenwärtige finanzielle staatliche Ausgleichsleistungen für die bestandserhaltende Leistung von Müttern, die sich u. U. über mehr als zwei Jahrzehnte erstreckt, sind geschlechtsneutral und bestehen im sog. Erziehungsgeld und einer Anrechnung der Kindererziehungszeit in der Rente. Beide Maßnahmen können und sollen auch Väter in Anspruch nehmen, wegen des Gleichheitsgebots; sie sind jedoch bezogen auf Beträge und Zeiträume so lächerlich geringfügig, daß sie keinen ernstzunehmenden Einkommensersatz oder existenzsichernden Beitrag darstellen.

Das gleiche gilt für die Tagesmütter. Die angestrebte Ersatzmutter-lösung - mit einer "Aufwandsentschädigung" (Tietze et al. 1993: 10) von 1,10 DM bis zu 5,00 DM pro "Tagespflegestunde", das sind 2,05 DM im Bundesdurchschnitt Ende der 80er Jahre - kann nur zur Verschärfung der Diskriminierung kindererziehender Personen beitragen, zumal das Erziehungsrecht bei den Eltern bleibt. Ersatzpersonen handeln an Stelle der Eltern, ohne daß diese ihr "Elternrecht" verlieren. Elternrecht verwandelt sich in eine Pflicht der Ersatzperson (Maunz/Dürig: Art 6, Rdnr. 25 a). Die ursprünglich vaterrechtliche Organisation der Erziehungsarbeit bewirkt die Dominanz und

Autorität des Vaters und die Zweitrangigkeit der Mütter bzw. der Erziehenden. Mütter berichten, "welche Rolle der abwesende Vater" spielt, "wie die wenigen Stunden, die der Vater mit dem Kind verbringt, einen unvermutet großen Eindruck hinterlassen ..., als hätten die Stellungnahmen des Vaters ein besonderes Gewicht" (de Soleto 1985; 86 f). Aber nicht nur in der Erziehungsrealität wirkt sich die sozialrechtliche Dominanz des Vaters aus, sondern auch hinsichtlich des geschichtlichen Bewußtseins. "... Mütter, die noch am ehesten reden könnten, werden auch am ehesten überhört", schreibt die feministische Philosophin Sara Ruddik, "ihr Zeugnis wurde durch ihre Ausbeutung, unnötige Aufopferung und politische Isolation geschwächt". Überwiegend Frauen leisteten und leisten Be-Mutterungs-Fürsorge Arbeit; "diese historische Realität wird mit dem Terminus 'Elternschaft' verwischt; und von Müttern und Vätern gleichermaßen zu sprechen legt nahe, daß die Geschichte der Frauen nichts zählt" (Ruddik 1993: 209, 211, 42). Daß Wissen von Müttern nicht nur nicht anerkannt, sondern geschmäht wird, belegen die Ausführungen von Barbara Dieckmann (1993) und Sabine Reichel (1993). Ein anderer Beleg, daß Wissen von Müttern nicht zur Geltung kommt, ist der Kommentar von Maunz/Dürig zum GG Art. 6 - der Artikel zum Schutz von Ehe, Familie und Mutter, also der Institutionen, die den weiblichen Lebenszusammenhang ganz besonders tangieren; sie verweisen auf Spezialschrifttum von drei weiblichen und 82 männlichen Autoren.

Wie ist diese Marginalisierung der Mütter durch die Gesellschaft, die es ohne Mütter nicht gäbe, zu erklären? Wieso sagen erwachsene Menschen, die Mutter habe für sie nur eine biologische Bedeutung gehabt und nehmen rückblickend nur den Vater als sozial bedeutend wahr? Worauf beruht die Hartnäckigkeit dieser Auffassung entgegen jeder menschlichen Erfahrung und wissenschaftlichen Erkenntnis sowohl über die psychosozial prägende Bedeutung der Mutter in der pränatalen Forschung[2], der Psychologie[3], den Erziehungs- und Sozialwissenschaften (Beller 1985: 207-214), sowie Berechnungen über den Wert ihrer Arbeit für die Volkswirtschaft[4]. Dabei ist bemerkenswert, daß selbst in den genannten Disziplinen, entgegen eigener Ergebnisse, oft nicht über eine biologische Deutung der Mutter hinausgegangen wird.

Wie eine Wahrnehmung zur Geltung kommt, hat damit zu tun, wie und ob eine persönliche Erfahrung durch andere Menschen, die Gesellschaft, Wissenschaft und Recht definiert, interpretiert, bewertet, anerkannt und bestätigt wird. Eine Erfahrung besteht aus der Verknüpfung mehrerer Wahrnehmungen und setzt den Rückbezug auf ein "Komplexionsprinzip" voraus. Dieser Rückbezug "begründet den objektiven Geltungsanspruch der Erfahrung ... Die Erfahrung ... legt ... Interpretationen in ein Datenmaterial ein, das im vorhinein schon unter der Herrschaft bestimmter Interpretationen gewonnen wurde". (Lexikon der Pädagogik 1970: 375). Wenn Recht "Ausdruck sozialer Wirklichkeit" ist, wie die Rechtssoziologin Ute Gerhard (Gerhard 1990: 35) sagt, und die "Sozialerfahrung" repräsentiert, wie Johannes Winckelmann (Winckelmann 1967: 42) schreibt, stellt sich die Frage, wieso im Gegensatz zu den oben genannten Wissenschaftsdisziplinen die Mutter-Kind-Beziehung weder im heutigen Staatsrecht noch in der Rechtsgeschichte einen nennenswerten Platz hat, das heißt, nicht als psychosoziale Erfahrung mit objektivem Geltungsanspruch anerkannt ist.

---

[1] *§ 124, Rdnr. 134: Nichtanerkennung und Vergesellschaftung der Erziehungsleistung; Rdnr. 135 f: Nachteile bei Einstellungschancen und Arbeitslohn; § 126, Rdnr. 89: Sachgerechtigkeitsprüfung im Rahmen von Art. 3 Abs. 2 GG und Rdnr. 91: Mittelbare Unterscheidungswirkungen)*

[2] *Vgl. hierzu: Tomatis, Alfred A. (1987); Krüll, Marianne (1990²); Gross, Werner (1982); Janus, Ludwig (1989)*

[3] *Vgl. hierzu; Müller-Braunschweig, Hans (1975); Montagu, Ashley (1974); Renggli, Franz (1976)*

[4] *Eine Untersuchung der Bundesregierung ergab, daß in den Haushalten 53 Milliarden Arbeitsstunden gegenüber 43 Milliarden im Erwerbswirtschaftsbereich geleistet werden. Der Wert der unbezahlten Arbeit wird auf 1,08 Billionen DM geschätzt. Das entspricht 68 % des Bruttosozialprodukts der Bundesrepublik Deutschland bezogen auf 1982. (BuMi für Frauen und Jugend 1992: 76). 1994 ergab eine Zeitbudget-Studie des Statist. Bundesamtes im Auftrag des Familienministeriums, daß "77 Milliarden Stunden unbezahlter Arbeit ... in den Familien" geleistet werden.*

Staatstheoretiker zur Vater- und Mutterschaft.

Die Staatsrechtslehrer des 16. und 17. Jahrhunderts nahmen ihren Ausgang bei Aristoteles (Mitteis/Lieberich 1992: 364); deshalb ist bei seiner Theorie zu beginnen. Für Aristoteles ist der kleinste Bestandteil des Staates "fürs erste" der Mann und die Frau, die sich wie Tiere paaren und fortpflanzen müßten. Die Rolle der Frau dabei ist - laut Aristoteles - die eines Werkzeuges für den Mann zum Zweck der Erhaltung der männlichen dienenden und herrschenden Gattung. Der Mann ist der Erzeuger, der vollkommene Mensch, mehr zur Führung begabt und identisch mit Haus und Staat (Aristoteles, zit. n. Nestle 1963: 286 f, 303 ff)[5].

Die gleichen Ansichten in noch drastischerer Form vertritt Thomas von Aquin in diesem Punkt. Auch für ihn ist die allein wirkende Zeugungskraft die männliche, das Weib ist etwas Mangelhaftes und eine Zufallserscheinung "und ist überhaupt nur geschaffen .. als Gehilfin beim Werk der Zeugung"[6]. Und auch bei Aquin ist der Mann Inbegriff von Gemeinschaft, der die Frau in diese hineinnimmt. "Die Gattin, obgleich sie etwas ist, das dem Manne gehört, weil sie sich zu ihm verhält als zu ihrem eigenen Leibe ... (Eph. 5,28) ist doch von ihrem Manne mehr unterschieden als der Sohn vom Vater und der Knecht vom Herrn, denn sie wird in ein gewisses Gemeinschaftsleben, nämlich das der Ehe, hineingenommen."[7] Im deutschsprachigen Raum ist laut Jakob und Wilhelm Grimm der Begriff Haus/Familie ebenfalls gleichgesetzt mit dem des Mannes.[8]

Auf die staatstheoretischen Auseinandersetzungen um die Wende des 16. Jahrhunderts und die gegen Ende des 18. Jahrhunderts entstehenden Gesetzbücher hatten die Naturrechtslehrer[9] einen bedeutenden Einfluß. Aus diesem Grund sind ihre Auffassungen zur Mutterschaft hier wichtig. Obwohl alle Naturrechtslehrer ausdrücklich die "vernünftige Gleichheit" und den "Gleichwert" der Geschlechter betonten, sind sie "weit davon entfernt, aus ihrer begrifflichen Gleichwertung der Frau Konsequenzen zu ziehen", stellt die Rechtshistorikerin Marianne Weber (1971: 295) fest. Der Mann soll tätig und stark, die Frau empfangend und schwach sein, verlangt Rousseau[10], und Kant meint, daß es nicht "der Gleichheit der Verehelichten" widerstreite, wenn das Gesetz vom Mann in bezug auf das Weib sage: Er soll dein Herr sein[11]. Dem Mann stünde als dem Fähigeren und Stärkeren die Entscheidung in der Ehe zu, sagt auch der als liberal und frauenfreundlich geltende John Locke[12], und Christian Wolff ist mit ihm einer Meinung, wenn er dem Mann als dem angeblich Gescheiteren die Herrschaft in der Ehe zudiktiert[13]. J. G. Fichte, mit dem sich die Sozialrechtsphilosophin Hannelore Schröder auseinandersetzt, formuliert diese im Recht verwirklichten Ansichten in ihrer ganzen destruktiven Tragweite: Die Frau müsse sich in der Ehe absolut und total dem Willen des Mannes unterwerfen und sei "für den Staat ganz vernichtet"[14]. Marianne Weber kritisiert diesen "männlichen Geschlechtsegoismus" scharf, der bis ins BGB hineinreicht, und Hannelore Schröder weist nach, daß die Frau in letzter Konsequenz nicht als Mensch anerkannt wird[15].

Für J. G. Fichte gilt, wie für Aristoteles und Thomas von Aquin, daß das Höchste und Letzte, die allein wirkende Zeugungskraft der Samen ist[16]. Der Mann verkörpere die Fülle der Menschheit[17], das Weib stehe um eine Stufe tiefer und sei Objekt der Kraft der ersten[18]. Da die Zeugung eines Kindes ein zwanghafter Trieb sei - "ohne Freiheit und Bewußtsein" - könne man vom Vater keine Rechte und Pflichten

---

[5] Vgl. hierzu auch: Lesky (1950); Fischer-Homberger (1984); Knußmann (1985. 42-51).

[6] Thomas von Aquin: Summa Theologica. Zit. n. Savramis, Demosthenes (Hg.) (1972): Das sogenannte schwache Geschlecht. München. S. 77 ff, 80, 82 ff. Zit. n. Schröder (1979: 108 und 141).

[7] Aquino, Thomas de: Summa Theologica. Deutsche Thomas-Ausgabe (1933) Bd. 18. München und Heidelberg. S. 15, Quaestio 57, 4. Zit. n. Schröder (1979: 88).

[8] Grimm, J./Grimm, W. (1862): Deutsches Wörterbuch Bd. 3. Leipzig. Sp. 1305. Zit. n. Herder-Dorneich, Philipp (1990: 47)

[9] Die Naturrechtsbewegung war eine Gegenbewegung zur "Rezeption" (Übernahme) des römischen Rechts, der autokratisch geprägten Gesetzgebung Justinians, dem "Corpus iuris Justinian" Mitteis/Lieberich (1992: 332)

[10] Rousseau, Jean-Jacques: Emile, Abschnitt "Sophie". Zit. n. Weber (1971: 299)

[11] Kant, Immanuel (1797): Metaphysische Anfangsgründe der Rechtslehre. Ders. (1785): Grundlagen einer Metaphysik der Sitten. Zit. n. Weber (1971: S. 305)

[12] Locke, John: Über die Regierung. Philipp Reclam jun. Verlag. (1992: 62, Abschn. 82)

[13] Wolff, Christian (1797): Grundsätze des Natur- und Völkerrechts. Zit. n. Weber (1971: 297 f)

[14] Fichte, J.G. (1796): Grundlage des Naturrechts. Bd. II. Jena und Leipzig. S. 188. Zit. n. Schröder (1979: 136)

[15] vgl. Schröder (1992: /1 u. /2)

[16] Fichte: Naturrecht Bd. I S. 86. Zit. n. Schröder (1979: 140 f)

[17] Fichte: Naturrecht Bd. II S. 170. Zit. n. Schröder (1979: 108)

[18] Fichte: Naturrecht Bd. II S. 164. Zit. n. Schröder (1979: 151)

ableiten. Zwischen Mutter und Kind dagegen bestünde ein "mit Bewußtsein verknüpfter natürlicher Zusammenhang"[19], woraus Fichte die mütterliche "Zwangspflicht"[20] ableitet, "diesem Gegenstand" - er meint das Kind - "anhaltende Sorgfalt" zu schenken[21]. In diesem Zusammenhang schreibt er der Mutter-Kind-Beziehung also menschliche Eigenschaften wie Bewußtsein, Wissen und Freiheit zu. Prinzipiell bewertet er die Mutter-Kind-Beziehung jedoch als "animalische Vereinigung". Die Mutter erhalte ihr Kind wie ein Tier aus triebhaftem Bedürfnis. Wenn sie das aber nicht macht, erhebt sie sich auch nicht über die Tierheit.[22] Das heißt: Gleich, wie die Mutter sich zum Kind verhält, sie ist für Fichte wie ein Tier. Dieser Widerspruch ist bis heute aktuell und bestimmt die soziale, wirtschaftliche und gesellschaftliche Stellung der Frau.

Eine moderne Variante der Fichteschen Mutter-Kind-Definition ist in bevölkerungs- und familienpolitisch motivierten Untersuchungen der Faktor "immaterieller Nutzen von Kindern". Die kindbedingten sehr handfesten Nachteile, die fast allein Frauen tragen, werden in diesem Zusammenhang "immaterielle Kosten" genannt (Herder-Dorneich 1990: 30 f u. 37). Außerdem wird in einer Kosten-Nutzen-Kalkulation (ökonomische Theorie) der Frau ein Nutzen durch Heirat und Gebären unterstellt, den jedoch allein der Mann hat: Sie habe einen Nutzen davon, einen Mann zu heiraten, weil dieser aufgrund ihrer Gebärfähigkeit auf dem Erwerbsmarkt bessere Chancen habe. Sein Nutzen: ihre Gebärfähigkeit (vgl. Aristoteles' Fortpflanzungswerk-zeug) und die Haushaltsführung (Herder-Dorneich, 1990: 25 f u. 41).

Eine Werbekampagne der Bundesfamilienministerin und des Rheinischen Merkur/Christ und Welt in den Jahren 1989/90 versuchte, in diesem Sinne "immateriellen Nutzen" zu aktivieren unter den Leitthemen: "Kinder bereichern das Leben" und "Ich will ein Kind". Insbesondere ein Bildmotiv des Rheinischen Merkur mit einem Säugling an einer Mutter-Brust (ohne Kopf) und der Überschrift: "Gar nicht so teuer im Verbrauch" stellt eine unmittelbare Assoziation her zu Fichtes Definition der Mutter-Kind-Beziehung als niedrigste animalische Verbindung, die nichts mit Wissen, Verstand, Persönlichkeit und Arbeit zu tun hat und daher billig zu haben ist wie eine frei verfügbare und jedem zustehende Naturressource.

Die Rechtsgeschichte.

In der Rechtsgeschichte der Mutter-Kind-Beziehung[23] findet die Ansicht der Staatstheoretiker von der alleinzeugenden Kraft des Mannes ihre Entsprechung. Der Kommentator des Preußischen Allgemeinen Landrechts, Franz Förster, beruft sich auf den gemeinsamen Stammvater[24]. Die "Deutsche Rechtsgeschichte" von Heinrich Mitteis, Ausgabe 1992, beginnt mit "sakralen Männerbünden", die sich auf einen Stammvater beziehen. Nach seiner Aussage seien dies die ursprünglichsten und bedeutendsten Gemeinschaften[25]. Diese - jeder menschlichen Erfahrung widersprechende - Behauptung hat ihre Ursache in der Geschichte, in der die väterliche Gewalt eine Rechtsinstitution war und Mütter rechtlos waren. Die biologische Kraft des Mannes wurde zunächst per Gewalt, später durch Rechtsbildung und Gewalt zur sozialen Macht, während die soziale Leistung der Frau per Definition zur biologischen Trieberfüllung abgewertet wurde und wird. Die Geschichte des Vormundschaftsrechts gibt diesen Vorgang wieder[26]. Rechtsbegründend war und ist bis heute nicht die soziale Personensorgeleistung am Kind[27].

---

[19] Fichte: Sittenlehre. Felix Meiner Verlag (Hg): (1963: 331)

[20] Fichte: Naturrecht Bd. II S. 230. Zit. n. Schröder (1979: 92)

[21] Fichte: Sittenlehre. Felix Meiner Verlag (Hg): (1963: 331)

[22] ebenda: 331 f.

[23] vgl. auch: Happersberger-Lüllwitz (1995)

[24] Förster (1897⁷:6)

[25] Mitteis/Lieberich (1992: 22 ff); vgl. auch: Schnurbein (1990: 97 - 102)

[26] Weber (1971); Oekinghaus (1925)

[27] Vgl. hierzu Maunz/Dürig (1994: Art. 6 Rdnr. 25 a)

Soziale Folgen eines biologischen Irrtums bis heute. Der aristotelische Irrtum von der alleinzeugenden Kraft des Mannes, derzufolge der Mann der vollkommene Mensch und das Maß der Dinge sei sowie Inbegriff der Gemeinschaftsinstitution, aus dem sich die Rechte von Frau und Kind ableiten, lebt bis heute. Insbesondere kommt er wirtschafts- und rechtspolitisch zum Ausdruck in einem am Mann orientierten Arbeits- und Produktionsbegriff, der weibliche Arbeit prinzipiell als unproduktiv und regenerativ definiert und damit wirtschaftlich und sozial ausgrenzt oder unterbewertet. Familien- und sozialpolitisch folgt daraus eine Unterschlagung von Frauenleistung bzw. deren Vergesellschaftung: die unbezahlte individuelle Arbeit der Frau wird als Leistung der Institution Familie (historisch identisch mit Mann) ausgewiesen, und deren Rechte leiten sich aus denen des Mannes ab wie bis vor kurzem ihr Name. Zur Definition von "produktiver" und "unproduktiver" Arbeit nach der klassischen liberalen Wirtschaftstheorie (Herder-Dorneich, 1990: 158): "Es gibt eine Art Arbeit, die den Wert eines Gegenstandes, auf den sie verwandt wird, erhöht, und es gibt eine andere, die diese Wirkung nicht hat. Jene kann als produktiv bezeichnet werden, da sie einen Wert hervorbringt, diese hingegen als unproduktiv (A. Smith). Hausarbeit gilt in diesem Sinne als unproduktiv, da sie nirgends sichtbar wird. Die in diesem Sinne 'unproduktive' Arbeit von Frauen, also Kindererziehung und Haushalt, beschränkt die Zeit der Frauen für 'produktive' Arbeit" und verpflichtete sie auf unproduktive. Neuerdings wird der Wert der mütterlichen Zeit am "Produktionssektor marktvermittelter Leistungen" bemessen, d. h. nicht am Wert, den sie für die psychosoziale Entwicklung des Kindes und für die Gesellschaft hat. Für die generative Leistung der Frau, die "Produktion" des Menschen selbst, seine Kultivierung durch Pflege und Erziehung und die damit verbundene Haushaltswirtschaft und Regenerationsleistung am erwerbstätigen Partner, gibt es keine eigene Kategorie im Wirtschafts- und Staatsrecht, sondern sie wird unter Begriffen wie Familie, Eigenarbeit, private Daseinsvorsorge zu- und untergeordnet und damit unsichtbar. Über Familie schreibt Herder-Dorneich: "Die Familie erweist sich hinsichtlich der Erfüllung ihrer Aufgabe als effizient und leistungsstark. Problematisch ist einzig, daß fast ausschließlich Frauen die Arbeit in der Familie leisten und ihnen hieraus Nachteile in anderen Lebensbereichen erwachsen" (1990: 147), und: "Die Indikatoren zur Funktionserfüllung der Familie verdeutlichen bereits, daß meist Frauen die notwendige Arbeit in der Familie erbringen" (ebenda: 127) ... ihre finanzielle Lage ist eindeutig kritisch ... (ebenda: 145) ... den Frauen erwachsen Nachteile durch die Übernahme der Familientätigkeit (ebenda:146).

Die Frage stellt sich, warum überhaupt von Funktion und Leistung der Familie gesprochen wird, wenn dies "fast ausschließlich Frauen" sind, die eben nicht bloß in "anderen Lebensbereichen" dadurch benachteiligt sind, sondern vor allem in dieser Familie selbst. Obwohl das männliche Oberhaupt und der Aspekt der "Fortpflanzung" bemerkenswerterweise aus den heutigen Familiendefinitionen gestrichen sind (Herder-Dorneich, 1990: 47 -52 u. 187 f) und lediglich indirekt und vor allem "geschlechtsneutral" von generativem Verhalten, Fruchtbarkeitsniveau, Lebendgeburten, Reproduktionsphase, Intimgruppe und Zeugungsfamilie gesprochen wird (ebenda: 51 u. 145), leben die alten Institutionsregeln noch und werden durch die Geschlechtsneutralität nur verschleiert:

- Die staatlichen finanziellen Ausgleichsmaßnahmen werden an den Erwerbstätigen ausbezahlt und orientieren sich an dessen Einkommen, nicht jedoch an der in der Familie arbeitenden Person: Familienlastenausgleich, Ehegattensplitting; Kindergeld und Erziehungsgeld.
- Der gesetzliche eheliche Güterstand bestimmt, daß die Familienarbeitende kein Verfügungsrecht über das sogenannte Familieneinkommen hat und damit dem Status einer Unterhalts- und Taschengeldempfängerin und der Geldmacht des Erwerbstätigen unterworfen ist.
- Die Gleichsetzung der Unterhaltsleistung mit der Personensorge im elterlichen Sorge-/Erziehungsrecht gibt dem in der Regel ganztags abwesenden Unterhaltserwerbenden gleiche Entscheidungsrechte hinsichtlich kindlicher Belange (vgl. Maunz/Dürig 1994: Art. t, Rdnr. 24) und damit Geld- und Entscheidungs-Macht.
- Die erwerbstätige Person hat einen rechtlichen und gesellschaftlichen Doppelstatus: einmal über die Erwerbsarbeit, zum anderen über die Familie. Die Familienarbeitsleistende hat keinen Status - sie wird dem Erwerbstätigen zugeordnet bzw. ihr Status leitet sich aus seinem ab.
- Die Familienarbeitsleistende hat keinen eigenständigen, vollwertigen Anspruch aus den Sozialversicherungen. Siehe Müttergenesungswerk: Kinder betteln für ihre Mütter (dhg-Rundschau 2/90 : 1. Bonn).
- Die Witwen-/Hinterbliebenenrente ist nicht eigentumsgeschützt und hat Unterhaltsersatzfunktion.
- (Verheiratete) Frauen mit erwerbstätigem Partner werden auf dem Erwerbsarbeitsmarkt nachrangig vermittelt.

Die Definitionen von Arbeit und Familie sind also Schlüsselpunkte für die Rechtspositon und Emanzipation von Frauen, sowie für ihre Stellung in der Familie und in der Gesellschaft.

Zusammenfassung

Die Privat- und Staatsrechtstheorien und die Rechtsgeschichte widerspiegeln die Diskriminierung der Mutterschaft als einen - als passiv und leidend bewerteten - Trieb, der kein aktiver Beitrag zur Gesellschaft sei und analog dazu die Überhöhung und Überbewertung der Potenz des Mannes als Legitimation seiner Herrschaft in Ehe und Familie und zur Regierung im Staat. Diese Geschichte ist der Hintergrund der Begriffskombinationen von "Vater-Staat" und "Mutter-Kind" und der bis heute wirkenden privat- und staatsrechtlichen Marginalisierung der Frau und der Grund dafür, warum die sozialen Leistungen der Mütter nicht als soziale Erfahrung im Recht und im individuellen und kollektiven Bewußtsein relevant werden.

Schlußfolgerung

Die generative und personensorgende Leistung der Frau muß als eigenständiger gesellschaftlicher Beitrag anerkannt werden. Sie muß zu eigenständigen Rechten führen und materiell abgesichert werden wie jede andere Arbeit auch. Das fordert seit Jahren die Deutsche Hausfrauengewerkschaft.

Literatur

BELLER, KUNO E. [1985]: Untersuchungen zur familialen und familienergänzenden Erziehung von Kleinstkindern. In: Zimmer, Jürgen (Hg.): Enzyklopädie Erziehungswissenschaft

BUNDESMINISTERIUM FÜR FRAUEN UND JUGEND [1992]: Frauen in der Bundesrepublik Deutschland. Bonn: Boehm Stendal Verlag

DIECKMANN, DOROTHEA [1993]: Unter Müttern - Eine Schmähschrift. Reinbek: Rowohlt Verlag

FICHTE, JOHANN GOTTLIEB: Das System der Sittenlehre nach den Prinzipien der Wissenschaftslehre. Hamburg [1963]: Felix Meiner Verlag

FISCHER-HOMBERGER, ESTHER [1984]: Krankheit Frau. Zur Geschichte der Einbildungen. Darmstadt und Neuwied: Hermann Luchterhand Verlag

FÖRSTER, FRANZ [1897][7]: Preußisches Privatrecht auf der Grundlage des Werkes von Dr. Franz Förster, bearbeitet von Dr. M. E. Eccius. IV Band. Berlin

GERHARD, UTE [1990]: Gleichheit ohne Angleichung. Frauen im Recht. München: C.H. Beck Verlag

GROSS, WERNER [1982]: Was erlebt ein Kind im Mutterleib? Ergebnisse und Folgerungen der pränatalen Psychologie. Freiburg im Breisgau: Herder Verlag

HAPPERSBERGER-LÜLLWITZ, ANNA-MARIA [1995]: Die Mutter-Kind-Beziehung in der deutschen Rechtsentwicklung. Unveröffentlichte Abschlußarbeit Koblenzer Frauenstudien. Universität Koblenz-Landau, Abt. Koblenz

HERDER-DORNEICH, PHILIPP [1990]: Die Entscheidung für Kinder als ordnungspolitisches Problem im Rahmen einer Mehrgenerationensolidarität. Forschungsbericht erstellt im Auftrag des Bundesministeriums für Jugend, Familie, Frauen und Gesundheit (Hg.). Band 217. Stuttgart: W. Kohlhammer Verlag

ISENSEE, JOSEF / KIRCHHOF, PAUL (HG) [1992]: Handbuch des Staatsrechts der Bundesrepublik Deutschland. Band V, Allgemeine Grundrechtslehren. Heidelberg: C.F. Müller Juristischer Verlag

JANUS, LUDWIG [1989]: Wie unser Vor-Leben uns bis ins Alter beeinflußt. Psychologie heute 11: 50-57

KNUSSMANN, RAINER [1985]: Zur Ideologie des biologischen Unterschieds zwischen Frau und Mann. In: Völger/Welck

KRÜLL, MARIANNE [1990][2]: Die Geburt ist nicht der Anfang. Die ersten Kapitel unseres Lebens neu erzählt. Stuttgart: Klett-Cotta

LESKY, ERNA [1950]: Die Zeugungs- und Vererbungslehren der Antike und ihr Nachwirken. Akademie der Wissenschaft und Literatur, Abh. der Geistes- und Sozialwissenschaften 1950/19. Wiesbaden

LEXIKON DER PÄDAGOGIK [1970]: Bd. 1. Freiburg i. Breisgau: Herder Verlag

LOCKE, JOHN: Über die Regierung (The Second Treatise of Government). Stuttgart: Philipp Reclam jun. Verlag [1992]

MAUNZ, THEODOR / DÜRIG, GÜNTER ET AL. [1994]: Grundgesetz Kommentar. München: C. H. Beck Verlag

MITTEIS, HEINRICH [1992]: Deutsche Rechtsgeschichte. Ein Studienbuch von Dr. Heinrich Mitteis, neu bearbeitet von Dr. Heinz Lieberich. München: C. H. Beck Verlag

MONTAGU, ASHLEY [1974]: Körperkontakt. Die Bedeutung der Haut für die Entwicklung des Menschen. Stuttgart: Ernst Klett Verlag

MÜLLER-BRAUNSCHWEIG, HANS [1975]: Die Wirkung der frühen Erfahrung. Das erste Lebensjahr und seine Bedeutung für die psychische Entwicklung. Stuttgart: Ernst Klett Verlag

NESTLE, WILHELM [1963]: Aristoteles. Hauptwerke. Ausgewählt, übersetzt und eingeleitet von Wilhelm Nestle. Stuttgart: Alfred Körner Verlag

Literatur

OECKINGHAUS, EMMA [1925]: Die gesellschaftliche und rechtliche Stellung der deutschen Frau. Jena: Gustav Fischer Verlag

REICHEL, SABINE [1993]: Frustriert, halbiert und atemlos - Die Emanzipation entläßt ihre Frauen. München: Piper Verlag

RENGGLI, FRANZ [1976]: Angst und Geborgenheit. Soziokulturelle Folgen der Mutter-Kind-Beziehung im ersten Lebensjahr. Ergebnisse aus Verhaltensforschung, Psychoanalyse und Ethnologie. Reinbek: Rowohlt Taschenbuch Verlag

ROUSSEAU, JEAN-JACQUES: Vom Gesellschaftsvertrag oder Grundsätze des Staatsrechts. Stuttgart: Phillip Reclam jun. Verlag [1986]

RUDDIK, SARA [1993]: Mütterliches Denken. Für eine Politik der Gewaltlosigkeit. Frankfurt/Main; New York: Campus Verlag

SCHNURBEIN, STEFANIE V. [1990]: Geheime und kultische Männerbünde bei den Germanen - Eine Theorie im Spannungsfeld zwischen Wissenschaft und Ideologie. In: Völger/Welck

SCHRÖDER, HANNELORE [1979]: Die Rechtlosigkeit der Frau im Rechtsstaat. Dargestellt am Allgemeinen Preußischen Landrecht, am Bürgerlichen Gesetzbuch und an J. G. Fichtes Grundlage des Naturrechts. Frankfurt/New York: Campus Verlag

SCHRÖDER, HANNELORE [1992/1]: 200 Jahre "Erklärung der Rechte der Frau und Bürgerin" versus 1789 Schändung von Menschenrechten der weiblichen Menschheit. Ethik und Sozialwissenschaften II: 201-217

SCHRÖDER, HANNELORE [1992/2]: Der Mensch fängt erst mit dem Manne an, und mit der Frau hört er auf. Ethik und Sozialwissenschaften II: 245-252

SOTELO, ELISABETH DE [1985]: Der familiäre Irrgarten. Auswirkungen von Ehe und Familie auf die psychische Verfassung und soziale Position der Frau. Psychosozial Bd. 8: 24-25 : 67-95

TIETZE, WOLFGANG / ROSSBACH, HANS GÜNTHER / ROITSCH, KARIN [1993]: Betreuungsangebote für Kinder im vorschulischen Alter. Ergebnisse einer Befragung von Jugendämtern in den alten Bundesländern. Bundesministerium für Frauen und Jugend (Hg.): Bd. 14. Stuttgart: W. Kohlhammer

TOMATIS, ALFRED A. [1987]: Der Klang des Lebens. Vorgeburtliche Kommunikation - Die Anfänge der seelischen Entwicklung. Reinbek bei Hamburg: Rowohlt

VÖLGER, GISELA / WELCK, KARIN V. (HG.) [1985]: Die Braut. Geliebt, verkauft, getauscht, geraubt. Zur Rolle der Frau im Kulturvergleich. Bd. 1. Köln: Rautenstrauch-Joest-Museum

VÖLGER, GISELA / WELCK, KARIN V. (HG.) [1990]: Männerbande-Männerbünde. Zur Rolle des Mannes im Kulturvergleich. Bd. 2. Köln. Rautenstrauch-Joest-Museum

WEBER, MARIANNE [1971]: Ehefrau und Mutter in der Rechtsentwicklung. Eine Einführung. Neudruck der Ausgabe Tübingen 1907. Aalen: Scienta Verlag

WINCKELMANN, JOHANNES [1967][2]: Weber, Max: Rechtssoziologie. Aus dem Manuskript herausgegeben und eingeleitet von J. W. Neuwied und Berlin: Luchterhand Verlag

ZIMMER, JÜRGEN (HG.) [1985]: Enzyklopädie Erziehungswissenschaft. Bd. 6: Erziehung in früher Kindheit. Stuttgart

Hausfrauen, die allerletzte Kolonie
Familienarbeit und Globalisierung

von Jacqueline Poetschke

Dieser Beitrag zeigt die zukünftige und globale Dimension des Ausstellungsthemas und wurde speziell für die Dokumentation geschrieben.

Jacqueline Poetschke, geb. Henley, Jahrgang 1949, verh., 3 Kinder, Familienfrau und Englischlehrerin.

dhg-Mitglied seit 1989, stellvertretende Landesvorsitzende Baden-Württemberg seit 1992, Bundespressereferentin seit Ende 1994.

Die Wallstreet-Family
Auf die Frage, ob die jetzt vieldiskutierte "Globalisierung" etwas mit ihrer Familie und ihrer Familienarbeit zu tun hat, würde den meisten Müttern wohl auf Anhieb Fernsehen und Computer einfallen. Die neuen Medien, jetzt tausendfach verstärkt durch das Internet, bringen die ganze Welt ins Wohnzimmer und sogar ins Kinderzimmer. Die Älteren schwanken zwischen Bewunderung, wie pfiffig der Nachwuchs mit der Informationstechnik umgeht, und gespanntem Beobachten, ob sie zu neuem globalen Denken führt oder man nicht vielleicht doch vom "Globus erschlagen" wird.

Manche Familie hat die Globalisierung aber schon ganz anders und knallhart getroffen, dadurch, daß Vater oder Mutter den Erwerbsarbeitsplatz verloren hat - der ist jetzt, zu einem Bruchteil der Lohnkosten - in Mexiko oder Malaysia. Auf der anderen Seite gibt es Menschen, die von der "Neuen Welt" finanziell in unvorstellbarer Weise profitieren. Fast ungläubig verfolgte die Öffentlichkeit vor kurzem die Diskussion, wieviel Millionen DM Jahreseinkommen nach der Fusion der Konzerne Chrysler und Daimler für die Manager des neuen globalen Unternehmens angemessen seien. Wird es diesen Männern und ihren Familien - entgegen der indianischen Prophezeiung - bald gelingen, Geldscheine zu essen?

Das Kapital macht's, die Familie stört nur
Die Sicht aus der Familienperspektive ist eigentlich ganz zutreffend, denn beides, Informationstechnologie und Kapital sind die Faktoren, die zusammenspielen und die Globalisierung ausmachen. Verlagerung von Kapital und Arbeitsplätzen in Billiglohnländer gibt es ja schon länger. Aber jetzt kommt durch die neuen Medien noch die Geschwindigkeit dazu, mit der diese Verlagerung möglich ist. Frauen in Fernost schreiben per Bildschirm deutsche Telephonrechnungen, kein Problem. Nicht nur die Zeit, auch der Raum scheint aufgehoben. 100 000 Reiche haben auf dem Felsen von Gibraltar Platz - man könnte eine schöne Karikatur daraus machen.

Durch die neue Informationstechnologie kann alles wandern, wenn nötig um den ganzen Erdball: Produkte, Dienstleistungen und Nachrichten, Arbeitsplätze und Kapital. Vor allem das letztere. Das Kapital bzw. die mit großem Kapital ausgestatteten transnationalen Konzerne sind die Lenkungsmacht. Die Männer an den Börsen setzen zur Zeit täglich etwa 3 Billionen US-Dollar um, Sekunden entscheiden manchmal über Riesengewinne oder Verluste.

Rund 40 000 transnationale Konzerne wickeln heute zwei Drittel des Welthandels ab. Die Männer in den Schaltzentralen der Konzerne können mit einer Geschwindigkeit, die früher nicht möglich war, Rohstoffe, fertige und halbfertige Waren mitsamt den dazugehörigen Arbeitsplätzen nach Kalkulation der Kosten verlagern und hin- und herschieben. Arbeitsplätze der Textil- oder Elektronikbranche, die gestern noch in Deutschland waren, sind heute in Malaysia und nächstes Jahr in China. Infrastruktur? Na, so eben das Nötigste. Zufriedene Mitarbeiterinnen und Mitarbeiter? Ziemlich belanglos, solange der Konkurrent noch billiger produziert. Familie? Nur noch ein Störfaktor.

Markt, Markt, Markt - die neue Internationale. Marktwirtschaft und der sogenannte Neoliberalismus (freies Spiel der ökonomischen Kräfte) haben sich weltweit durchgesetzt und entwickeln zunehmend ihre Eigengesetzlichkeit, ohne daß die Politik eingreifen kann. Die Politik hat diese Entwicklung freilich ermöglicht, ja gefördert.

Den Anfang machte 1973 die Aufhebung der festen Wechselkurse der Industrieländer, die bis dahin auf der Basis des Dollars bzw. des Goldes festgelegt waren. Es folgte der Abbau fast aller Zoll- und Handelsschranken, z. B. in der EG 1988 und jetzt durch den Internationalen Währungsfonds IWF, der armen Ländern nur Kredite gibt, wenn sie ihre Länder ohne Einschränkungen für den internationalen Geldverkehr öffnen.

Freiwillig - hatten sie eine Wahl? - haben die PolitikerInnen der einzelnen Staaten sich selbst und die Bürgerinnen und Bürger entmachtet. Erwerbsarbeitsplätze, die in diesem Jahr noch im Lande sind und Tausenden von Menschen die Existenz sichern, sind im nächsten Jahr schon woanders, weil die Leistung dort kostengünstiger erbracht wird. Gefragt werden die PolitikerInnen dabei nicht. Nur müssen sie sich danach fragen, woher sie das Geld für die Arbeitslosenversicherung nehmen. Die soziale Sicherung ist an die Erwerbsarbeit gebunden und auf nationalstaatlicher Ebene organisiert. Diesem Nationalstaat schwimmen nun die Felle auf dem globalen Fluß davon. Das Kapital ist schon vorausgeschwommen.

Jährlich entgehen dem deutschen Fiskus z. B. schätzungsweise 50 Milliarden DM an Steuereinnahmen durch Kapitalanlagen in Steueroasen. Hilflos schauen Politik und Öffentlichkeit zu, wie die Staatseinnahmen schwinden.

Globalisierung verändert die Erwerbsarbeit

Für die Konzerne zählen ausschließlich Kostensenkung und Gewinnmaximierung. Für die Erwerbsarbeit ergeben sich zur Zeit daraus zwei gegenläufige Bewegungen:

Da ist zum einen die Automatisierung: Wo die Maschine, der Automat, der Roboter die Arbeit billiger erledigt, ersetzen sie den Menschen. Das ist sehr praktisch, denn Maschinen stellen bekanntlich nur äußerst geringe Ansprüche an die Räumlichkeiten etc. und auch Rentenansprüche machen sie nicht geltend (sieht man einmal davon ab, daß die Industrie die Entsorgung z. B. des Elektronikschrotts bisher weitgehend ausgeblendet hat).

Was man für den Ankauf von Maschinen braucht, ist Kapital. Dieses ist bei den Großunternehmen vorhanden oder es wird mit (teilweise spekulativen) Krediten finanziert. Ganze Wirtschaftszweige in Deutschland haben diesen Prozeß schon weitgehend hinter sich, die Landwirtschaft zum Beispiel. Andere stehen unmittelbar davor: Das Banken- und Versicherungswesen (erwarteter Verlust an Arbeitsplätzen allein bei der Deutschen Bank: 31 000, bei den Versicherungen 100 000) und die Bürobereiche und die Telekom, wo Computer schon bald Millionen Bürokauffrauen und Sekretärinnen ersetzen werden.

Gewissermaßen im Widerspruch zu der zunehmenden Automation gibt es eine Tendenz zur Flexibilisierung und Intensivierung der erforderlichen Restarbeit: Gefragt ist immer mehr die Erwerbsperson, die hundertprozentig zur Verfügung steht, wenn Bedarf da ist. Sie soll die Arbeit in Eigenverantwortung und so kostengünstig wie möglich erbringen. Dies geht in den armen Ländern am besten noch mit "hire and fire" (anheuern und entlassen), in den Industrieländern mit der feineren Variante der Zeitarbeit oder des Subunternehmens, auf jeden Fall mit möglichst geringen sozialen Neben- und Folgekosten für den Auftraggeber. Zeit-Flexibilität ist zunächst einmal ein Vorteil für ArbeitnehmerInnen. So wird jetzt bei IBM die Stechuhr abgeschafft. Zwischen sechs und zwanzig Uhr können die MitarbeiterInnen die Arbeit selbst einteilen, wobei ein "modernes Online-Zeiterfassungssystem zur Verfügung gestellt wird" (Stuttgarter Zeitung, 16. 12. 98). Diese freie Zeiteinteilung bei der Erledigung der anfallenden Arbeit wird als Vorteil besonders für Frauen und Mütter eingeschätzt, die auf diese Weise ihre viele andere Arbeit drumherum organisieren können und müssen. Insbesondere die Telearbeit (heute gibt es in Deutschland schon 800 000 Telearbeitsplätze) wird als tolle Chance gesehen.

Pessimisten schätzen allerdings, daß in Zukunft nur noch zwanzig Prozent aller verfügbaren Arbeitskräfte gebraucht werden, um die globale Wirtschaft in Gang zu halten. (Martin/Schumann: Die Globalisierungsfalle) Bei diesen ist es dann auch völlig egal, wo sie wohnen. Diese Auffassung ist, so scheint es, bei den US-Computerfirmen weit verbreitet.

John Gage von Sun Microsystems ("Java") wird zitiert mit der Aussage, er beschäftige derzeit bevorzugt "gute Gehirne in Indien" (Martin/Schumann). Natürlich dürfen diese Gehirne auch weiblich sein, deshalb gibt es in diesem Bereich gute Möglichkeiten für Frauen. Außerdem - das hat natürlich Gage nicht laut gesagt - sind Frauen überall flexibel, willig und billig. Sie sind kommunikations- und teamfähig und schätzen flache Hierarchien. Es ist wohl realistisch, für die Zukunft etwas erhöhte Chancen für qualifizierte Frauen auf dem Erwerbsarbeitsmarkt zu sehen.

Doch was machen eigentlich die restlichen achtzig Prozent der Menschheit? Wie können sie oder wie kann man ihnen den Lebensunterhalt sichern? Werden die Menschen mit seichter Fernsehunterhaltung und einem Mindestunterhalt ruhiggestellt, oder wird ein großer Verteilungskampf ausbrechen? Wie stehen Frauen allgemein und Familienfrauen im besonderen in der neuen globalen Erwerbswelt da?

Die böse "Hausfrauisierung" der Arbeit

Eine kritische Sicht der Frauenerwerbsarbeit im Zeichen der Globalisierung liefern verschiedene Autorinnen wie zum Beispiel Christa Wichterich (Die globalisierte Frau). Sie liefert eine erschütternde Beschreibung der Lage der Arbeiterinnen in der sogenannten Dritten Welt. Einerseits: "Frauen gelten als die Profiteurinnen der Weltmarktintegration, denn in den arbeitsintensiven Industrien und der Dienstleistungsbranche sind sie Beschäftigungsgewinnerinnen. Billig, flink und flexibel, sind sie ein Standortvorteil und entsprechen dem neuen Anforderungsprofil des Arbeitsmarkts besser als Männer." Die Kehrseite: "Der Preis, den Frauen dafür zahlen, ist hoch: miese Arbeitsumstände, wenig Rechte, minimale Löhne und keine neue Existenzsicherheit." Überall, vor allem in den armen Ländern, werden Frauen in arbeitsintensiven Industriezweigen ("Verschleißindustrien"), wie der Textilverarbeitung (auch für deutsche Firmen wie Quelle und H&M), der Elektronik- und der Spielzeugbranche, eingesetzt. Sie werden zu Tausenden eingepfercht in enge Hallen mit dicker, staubiger, chemikaliengeschwängerter Luft, Riesenarbeitspensum und männlichen Aufsehern - ja nicht aufmüpfen... . "Flexibel" werden sie an Weihnachten entlassen und nach Weihnachten wieder eingestellt, damit kein Weihnachtsgeld zu zahlen ist. Versuchen die Frauen, sich zu organisieren und z. B. einen Mindestlohn zu fordern, werden sie entlassen. Das gleiche gilt, wenn sie verbraucht sind oder schwanger werden. Die andere Möglichkeit: Der Betrieb wird geschlossen, die Arbeit wird ausgelagert in kleine Klitschen, wo die Frauen ganz ungeschützt und buchstäblich zum Hungerlohn arbeiten. Oder die Firmen ziehen weiter in ein anderes Land. Dies passierte den Frauen in Thailand, als sie sich zusammenschlossen, um Mindeststandards zu erreichen. Die Arbeitsplätze sind jetzt in China.

Die Lohnarbeit, bleibt sie im Lande, ist mit der Auslagerung in kleine Schuppen und Baracken in kleinste Räumlichkeiten angekommen, wo nur wenige Frauen zusammen arbeiten. Es handelt sich zwar noch um Erwerbsarbeit, aber diese Arbeit ist fast genauso "unsichtbar", ungeschützt und unbegrenzt wie die Haus- und Familienarbeit. Die Arbeiterinnen werden zum Teil auch "Hausfrauen" genannt. Somit brauchen sie ja nur einen Minilohn als "Zuverdienst". Die Arbeit ähnelt der Heimarbeit, wie sie in Europa verbreitet war und zum Teil noch ist, nur schlimmer. Kragen an Hemden nähen, 60 pro Stunde, 700 am Tag und das für zwei bis drei Mark Tageslohn. "Faustregel ist: Je dezentraler und haushaltnaher gearbeitet wird, desto niedriger die Löhne, desto unkontrollierter die Arbeitsbedingungen und desto weniger gewerkschaftliche Organisierung" (Christa Wichterich). Dieser Vorgang wird oft als "Informalisierung" bezeichnet. Gemeint ist die Verlagerung in den sogenannten "informellen Sektor", der nicht zur offiziellen Ökonomie zählt und somit nicht ins Bruttosozialprodukt einfließt. Eine andere Bezeichnung dafür wurde bereits 1983 von den Soziologinnen Maria Mies, Claudia Werlhof und Veronika Bennholdt-Thomsen geprägt: die "Hausfrauisierung". Die Hausfrau sei eine "nichtfreie, lohnlose, abhängige und unmündige Arbeiterin". Ihre Arbeit wird nicht gekauft, sondern angeeignet, wird geplündert wie die Naturressourcen und die Länder und die Arbeitskraft der unterworfenen Völker in den (ehemaligen) Kolonien: Frauen seien die "letzte Kolonie". Die "Hausfrauisierung" ist die Ausbeutung von erwerbstätigen Frauen dadurch, daß man sie zu "Hausfrauen" deklariert, die ja nur ein bißchen beschäftigt werden in der Zeit, in der sie sonst herumsitzen würden, und deren Arbeit eigentlich gar keine Arbeit ist.

Merkwürdigerweise werden jedoch nur die "Hausfrauisierung" der Erwerbsarbeit und die schlechten Erwerbsarbeitsbedingungen von allen Autorinnen beklagt, nicht aber die schlechten Arbeitsbedingungen der Familienarbeit und der unwürdige Zustand, daß die Haus- und Familienfrau für ihre Arbeit keine eigenständige Existenzsicherung erhält. Zwar wird die alte These "Frauenbeschäftigung ist Frauenbefreiung" inzwischen durchaus kritisch betrachtet, nicht zuletzt im Lichte der sich ausbreitenden Ausbeutung durch transnationale Konzerne. Die Ausbeutung der Arbeitskraft der Mutter in der Kindererziehung und Haushaltsführung wird im günstigsten Fall zur Kenntnis genommen und dabei wohl für unabänderlich gehalten. Nur die teilweise Übertragung ihrer Arbeit auf die Väter wird gefordert. Eine hervorragende Analyse des Problems der angeblich unsichtbaren Arbeit, der geringgeschätzten Arbeit für das Leben (also auch der Bäuerinnenarbeit) liefert das Buch "Eine Kuh für Hillary" von Veronika Bennholdt-Thomsen und Maria Mies. Die Schlußfolgerungen sind jedoch enttäuschend. Für die Praxis in den Industriestaaten kann man Familienfrauen nicht auf die "Subsistenz", also die Landwirtschaft und den Handel mit einfachen Produkten und Dienstleistungen, verweisen. Männern sagt man ja auch nicht, daß sie besser zu Fuß über die Autobahn gehen sollen.

Migrantinnen als Hausfrauenersatz

Wenn die Familienhausfrau nun aus dem Haus gehen muß oder möchte, um sich eine eigenständige Existenz zu sichern (was ihr gutes Recht ist), stellt sich erst einmal die Frage, wo denn überhaupt genügend Erwerbsarbeitsplätze herkommen sollen und von welcher Qualität diese sind. Und wenn dann einer der rarer werdenden Stellen ergattert worden ist: Wer macht dann in Abwesenheit der Hausfrau die häusliche Arbeit? Kann man (noch) in weiten Teilen der Welt davon ausgehen, daß die Großmutter oder andere weibliche Verwandte einspringen, wird dies in den westlichen Industrieländern immer fraglicher. Aber da sind Migrantinnen zur Stelle. Man könnte es als "Globalisierung durch die Hintertür" bezeichnen. Es entsteht die "internationale Putzkolonne" (Chr. Wichterich). In Deutschland seien drei Viertel der Putzkräfte Migrantinnen, mehr als drei Viertel der guten Geister arbeiten ohne Sozialversicherung. Auslagerung und Privatisierung des Saubermachens führen zur Expansion der privaten Reinigungsbranche und sogar schon zur Bildung transnationaler Reinigungskonzerne. "Geputzt wird 'unsichtbar' und gesellschaftlich unangesehen, ungeschützt und ungesichert. Als Verlängerung unbezahlter Hausarbeit in den Erwerbsarbeitsmarkt hinein gilt Saubermachen als 'natürliche Fähigkeit' der Frau und gehört zu den schlechtbezahltesten Tätigkeiten."
(Wichterich, Die globalisierte Frau).

Dabei haben die ausländischen Putzkräfte und Hausangestellten in ihren Heimatländern oft eine gute Qualifikation erworben, doch hier in Deutschland verdienen sie als Putzfrau mehr als in Polen oder auf den Philippinen als Lehrerin. Und es reicht auch noch für monatliche Überweisungen nach Hause, wo im Schnitt sieben Angehörige auf die Zahlungen angewiesen sind. Frauen aus Sri Lanka gehen nach Japan, von China nach Thailand, von Malaysia in die arabischen Emirate. In Deutschland sind die Putzjobs so zahlreich an Frauen aus dem ehemaligen Jugoslawien (Bosnierinnen, Kroatinnen) vergeben, daß deren politisch eingeleitete Rückkehr in ihre Heimat bei den Arbeitgebern im Gaststätten- und Hotelgewerbe zu öffentlichen Protesten geführt hat.

Sehr vertraut klingt in den Ohren von kritischen Familienfrauen folgende Beschreibung der fleißigen Arbeitskräfte: "Migrantinnen verdienen ihr Geld also in Berufen, denen kein oder ein geringer gesellschaftlicher Stellenwert zuerkannt wird." Und: "Die Gesellschaft registriert diese Frauen nur latent, solange sie funktionieren, denn sie leisten kostengünstige Arbeit und tragen damit zum Wohlstand bei". Eine Frau, die als Bardame beschäftigt ist, klagt, daß sie ihre eigenen Bedürfnisse nicht leben dürfen: "Wir gehören also praktisch zum Inventar..." (Maria Katharina Moser in der Zeitschrift "Schlangenbrut" 61/1998). Besonders Asiatinnen sind hübsch, sauber, gefühlsbetont und fürsorglich, dazu noch still und leise, ganz nach dem Wunsch ihrer ArbeitgeberInnen. Sie werden von einer wachsenden Zahl von westlichen Männern sogar als die idealen Ehefrauen angesehen. Auch bei den Hausangestellten und Putzkräften handelt es sich, wenn man so will, um eine Art "Hausfrauisierung", wenn auch von einer Arbeit, die fremdverrichtet wird und angemessen bezahlt werden könnte, aber (noch) nicht wird. Auch hier wieder werden in der Literatur die Arbeitsbedingungen der Ersatzkräfte kritisiert, nicht aber die der Familienhausfrau, obwohl sie objektiv gleich schlecht sind. Kritikerinnen beklagen die "Schattenwirtschaft", die verstärkt wird durch die veränderte Rolle der Frauen in den Industrienationen, die sich zunehmend der nicht anerkannten

Hausarbeit verweigern. Internationale Ausbeutung von Frauen (auch) durch Frauen - das ist das letzte Tabu, an das auch die mutigste Feministin nicht zu rühren wagt.

Vater Staat und Vater Globus

Kein Zufall vielleicht, daß Staat und Globus in der Grammatik männlich besetzt sind. Die Familie sei die "Keimzelle des Staates", wird immer gesagt. Diese empfindliche Keimzelle wird schon bisher vom Nationalstaat stiefväterlich behandelt: als natürliche Ressource, von der Familienhausfrau selbstverständlich unentgeltlich und "unsichtbar" zur Verfügung gestellt. So, als wäre sie nicht ein eigenständiger Mensch, sondern ein Anhängsel des Vaters ihrer Kinder.

Woher kommt die Scheu, sich mit der Haus- und Familienarbeit ernsthaft zu befassen und eine soziale Absicherung für sie zu fordern und zu gewähren? Selbst in klugen Analysen wird als Lösung die "gerechte Verteilung der geschlechtsspezifischen Arbeit" gefordert. Etwas, was den gleichen Autorinnen (z. B. Wichterich) für die "hausfrauisierten" Textilarbeiterinnen in China oder für die Hausangestellten in Kuwait nicht im Traum einfallen würde!

Nun ist in der "Dritten Welt", wo die meisten Staaten noch keine oder nur völlig unzureichende öffentliche/staatliche soziale Sicherung eingeführt haben, die Familienarbeit noch nicht in dem Maße enteignet wie in den westlichen Ländern. Die Kinder sind noch verpflichtet, die Mutter in Notzeiten und im Alter zu unterhalten. Aber der dort noch echte Generationenvertrag wird auch schon brüchig: Familien und die vordem stützende Sippe brechen durch die Landflucht und die Verstädterung auseinander, Subsistenzwirtschaft wird durch die westlichen Konzerne immer schwieriger ("MacDonaldisierung"). Über weite Strecken in Afrika versaufen die Männer mit Nebenfrauen ihr Einkommen in den Städten, und Ehefrauen und Kinder auf dem Land müssen sehen, wo sie bleiben. Aids tut ein Übriges. Dringend müßte im Interesse dieser Frauen vor der Einführung eines Sozialversicherungssystems nach deutschem Muster in ihren Ländern gewarnt werden. Das Patriarchat, das sich in den südlichen Ländern noch sehr im konkreten Verhalten vieler Männer zeigt, würde nur - wie bei uns - ins System und in die Strukturen verlagert. Die Systeme der sozialen Sicherung orientieren sich in fast allen westlichen Nationen (vielleicht mit Ausnahme der skandinavischen) an der männlichen Biographie, in der die Kindererziehung zweitrangig ist.

Vater Globus hat die soziale Sicherung der Menschen und besonders der Frauen überhaupt nicht im Auge. Warum auch? Ein paar leistungsfähige Menschen (siehe "Gehirne in Indien") werden sich doch in jedem Land noch finden, alles andere wäre zu teuer. Lean management and lean families ("schlankes Management und schlanke Familien"), das wäre wohl optimal.

Die allerletzte Kolonie

Früher konnte man platt feststellen: Überall auf der Welt gibt es Ausbeutung von Frauen und ihrer Arbeit durch Männer und durch die in Männerhand liegende Wirtschaft. Hier ist inzwischen in den westlichen Ländern eine Wandlung eingetreten: Auch Frauen beteiligen sich mit ihrer wachsenden Beteiligung am Erwerbsarbeitsmarkt an der Ausbeutung ihrer Geschlechtsgenossinnen, indem sie ihre Familienarbeit (teilweise) zum Null- oder Niedrigtarif abgeben. Die meisten sind sich darüber freilich nicht im Klaren. Außerdem betreiben sie natürlich weiterhin ein Stück Selbstausbeutung und Selbstverleugnung, wenn sie weitere (Erwerbs-)Arbeit annehmen, ohne sich für die Anerkennung und Bezahlung ihrer - ja weiterbestehenden - Familienhausarbeit einzusetzen. Hieß Mitte der achtziger Jahre die Erkenntnis: "Frauen, die letzte Kolonie", so muß es jetzt heißen: "Hausfrauen, die allerletzte Kolonie". Gemeint sind die Frauen (und wenigen Männer), die die Familienhausarbeit noch selbst leisten. Sie werden belächelt, mißachtet oder sogar verachtet, nunmehr nicht nur von so gut wie der ganzen Ökonomie in Wissenschaft und Praxis und vom Naturschutz, sondern auch von den Frauen selbst. Nur die Bewegung für soziale Menschenrechte legt für sie gelegentlich eine Gedenkminute ein. Und die Betroffenen? Die Menschen, die Familienarbeit leisten, deren Familienarbeit gerade für einige Jahre im Vordergrund steht oder einen größeren Teil ihrer Zeit in Anspruch nimmt? Sie ertragen - bis auf einige Aktivistinnen - die Mißachtung durch die Ökonomie mit Fassung. Den NaturschützerInnen - die Natur ist ja die andere Kolonie - sind sie dankbar dafür, daß sie sich für gesunde Lebensmittel einsetzen und für den Öffentlichen Nahverkehr, dessen Benutzerinnen sie neben ihren Kindern und den Rentnerinnen hauptsächlich sind. Auch der Frauenbewegung fühlen sie sich zu Dank verpflichtet für die erkämpften Erwerbsmöglichkeiten.

Nur daß ihre Geschlechtsgenossinnen, oft kaum, daß sie ihre eigene Familienarbeit hinter sich gelassen haben, die Familienarbeit aus ihrem Kopf verbannen, ist schwer zu verkraften. Dies gilt für die meisten Politikerinnen, Wissenschaftlerinnen und Autorinnen, die etwas zum Thema Arbeit oder Globalisierung zu sagen haben. Dies gilt sogar ansatzweise für publizierende Frauen aus der "Dritten Welt" oder zumindest in den Publikationen, die von deutschen Verlagen angenommen werden.

Basis bleibt Basis
Nun gut, könnte man sagen, vielleicht wird Familie in der schönen neuen Welt gar nicht mehr gebraucht? Wir lassen sie verschwinden mitsamt der so ungeliebten Familienhausfrau. Kein Bedarf.

Kein Bedarf? Man kann auch zu der Auffassung gelangen, daß die Globalisierung zu einem erhöhten Bedarf an "Familie" im Sinne von festen und haltgebenden Verbindungen und Beziehungen führen wird. In dem Maße, wie die bisher haltgebende Firma oder Erwerbstätigkeit schwindet und sich verändert, wachsen die Verunsicherung und die Ängste der Menschen. Darauf weist der amerikanische Soziologe Richard Sennett hin ("Der charakterlose Kapitalismus", Die Zeit 26.11.98). Die große Masse der Menschen hält es nicht aus, ständig die Firma, die Kollegen und die Teams zu wechseln, ewig flexibel zu sein, Risiken zu tragen und große Verantwortung in flachen Hierarchien zu tragen, zumal wenn gar nicht sicher ist, ob er oder sie auf Dauer dadurch finanziell gesichert ist.

Auf die asozialen Aspekte der globalen Informationsgesellschaft weist der Journalist und Kommunikationswissenschaftler Claus Eurich hin. Er beklagt, daß die Dinge sprachlich verwirrt werden: Was als "Kommunikationstechnik" gehandelt werde, sei eigentlich eine Technik, die die konkrete Begegnung zwischen Menschen verhindert, und was sich "globales Dorf" nenne, sei die Aufhebung von Zeit, Raum und Körperlichkeit, also alles andere als ein Dorf. Er fordert deshalb eine Neuzuwendung zum Menschen und Hinwendung zum

"Staunen über die alltäglichen Wunder des Lebens". Nein, Mütter erwähnt er - natürlich - nicht. Aber wo und wann kann man/frau mehr staunen über die Wunder des Lebens als während der Zeit, in der das eigene kleine Kind die Welt entdeckt?

Es bleibt dabei: Feste menschliche Bindungen und die damit verbundene Familienarbeit sind die Basis nicht nur der Wirtschaft, sondern auch des Menschen überhaupt, und das global.

Verwendete Literatur:

Bennholdt-Thomsen, V., Mies, M.: Eine Kuh für Hillary. Die Subsistenzperspektive. Verlag Frauenoffensive, 1997 *)

Der charakterlose Kapitalismus. Ein ZEIT-Gespräch mit dem amerikanischen Soziologen Richard Sennet.
Die ZEIT Nr. 49 vom 26.11.98

Eurich, C.: Mythos Multimedia. Über die Macht der neuen Technik. Kösel, 1998

Filli, H., Günter, A. et al.: Weiberwirtschaft. Frauen - Ökonomie - Ethik. Edition Exodus, 1994 *)

Greider, W.: Endstation Globalisierung. Der Kapitalismus frißt seine Kinder. Heyne-Verlag, 1998

Klingebiel, R., Randeria, S.(Hrsg.): Globalisierung aus Frauensicht. Bilanzen und Visionen. Dietz, 1998

Martin, H.-P., Schumann, H.: Die Globalisierungsfalle. Der Angriff auf Demokratie und Wohlstand. Rowohlt 1996, 17. Aufl. 1998 *)

McCorduck, P., Ramsey, N.: Die Zukunft der Frauen. Szenarien für das 21. Jahrhundert. S. Fischer, 1998

Schlangenbrut. Streitschrift für feministisch und religiös interessierte Frauen. Ausgabe 61 "geld und arbeit", Mai 1998

Werlhof, C. v., Mies, M., Bennholdt-Thomsen,V.: Frauen, die letzte Kolonie. Alt: rororo aktuell, 1983, Neuauflage: Rotpunkt-Verlag 1992

Wichterich, Chr.: Die globalisierte Frau. Berichte aus der Zukunft der Ungleichheit. rororo aktuell, 1998. *)

(Die mit *) gekennzeichneten Titel sind aktuell und besonders lesenswert.)

Anhang

dhg-Pressemitteilung
Ausstellungsverzeichnis
Programmbeispiele
Bibliographie
20 Jahre dhg
dhg Grundsatzprogramm

dhg-Pressemitteilung vom 30. 04. 1988

Auf ihrer diesjährigen Jahresmitgliederversammlung in Bonn am 30. 04. 1988 wurde deutlich, daß die dhg immer mehr zu einer wichtigen überparteilichen politischen Kraft heranreift. Der allgemeinen Ratlosigkeit in den Fragen zukünftiger Finanzierung der Renten, struktureller Arbeitslosigkeit, Altersarmut von Frauen, Bevölkerungsschwund, Altenpflege, setzt die dhg ihre Forderung nach finanzieller Gleichstellung des Arbeitsplatzes Familie mit der Erwerbsarbeit entgegen.

Die finanzielle Eigenständigkeit und eigenständige soziale Sicherung für Frauen oder Männer während der gesamten Familienphase, die nicht nur Sorge für Kinder, sondern auch für kranke Angehörige umfaßt, könnte aus den heute nach dem Gießkannenprinzip verteilten Familienleistungen des Staates und einer stärkeren Kostenbeteiligung Kinderloser an dieser für den Bestand der ganzen Gesellschaft so wesentlichen Aufgabe finanziert werden.

Die Bundesvorsitzende, Ingrid Gripp aus Wolfsburg und ihre Stellvertreterin, Wiltraud Beckenbach aus Rheinland-Pfalz, wurden, mit großem Dank für ihre so dynamische Tätigkeit in den vergangenen Jahren, für die kommenden zwei Jahre wiedergewählt.

Die Ausstellung

Ein besonderes Ereignis war die hervorragende Photoausstellung von Anne Lüllwitz. Diese Ausstellung wird in vielen Städten der Bundesrepublik zu sehen sein. Sie zeigt ungeschönt den Alltag und die Vielschichtigkeit der so oft unterschätzten Mütterarbeit und ist, zusammen mit ihren eindringlichen Texten, geeignet, all diejenigen nachdenklich zu machen, die die Welt unserer Kinder und deren Seelen vergessen haben.

Ausstellungsverzeichnis 1988 – 1998 (alphabetisch nach Städten)

Die Ausstellung ist in drei Ausführungen vorhanden, wodurch sich terminliche Überschneidungen erklären.

Stadt	Zeit	Gebäude/Raum/Straße	InitiatorIn/VeranstalterIn	Anlaß/Thema
Aachen	07.11.1992	August-Pieper-Haus, Bischöfliche Akademie	Frauenausschuß Aachen e.V. Elisabeth Gatzemeier und Bischöfliche Akademie des Bistums	Tagesseminar: Für eine frauenfreundliche Gesellschaft. Hausarbeit - wirklich unbezahlbar?
Aalen	27.09.-11.10.1994	Rathaus Foyer	dhg OV, Stadt-Kulturamt Herr Wagenblast	Internationales Jahr der Familie "Unbezahlte Frauenarbeit - Basis der Wirtschaft"
Aldenhoven	15.-25.04.1997	Rathaus Foyer	Gleichstellungsbeauftragte der Kreisverwaltung Düren Sybille Haußmann. Gleichstellungsbeauftragte der Gemeinde Aldenhoven Gudrun Ringel	"Schöner Schein" im Rahmen der NRW-landesweiten Aktion: Chancengleichheit im Beruf
Altenkirchen	14.-29.10.1991	Café - Begegnungsstätte im Haus Felsenkeller	Haus Felsenkeller, Frauenforum Margret Staal	Ist Erziehung kinderleicht?
Altenkirchen	24.01.-07.02.1992	Kreissparkasse Hauptstelle	Haus Felsenkeller, Frauenforum Margret Staal	Unbezahlte Frauenarbeit - Basis der Wirtschaft
Ansbach	01.-17.06.1994	Stadthaus, gotische Halle	Gleichstellungsbeauftragte der Regierung Mittelfranken Rosemarie Hofmann, Gleichstellungsbeauftragte der Stadt Barbara Quendt, Fachbereich städtische und ländliche Hauswirtschaft der Regierung Mittelfranken, Amt für Landwirtschaft und Ernährung Ansbach	"Partnerschaftliche Haushaltsführung"
Augsburg	15.-29.06.1991	Zeughaus, Eingangshalle	KAB, dhg OV Monika Bläßing, mit Unterstützung der Stadt	1. Aktionstage für Familienfrauen, "Unbezahlte Frauenarbeit - Basis der Wirtschaft"
Bad Dürkheim	12.04.-05.05.1989	Kreishaus	dhg LV Rheinland Pfalz Wiltraud Beckenbach und Gleichstellungsbeauftragte Frau Feth	Unbezahlte Frauenarbeit - Basis der Wirtschaft
Bad Kissingen	01.-19.11.1993	Stadtbibliothek	Gleichstellungsbeauftragte des Landkreises Monika Stich	Unbezahlte Frauenarbeit - Basis der Wirtschaft
Bad Kreuznach	02.-03.09.1994	Bildungszentrum St. Hildegard	dhg Barbara Stefan, Frauenbeauftragte der Stadt, Frauenforum	FrauenInformations Börse
Bad Säckingen	26.-27.10.1990	Kursaal	Arbeitsgemeinschaft Bad Säckinger Frauengruppen in Zusammenarbeit mit den Frauenbeauftragten des Landkreises und dhg LV, Gesa Ebert	Informationsbörse von Frauen für Frauen
Bad Säckingen	31.10.-16.11.1990	Bezirkssparkasse	Arbeitsgemeinschaft Bad Säckinger Frauengruppen in Zusammenarbeit mit den Frauenbeauftragten des Landkreises und dhg LV, Gesa Ebert	Unbezahlte Frauenarbeit - Basis der Wirtschaft
Bad Salzdetfurth	Juli 1988	Sparkasse	dhg OV, Gerda Becker	Unbezahlte Frauenarbeit - Basis der Wirtschaft

Stadt	Zeit	Gebäude/Raum/Straße	InitiatorIn/VeranstalterIn	Anlaß/Thema
Bad Waldsee	03.12.1994-05.01.1995	Bad Waldseer Bank	Frauentagsteam Margit Hofmeister, KAB-junge Familien Karl Hofmeister, Kolpingfamilie Bad Waldsee, gefördert vom Ministerium für Familie, Weiterbildung und Kunst Baden-Württemberg Brigitte Unger-Soyka und der Frauenbeauftragten Doris Ziegler	Abschluß zum Jahr der Familie "Schöner Schein"
Balingen	04.03.-19.04.1998	Zehntscheuer	dhg und SPD Frau Stadträtin Helga Zimmermann-Fütterer, Kulturamt der Stadt Reinhold Schäfer, Stadtarchiv Dr. Schimpf-Reinhardt	frauen-arbeits-leben Unbezahlte Frauenarbeit - Basis der Wirtschaft
Basel	Mai 1997	Restaurant Zoologischer Garten	DUFFRA - Die Unerhörten Ungehörten Familien FRAuen Barbara Gürler	Muttertag
Bergisch-Gladbach	09.-21.04.1989	"Kaffeeklatsch" der Kath. Familienbildungsstätte Laurentiushaus	dhg OV Andrea Weber und Roswitha Bücher, Kath.Fam.Bildungsstätte	10 Jahre dhg, 1 Jahr dhg OV; Unbezahlte Frauenarbeit - Basis der Wirtschaft
Berlin	07.-11. Juni 1989	Messehalle	dhg	23. Deutscher Evangelischer Kirchentag
Berlin-Charlottenburg	23.03.-15.05.1994	Haus der Kirche Ev. Bildungswerk Berlin	Studienleiterin der Familien-Bildungsstätten-Arbeit Ellen Hoffmann	Projekttage der Familienbildungsstätten
Berlin-Steglitz	26.-30.09.1992	Josef-Deitmer-Haus der Rosenkranzgemeinde Deitmer Str. 3-4	dhg und Rosenkranzgemeinde	13. Jahreshauptversammlung
Berlin-Wilmersdorf	09.06.1990		Ute Steigenberger, dhg und AsF	AsF Treffen
Berlin-Zehlendorf	11.-12.09.1992	Mütterzentrum und Nachbarschaftsheim Mittelhof	Mütterzentrum Christiane Schier	1. Berliner Müttertreffen "Mütter Macht Politik"
Berlin-Zehlendorf	08.-20.03.1993	Rathaus/Stadtbibliothek	Mütterzentrum Christiane Schier und Frauenbeauftragte des Stadtteils Jutta Arlt	Unbezahlte Frauenarbeit - Basis der Wirtschaft "Kann Frau sich noch Familie leisten?"
Bernhausen, Filderstadt	15.-21.04.1989	Bürgerinnenzentrum	Frauenreferentin der Stadt Filderstadt, dhg, Karin Schach	Frauenwoche
Betzdorf	10.02.-21.02.1992	KSK	Haus Felsenkeller, Frauenforum Margret Staal	Unbezahlte Frauenarbeit - Basis der Wirtschaft
Biberach an der Riß	08.02.-01.03.1991	VHS, Foyer und 1. Stock	VHS der Stadt Frau Sikora-Schoeck, dhg OV Ursula Metz	Aktion Treffpunkt Beruf: "Und drinnen waltet die züchtige Hausfrau" oder "Der Full-time-Job zum Nulltarif"
Biberach an der Riß	05.-20.05.1994	Stadthalle	Ministerium für Familie, Frauen, Weiterbildung und Kunst Baden-Württemberg, Kulturamt Biberach, dhg Ursula Metz	Jahr der Familie - zentrale Veranstaltung des Landes BW: Familie - (k)ein Kinderspiel? Information, Austausch, Perspektiven

Stadt	Zeit	Gebäude/Raum/Straße	InitiatorIn/VeranstalterIn	Anlaß/Thema
Bonn	30.04.1988	Deutsche Angestellten Akademie, Kaiser-Karl-Ring 12	Deutsche Hausfrauengewerkschaft e.V.	9. Jahreshauptversammlung
Bonn	16.02.1989	Niedersächsische Landesvertretung	dhg	10-Jahres-Feier der dhg
Bonn	02.-05.04.1989	Beethovenhalle	dhg	Internationaler Kongreß "Familie hat Zukunft"
Bonn-Beuel	25.02.1989	Gesamtschule	MÜTTER COURAGE BONN, AG "Mütter - hin- und hergerissen zwischen Familie und Beruf" aus Bergisch Gladbach, AG Mütterpolitik der Grünen	Mütterfeministischer Ratschlag, Bewertung von Arbeit
Bonn-Beuel	11.-13.10.1991	Gesamtschule	Verbraucher Initiative, dhg, Autorin der Ausstellung	Verantwortliches Einkaufen - Verantwortliches Verkaufen. Verbraucherkonferenz
Calw	10.-24.10.1991	VHS Foyer	Frauenbeauftragte des Landkreises Calw Sylvia Stöffler	Frauentage Frauen und Arbeit: "Haushalt - Beruf - Ehrenamt"
Daaden	09.03.1990	Bürgerhaus	dhg Gisela Knäpper-Schmidt und AsF	Frauentag
Detmold	03.03.-14.03.1992	Stadtbücherei	Gleichstellungsstellen im Kreis Lippe, dhg OV Anneliese Neumann	3. lippische Frauen-Kulturwoche 92 "Nicht nur die Hälfte des Himmels..."
Dieburg	03.-29.05.1991	Rathaus Foyer	Frauenzimmer e.V., dhg Lilo Roitner	Kreativmarkt - Selbstdarstellung des Vereins
Dieburg	20.-23.03.1990	Frauenzimmer, Am Bahnhof 15	Frauenzimmer e. V., dhg OV, Lilo Roitner	Fünfjähriges Vereinsbestehen
Dortmund	17.-30.09.1989	Mütterzentrum, Adlerstr. (Stadtteilzentrum)	Mütterzentrum e.V., Birgit Unger	Frauentag, "40 Jahre Bundesrepublik Deutschland"
Dresden	10.-25.08.1995	Rathaus Lichthof	Gleichstellungsbeauftragte der Stadt Brunhild Friedel, Gleichstellungsstelle Dr. Beata Lehmann, dhg Helga Burkhart	"Schöner Schein - Unbezahlte Frauenarbeit - Basis der Wirtschaft"
Düsseldorf	01.03.-29.04.1988	Frauenbücherzimmer, am Münsterplatz	Frauenbücherzimmer e.V., Heidede Morgenbrod	Die Hauswirtschaft im Bild
Düsseldorf	20.-23.06.1991	Messegelände	dhg LV NRW, Monika Bunte	top 91
Ebersberg	15.11.-03.12.1993	Landratsamt	Bayerisches Staatsministerium für Arbeit, Familie, Frauen und Sozialordnung (Empfehlung) Angelika Michalik, Gleichstellungsbeauftragte für den Landkreis und Regierungsrätin	Unbezahlte Frauenarbeit - Basis der Wirtschaft
Eggenfelden	Dez.1996-20.01.1997	Stadtbücherei	Frauenforum Eggenfelden Landkreis Rottal-Inn, Erika Imrich, Schönau	Unbezahlte Frauenarbeit - Basis der Wirtschaft
Ehningen	13.-25.05.1995	Rathaus	VHS Böblingen-Sindelfingen Barbara Seefelder, "Aufwind"-Frauen Ehningen	Muttertag Unbezahlte Frauenarbeit - Basis der Wirtschaft

Stadt	Zeit	Gebäude/Raum/Straße	InitiatorIn/VeranstalterIn	Anlaß/Thema
Elmshorn	24.01.-04.02.1994	Rathaus Kollegiumssaal	Gleichstellungsbeauftragte der Stadt, Initiatorin Brigitte Hullmann. Durchführung Christiane Wehrmann	Neujahrs-Frauenempfang im Rathaus. Thema: "Unbezahlte Frauenarbeit - Basis der Wirtschaft"
Essen	06.-09.06.1991	Messehalle	dhg LV NRW, Monika Bunte	Evangelischer Kirchentag
Esslingen	25.-27.10.1988	Fachhochschule (FHS)	dhg Landesverband, Gesa Ebert und FHS	Studientag: Feministische Theorie und Praxis - Perspektive für die soziale Arbeit
Flensburg	08.-29.03.1996	Stadtbücherei	Frauenbüro der Stadt Inga Rodewald	Unbezahlte Frauenarbeit - Basis der Wirtschaft
Flensburg	Dez 1995 - Jan 1996	Bildungswissenschaftliche Hochschule	Gleichstellungsbeauftragte Ursula Kneer auf Initiative von Margrit Hansen	Frauenhochschulwoche
Friedrichshafen	08.-19.03.1993	Kreissparkasse	Frauen- und Familienbeauftragte des Bodenseekreises Renate Köster	Unbezahlte Frauenarbeit - Basis der Wirtschaft
Fulda	08.-14.03.1997	Stadtschloß Galerie vor den Spiegelsälen	Frauenbeauftragte der Stadt Hildegard Hast	7. Fuldaer Frauenwoche "Wir sind mehr als 50% und jetzt los..."
Ganderkesee	02.-30.06.1989	Gemeindebücherei	dhg OV Ute Piecura, Gleichstellungsbeauftragte Evelyn Heermeyer	Frauen-Infomarkt
Geislingen an der Steige	08.-27.11.1995	VHS Foyer	dhg OV Christl Sailer-Bristle	Frauen - Infotage
Gernsheim	30.06.1990	Peter-Schöffer-Turnhalle	Die Gernsheimer Frauenrunde Irmtraud Geyer, dhg Lilo Roitner	3. Gernsheimer Frauenfest "Ausländerinnen unter uns"
Giengen	17.-30.11.1994	Kreissparkasse Schalterhalle	Internationale Frauengruppe Giengen mit dhg, mit Unterstützung des Ministeriums für Familie, Frauen, Weiterbildung und Kunst Baden-Württemberg, sowie der Gleichstellungsbeauftragten des Landkreises Heidenheim Renate Köhler	Internationales Jahr der Familie
Gröbenzell	11.05.-05.06.1997	Frauenzentrum	Gleichstellungsbeauftragte der Gemeinde Astrid Banaschewski-Müller und das Gröbenzeller Frauenzentrum e.V.	Muttertag, Unbezahlte Frauenarbeit - Basis der Wirtschaft
Groß-Gerau	01.12.1990-07.01.1991	Landratsamt	Kreisfrauenbüro Ulrike Kramer, Kreisfrauenbeauftragte	"Die Frau in der Wirtschaft"
Groß-Umstadt	20.10.-09.11.1990	Ev. Gemeindehaus	Verein Frauen für Frauen e.V., dhg Lilo Roitner	Arbeitsplatz Haushalt Hauptberuf Mutter und Hausfrau
Haag bei Hauzenberg	05.05.1993	Gasthof Waldbauer	Gleichstellungsbeauftragte des Landkreises Passau Heidi Schneider, Diözese Passau Referat Ehe und Familie, KAB Diözesanverband, KDFB Bezirk Hauzenberg	"Was verdient Familienarbeit - Geld oder Liebe?"
Hamburg	09.05.1993	Hochschule für Wirtschaft und Politik	Landeszentrale f. politische Bildung, Mütter Courage und Frauen aus verschiedenen politischen Zusammenhängen; dhg LV, Marianne Köhne	1. Hamburger Mütterkongress "Ökomische Situation v. Frauen mit Kindern in Hamburg

Stadt	Zeit	Gebäude/Raum/Straße	InitiatorIn/VeranstalterIn	Anlaß/Thema
Hamburg	08.03.1995	Diakonisches Werk, Königsstr. 54	Hamburger Frauenbündnis (dhg Ulla Ernst)	Internationaler Frauentag: Wir wollen unsere Zeit zurück. Frauen erheben Anklage
Hamburg	09.-17.03.1995	ÖTV/DAG, zum Sitzungssaal	Initiatorin: Ulla Enst, dhg	Internationaler Frauentag: Wir wollen unsere Zeit zurück. Frauen erheben Anklage
Hamburg	14.-18.06.1995	Messegelände	dhg	Evangelischer Kirchentag
Hamburg-Bergstedt	29.03.-20.04.1995	Ev. Luth. Kirche	Ev. Lutherische Kirchengemeinde; Ulla Ernst, dhg	Unbezahlte Frauenarbeit - Basis der Wirtschaft
Hamburg-Bergstedt	20.04.-23.05.1995	Bioladen, Bergstedter Brunnen	Almut Rosenkranz; Initiatorin: Ulla Ernst, dhg	Unbezahlte Frauenarbeit - Basis der Wirtschaft
Hechingen	05.-12.05.1996	Stadthalle Museum	Arbeitskreis Familienarbeit, das Kulturamt der Stadt Herr Nonnenmann auf Initiative der dhg Frau Gerda Nestel	Muttertag
Heidelberg-Rohrbach	20.02.-27.03.1992	Stadtbücherei, Zweigstelle - Rohrbach, in der internationalen Gesamtschule Hasenleiser	MdL Brigitte Unger-Soyka, SPD	"Unbezahlte Frauenarbeit - Basis der Wirtschaft", Verabschiedung einer "neuen Leitlinie zur Familienpolitik" des SPD Landesparteitages Baden Württemberg, Ende Sept. 1991
Heidenheim	06.-17.03.1995	Volksbank Schalterhalle	Gleichstellungsbeauftragte des Landkreises Heidenheim Renate Köhler, Evangelische und Katholische Frauen auf Initiative des Kreis-Frauenforums mit Unterstützung der Volksbank	Internationaler Frauentag: "Unbezahlte Frauenarbeit - Basis der Wirtschaft"
Herford	18.-19.06.1994	Markthalle am Münster-Markt-Platz	Pastor Diettrich, Löhne; Ev.-luth. Kirchengemeinde, Mennighüffen	Kreiskirchentag
Hilden	11.-25.01.1997	Stadtbücherei	Hildener-Frauen-Forum Annemarie Gemeiner (Kontakt), Gleichstellungsbeauftragte der Stadt und VHS Hilden-Haan	Frauenarmut: zur geschichtlichen Entwicklung und zum aktuellen Stand der Diskussion
Hildesheim	Juni 1988	Sonnen-Apotheke	dhg OV, Gerda Becker	Gründung des dhg-Ortsverbands Hildesheim
Hildesheim	Mai 1988	Katholische Familienbildungsstätte, Joseph-Winter-Haus	Katholische Familienbildungsstätte und dhg, Gerda Becker	Unbezahlte Frauenarbeit - Basis der Wirtschaft
Höchstadt an der Aisch	23.06.-08.07.1994	Kreissparkasse, Schalterhalle	Gleichstellungsbeauftragte des Landkreises Erlangen-Höchstadt Claudia Wolter und staatl. Beratungsstelle für Ernährung und Hauswirtschaft Hildegard Melcher-Heil	Unbezahlte Frauenarbeit - Basis der Wirtschaft
Homberg/Efze	07.-16.11.1996	Kreishaus	Frauenbeauftragte des Kreises Trudi Michelsen mit dem Frauenbündnis Schwalm-Eder und dhg Frau Inge Söchting	2. Kreisfrauenwoche Schwalm-Eder

Stadt	Zeit	Gebäude/Raum/Straße	InitiatorIn/VeranstalterIn	Anlaß/Thema
Karlsruhe	04.07.1998	Räume des Evangelischen Oberkirchenrats	Frauenarbeit der Evangelischen Landeskirche in Baden Frau Adams und Katharina Williams	Forum zum Abschluß der ökumenischen Dekade: "Sich über Arbeit neu vertragen - zuhause und weltweit"
Kassel	17.02.-09.03.1989	Café Vis-a-Vis	dhg LV und OV Inge Söchting und Magda Kramer-Berndt	10 Jahre dhg, Unbezahlte Frauenarbeit - Basis der Wirtschaft
Katzenelnbogen	08.-24.04.1992	Volksbank	Gemeindebücherei Inge Klose, Sylvia Sehr, Gudrun Weis.	Unbezahlte Frauenarbeit - Basis der Wirtschaft
Kiel	22.11.1990	Ratssaal im Rathaus	Gleichstellungsstelle, DAG Frauengruppe, ÖTV in der Stadtverw. und Komba	Arbeit - unser Leben? Aktionstag
Kirchheim unter Teck	24.02.-06.03.1994	Familienbildungsstätte Vogthaus	Andrea Bürker	Unbezahlte Frauenarbeit - Basis der Wirtschaft
Kirchheimbolanden	08.04.1989	Kreisverwaltung	dhg LV Wiltraud Beckenbach und Gleichstellungsbeauftragte Ingrid Schlabach	Frauenforum
Kitzingen	13.-20.06.1993	Landratsamt, Eingangshalle	Gleichstellungsbeauftragte Barbara Fackelmann und "Frauen aktiv" Kitzingen	Unbezahlte Frauenarbeit - Basis der Wirtschaft
Kleve	13.05.1996	Im Ratskrug Materborn	Lieselotte Pastoors	ÖDP-Treffen Unbezahlte Frauenarbeit? Nein Danke!
Klingelbach	07.04.1992	Dorfgemeinschaftshaus Gemeindebücherei	Gemeindebücherei Inge Klose, Sylvia Sehr, Gudrun Weis.	Unbezahlte Frauenarbeit - Basis der Wirtschaft
Köln-Riehl	18.-20.03.1994	Jugendgästehaus	Arbeitsgemeinschaft freier Stillgruppen (AFS), Anne Pfeiffer, dhg.	Jahresmitgliederversammlung der AFS
Kreuzau	29.04.-13.05.1997	Rathaus Foyer	Gleichstellungsbeauftragte Frau Meinhards und Gleichstellungsbeauftragte der Kreisverwaltung Düren Sybille Haußmann	"Schöner Schein" im Rahmen der NRW-landesweiten Aktion: Chancengleichheit im Beruf
Landshut-Achdorf	13.-26.09.1993	Kreiskrankenhaus Foyer	Kreisrätin und Kreisbäuerin Brigitte Langwieser, Frauenbeauftragte des Landkreises Frau Flieser-Hartel mit Frau Sieber	Unbezahlte Frauenarbeit - Basis der Wirtschaft
Langenhagen	01.-06.03.1989	Stadtbibliothek	dhg OV, Hildegard Urbainczyk, VHS, Gleichstellungsbeauftragte Frau Schilken, Stadtbibliothek	Frauenkulturtage, "Frauen können Mehr"
Lauda	15.-27.11.1994	Sparkasse	offene Gruppe politisch interessierter Frauen mit dhg Irmi Staehler, Kreisfrauenbeauftragte Marga König, Gleichstellungsbeauftragte der Stadt Wertheim Frau Stefan	Aktionswochen im Main-Tauber-Kreis vom 07.11. – 05.12.1994: Gewalt gegen Frauen hat viele Gesichter. Kampagne des Bundesministeriums für Frauen und Jugend. Schirmfrau Dr. Maria Gnad.
Leinfelden-Echterdingen	04.05.-19.05.1993	VHS am Neuen Markt, Flur im Erdgeschoß	VHS, Regina Golke-Lykke und dhg LV, Gesa Ebert	Muttertag, Unbezahlte Frauenarbeit - Basis der Wirtschaft

Stadt	Zeit	Gebäude/Raum/Straße	InitiatorIn/VeranstalterIn	Anlaß/Thema
Leonberg	17.-19.09.1990	Stadtbücherei	VHS, Brigitte Heidebrecht und dhg LV, Gesa Ebert	Treffpunkt Beruf, Unbezahlte Frauenarbeit - Basis der Wirtschaft
Leverkusen	08.03.1992	Lise-Meitner-Schule	Frauengleichstellungsstelle, Heidrun Etz-Jack, dhg, Leverkusener Frauenforum u.a.	Internationaler Frauentag
Lich	20.03.1992	VHS-Haus	Kreisvolkshochschule des Landkreises Gießen, Haushaltsunternehmenswissenschaftlerin Frau Dr. M. Ebsen-Lenz, Hessischer VHS-Verband/Frankfurt a. M.	Fachkonferenz des HUV Arbeitskreises "Hauswirtschaft", Thema: "Unbezahlte Frauenarbeit - Basis der Wirtschaft"
Ludwigsburg	17.-20.01.1991	Musikhalle	Bürgermeisterin und Frauenbeauftragte Dr. Gisela Meister, Büro für Frauenfragen und Frauenorganisationen aus Ludwigsburg und Umgebung	Ludwigsburger Frauentage: "Ehrenamt und unbezahlte Arbeit von Frauen"
Ludwigshafen	29.10.-16.11.1990	Gemeindebücherei Maxdorf	Kreisvolkshochschule Harry Krzyzaniak, die Referentin für Frauenfragen der Kreisverwaltung Ludwigshafen Ria Hillenbrand, dhg Wiltraud Beckenbach	Frau und Gesellschaft "Unbezahlte Frauenarbeit - Basis der Wirtschaft"
Mannheim	22.09.-13.10.1989	Katholisches Familienbildungszentrum	dhg OV Sabine Niegel	Unbezahlte Frauenarbeit - Basis der Wirtschaft
Mannheim-Herzogenried	19.06.-22.07.1989	Stadtbücherei in der Integrierten Gesamtschule Herzogenried	dhg OV Sabine Niegel	Unbezahlte Frauenarbeit - Basis der Wirtschaft
Markgröningen	14.-28.10.1994	Stadtbücherei	dhg Almut Lächele Joas, Frauentreff, Frauen für den Frieden, Stadtbücherei, Arbeiterwohlfahrt, gefördert vom Ministerium für Familie, Frauen, Weiterbildung und Kunst BW	Internationales Jahr der Familie Unbezahlte Frauenarbeit - Basis der Wirtschaft
Meldorf	01.-23.09.1992	"Ditmarsia"	Gleichstellungsbeauftragte, dhg und Mütterzentrumsfrau Anke Cornelius-Heide zusammen mit 10 haupt- und ehrenamtlichen Gleichstellungsbeauftragten im Kreis Dithmarschen	"Unbezahlte Frauenarbeit" ...was sie wirklich wert ist....Rentenanspruch durch Familienarbeit...
Messel	30.04.1990	Bürgerhaus	dhg Gabi Klee, DGB Ortskartell, SPD-Ortsverein	Zum Tag der Arbeit
Messel	01.05.1990	Waldgrillplatz	dhg Gabi Klee, DGB Ortskartell, SPD-Ortsverein	Maifeier und Waldfest
Mühlacker	11.03.1989	Foyer Mühlehof	Leitstelle zur Gleichstellung der Frau und dhg Pforzheim, Barbara Stephan, Irmgard Truschel	Frauen im Enzkreis, Fraueninformationswochen für Frauen und Männer
München	07.-12.06.1993	Messehalle	dhg Augsburg, Monika Bläßing	Deutscher Evangelischer Kirchentag
München	13.-14.04.1994	Sozialministerium	Deutsches Jugendinstitut (DJi), Annemarie Gerzer-Sass	Fachsymposium: "Familienkompetenzen nutzen"
München Allach/Untermenzing	04.-11.10.1998	Familienzentrum (FAM), St.Johannstr.	FAM: Marlies Kräenbrink, Sabine Gallinat, Silke Radloff	10 Jahre FAM, Tag der offenen Tür

Stadt	Zeit	Gebäude/Raum/Straße	InitiatorIn/VeranstalterIn	Anlaß/Thema
Nagold	28.02.-15.03.1996	VHS	VHS Oberes Nagoldtal Erika Frese, auf Initiative der dhg Frau und Museumspädagogin Frau Pahnke	Unbezahlte Frauenarbeit - Basis der Wirtschaft
Neuenbürg	17.-18.03.1989	Haus Buchberg	Leitstelle zur Gleichstellung der Frau und dhg Pforzheim, Barbara Stephan, Irmgard Truschel	Frauen im Enzkreis, Traueninformationswochen für Frauen und Männer
Neuwied	28.11.-09.12.1988	Foyer der Kreisverwaltung, Neuwied	dhg OV, Heidetraud Kluckow, Gleichstellungsbeauftragte des Landkreises Neuwied, Doris Szwed	Unbezahlte Frauenarbeit - Basis der Wirtschaft
Nürnberg	11.04.-27.05.1994	Frauengesundheits-treffpunkt Südstadt	Frauengesundheitstreffpunkt Südstadt und Frauenbeauftragte der Stadt Ida Hiller	"Wi(e)der ein verkochtes und verbügeltes Leben"
Nürtingen	08.03.1994	Haus der Familie	Frau Mayer-Scheffler	Internationaler Frauentag
Ochtrup	29.06.1996	Stadthalle Foyer	Gleichstellungsbeauftragte Anne Rengers	Informationsbörse für Frauen
Olching	14.-30.10.1996	Rathaus Foyer	Gleichstellungsbeauftragte Renate Michl	FrauenAktionswoche: Frauen Leben in Olching
Olpe	10.-24.05.1992	Altes Lyzeum	dhg OV Helga Rößner	Muttertag "Unbezahlte Frauenarbeit - Basis der Wirtschaft"
Osnabrück	01.07.1994	Mütter-Zentrum	Mütterzentrum e.V.	Tag der offenen Tür
Ostfildern	12.06.-01.07.1992	VHS an der Halle, Ostfildern-Nellingen, Foyer	VHS der Stadt Dagmar Mikasch-Köthner	FrauenArbeit
Quakenbrück	23.02.-24.03.1996	Mütter- und Frauenzentrum	Gleichstellungsbeauftragte Barbara Ferne	Eröffnung des Mütter- und Frauenzentrums
Ratingen West	24.05.1990	Versöhnungskirche	dhg Annemarie Kleffmann Pfarrerin Britta Tembe	Wortgottesdienst am Himmelfahrtstag und Missionsfest: "Frauenarbeit hier und überall"
Ravensburg	Januar 1995	Edith-Stein-Schule	Frauentagsteam Margit Hofmeister, Karl Hofmeister, Kolpingfamilie Bad Waldsee, KAB-junge Familien gefördert vom Ministerium für Familie, Weiterbildung und Kunst Baden-Württemberg Brigitte Unger-Soyka und der Frauenbeauftragten Doris Ziegler	Unbezahlte Frauenarbeit - Basis der Wirtschaft
Reinheim	15.-27.01.1992	Galerie im Hofgut, Frauen- und Mütterzentrum	dhg LV Gabi Klee, Verein "FrauenFreiRäume"	Einjähriges Bestehen des Vereins
Reutlingen	25.01.-03.02.1989	Nachbarschaftszentrum, Unter den Linden 47	Nachbarschaftszentrum und dhg LV, Gesa Ebert	Unbezahlte Frauenarbeit - Basis der Wirtschaft
Rüsselsheim	01.-30.09.1990	Stadtbücherei Foyer	Der Magistrat der Stadt, i.A. Maria Kurz	Unbezahlte Frauenarbeit - Basis der Wirtschaft

Stadt	Zeit	Gebäude/Raum/Straße	InitiatorIn/VeranstalterIn	Anlaß/Thema
Salzgitter Bad	20.02.-09.03.1995	Kaffeestube im Mütterzentrum	Mütterzentrum und 20 Frauengruppen der Stadt	Frauenwoche
Sarstedt	08./09.03.1997	Regenbogenschule	Frauenbeauftragte der Stadt, Gisela Böhm	"Mamma mia", Ansichten zum Arbeitsplatz Familie am Internationalen Frauentag
Silberstedt	23.10.-15.11.1995	Amt Silberstedt	Gleichstellungsbeauftragte Christiansen	Frauen schaffen Werte - Frauenarbeit und ihre volkswirtschaftliche Bedeutung
Sonnenbühl - Erpfingen	04.-11.02.1989	Feriendorf Sonnenmatte	dhg LV, Gesa Ebert	Unbezahlte Frauenarbeit - Basis der Wirtschaft
Spenge	25.04.-11.05.1995	Rathaus Galerie	Gleichstellungsbeauftragte der Stadt Heidrun Hellmann, Kulturamt der Stadt	Unbezahlte Frauenarbeit - Basis der Wirtschaft
Straubing	02.-24.04.1993	Volksbank	Frauenbeauftragte am Landratsamt Straubing-Bogen Karin Wutzlhofer und Gleichstellungsbeauftragte der Stadt Straubing Hedi Werner	Unbezahlte Frauenarbeit - Basis der Wirtschaft
Stuttgart	14.-16.10.1988	Rathaus der Stadt	Frauenbüro der Landeshauptstadt Stuttgart, Frauenbeauftragte, Dr Gabriele Steckmeister, Koordination; Anne Schilling, dhg Landesverband, Gesa Ebert	Frauen in Stuttgart, Frauen-Informations-Tage
Stuttgart	28.-30.04.1989	Haus Mitte	VHS, AG Frauen; dhg LV	Die Freiheit ist (k)ein Mann, Madame! Ein Wochenende zum Thema "Frauen und Abhängigkeit"
Stuttgart-Vaihingen	23.04.-23.05.1990	Mütterzentrum, Café Courage	Margret Weckerle und dhg LV, Gesa Ebert	Unbezahlte Frauenarbeit - Basis der Wirtschaft
Sundern	12.09.-07.10.1994	Rathaus Foyer	Familien- und Gleichstellungsbeauftragte der Stadt Edeltraud Walter	Unbezahlte Frauenarbeit - Basis der Wirtschaft
Tübingen	17.02.-10.03.1994	Casino, Kultur-Begegnungsstätte	Eltern- und Tageseltern-Verein Tübingen e.V., Kariane Höhn	Aktionswoche (zum Jahr der Frau), Mitgliederversammlung des Vereins
Ulm	25.09.-23.10.1996	Stadtteil-Laden, Weststadt	Arbeitsgemeinschaft West, dhg BW Ursula Metz	Unbezahlte Frauenarbeit - Basis der Wirtschaft
Unterschleißheim	04.-22.10.1993	Haus der Nachbarschaftshilfe	Familienzentrum, Nachbarschaftshilfe e.V., Gleichstellungsbeauftragte der Gemeinde Elisabeth Brecht	Unbezahlte Frauenarbeit - Basis der Wirtschaft
Villingen	März 1998	Muslen Zentrum (evang. Gemeinde)	dhg Barbara Martin	Internationaler Frauentag; Frauenbörse
Villingen - Schwenningen	11.-22.11.1991	Sparkasse Villingen-Schwenningen, Zweiganstalt Schwenningen	VHS, Fachbereichsleiterin Annelie Müller-Franken	Hausfrauenarbeit Unbezahlte Frauenarbeit - Basis der Wirtschaft

Stadt	Zeit	Gebäude/Raum/Straße	InitiatorIn/VeranstalterIn	Anlaß/Thema
Walldorf/ Mörfelden	01.12.1990	Stadthalle Walldorf	AsF, Groß-Gerau, Gabriele Horst	Frauenfest
Wangen/Allgäu	06.-20.03.1998	Öffentliche Bücherei im Kornhaus	Frauengruppe "FrauenRad" Mechtild Schmidt-Wünkhaus, Bücherei Gisela Stetter, dhg Andrea Wartemann	Internationaler Frauentag: Frauen Arbeiten
Weikersheim	28.11.-05.12.1994	Volksbank	offene Gruppe politisch interessierter Frauen mit dhg Irmi Staehler, Kreisfrauenbeauftragte Marga König, Gleichstellungsbeauftragte der Stadt Wertheim Frau Stefan	Aktionswochen im Main-Tauber-Kreis vom 07.11. – 05.12.1994: Gewalt gegen Frauen hat viele Gesichter. Kampagne des Bundesministeriums für Frauen und Jugend. Schirmfrau Dr. Maria Gnad.
Weiterstadt	04.-12.06.1991	Bürgerzentrum Foyer	Frauenbeauftragte der Gemeinde Uschi Zboril	Unbezahlte Frauenarbeit - Basis der Wirtschaft
Wertheim	07.-14.11.1994	Sparkasse	offene Gruppe politisch interessierter Frauen mit dhg Irmi Staehler, Kreisfrauenbeauftragte Marga König, Gleichstellungsbeauftragte der Stadt Wertheim Frau Stefan	Aktionswochen im Main-Tauber-Kreis vom 07.11. – 05.12.1994: Gewalt gegen Frauen hat viele Gesichter. Kampagne des Bundesministeriums für Frauen und Jugend. Schirmfrau Dr. Maria Gnad.
Wildeshausen	22.08.-11.09.1989	Kreishaus Foyer	dhg Ute Piecura, Gleichstellungsbeauftragte des Landkreises Oldenburg Hildegard Kornemann	Unbezahlte Frauenarbeit - Basis der Wirtschaft
Winsen/Luhe	04.-29.10.1993	Marstall Foyer	Frauenbeauftragte des Landkreises Harburg Irene Dilger und Kreis VHS in Hanstedt	Unbezahlte Frauenarbeit - Basis der Wirtschaft
Wissen	02.-09.03.1990	Volksbank	dhg Gisela Knäpper-Schmidt	Frauentag
Wolfsburg	12.-23.09.1988	Kulturzentrum Foyer	dhg Ortsverband, Marianne Grams	Unbezahlte Frauenarbeit - Basis der Wirtschaft
Worms	01.-15.03.1994	Haus zur Münze, Kleiner Saal	dhg Monika Kuhn, Gleichstellungsbeauftragte Astrid Schmidt, Stadtbibliothek Herr Johannes	Internationaler Frauentag Jahr der Familie
Worms	10.-14.03.1997	Haus zur Münze	Gleichstellungsstelle, Birgit Löwer, Stadtbibliothek, dhg, Monika Kuhn	Aktionswoche anläßlich des Internationalen Frauentages

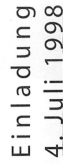

Evangelische Landeskirche in Baden

Forum

Sich über Arbeit neu vertragen – zuhause und weltweit

Einladung
4. Juli 1998

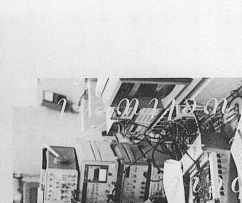

Dauth, Kaun & Partner · 76133 Karlsruhe

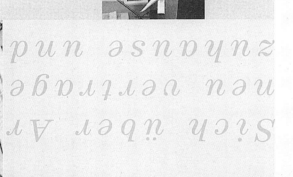

Frauenarbeit
der Evangelischen
Landeskirche
in Baden

Blumenstraße 1-7
76133 Karlsruhe
fon 07 21 / 91 75-3 23
fax 07 21 / 91 75-3 20

Zu den Ausstellungen

„Schöner Schein"

Ein neuer Blick auf Alltägliches:
Die Bilder von Familien- und Hausarbeit, unterlegt mit Texten, die auf die sozialpolitische und volkswirtschaftliche Bedeutung dieser Arbeit hinweisen, eröffnen neue Zugänge.

Fotos und Texte: *Anne Happersberger-Lüllwitz,
Mitglied der Deutschen Hausfrauengewerkschaft.*

„Mädchen und Frauen in gewerblich-technischen Berufen"

werden in der Fotoausstellung an ihrem Arbeitsplatz gezeigt. Die Texte und Interviews geben einen Einblick in ihre beruflichen Erfahrungen und verdeutlichen die Bedeutung der Sozialisation.

Fotos: *Nüle*
Texte: *Eva Adam*
Interviews: *Frauenbüro Pforzheim*

Gesamtmoderation:
Eva Adam, Leitung der Frauenarbeit, Karlsruhe

Moderation des Runden Tisches und des Plenums:
Karine Vereecken, Unternehmensberaterin, Karlsruhe

Sich über Arbeit neu vertragen – zuhause und weltweit

Programm 4. Juli 1998

Mit dem Forum Sich über Arbeit neu vertragen – zuhause und weltweit verbindet unsere Landeskirche die Absicht, sich am Ende der Dekade „Kirchen in Solidarität mit den Frauen" in die Diskussion um die Neuverteilung der Arbeit einzumischen. Mit ExpertInnen und Experten aus Wissenschaft, Wirtschaft, Gewerkschaft und Verwaltung wollen wir uns folgenden Fragen stellen:

Läuft die gesellschaftliche Diskussion in die richtige Richtung, wenn sie sich ausschließlich mit dem Ziel Vollbeschäftigung befaßt?

Müssen neue Gesellschaftsverträge über Arbeit entwickelt werden, die eine Absicherung von Familien auch ohne Erwerbsarbeit garantieren?

Welche Rolle können hierbei die Kirchen spielen?

Frauen tragen zuhause und weltweit die Hauptverantwortung für die Erziehung der Kinder, für die Alten- und Krankenpflege und für die Beziehungsarbeit. Im Forum sollen ihre Erfahrungen deshalb besonders in die Debatte einbezogen werden und Impulse zu neuen Modellen geben.

Auf Ihr Kommen freuen sich im Namen der Dekadeausschüsse in der Landeskirche

Dr. Ulrich Fischer
Landesbischof

Elisabeth Winkelmann-Klingsporn
Landessynodale, Vorsitzende des Dekadeausschusses der Frauenarbeit

---

9.30 Uhr **Ankunft** bei Kaffee, Tee und Brezel

10.00 Uhr **Begrüßung**
Dr. Ulrich Fischer, Landesbischof

10.15 Uhr **Einführung**
Eva Loos, Landespfarrerin

10.30 Uhr **Referat**
Prof. Dr. Uta Meier, Wirtschaftslehre des Privathaushalts und Familienwissenschaft, Universität Giessen
anschließend Möglichkeit zu Rückfragen

11.15 – 11.30 Uhr **Pause**

11.30 Uhr **Referat**
Prof. Dr. Hans-Günter Krüsselberg, Volkswirtschaftslehre und Wirtschaftspolitik, Universität Marburg
anschließend Möglichkeit zu Rückfragen

12.15 Uhr **Mittagspause**

Fotoausstellungen
„Schöner Schein"
(Deutsche Hausfrauengewerkschaft)

„Mädchen und Frauen in gewerblich-technischen Berufen"
(Frauenbüro Pforzheim)

14.00 Uhr **Runder Tisch:**
Prof. Dr. Monika Simmel-Joachim, Fachbereich Sozialwesen, Fachhochschule Wiesbaden

Ruth Merckle, Unternehmerin, Mitglied im Vorstand des Arbeitskreises Evangelischer Unternehmer in Deutschland, Blaubeuren

Dr. Andrea Günter, Theologin, Germanistin, Freiburg

Sabine Leidig, DGB Kreisvorsitzende Mittelbaden, Karlsruhe

Siegfried Stresing, Geschäftsführer des Landesfamilienrats, Stuttgart

15.00 Uhr **Plenum**

15.45 Uhr **Schlußwort**
Margit Fleckenstein, Präsidentin der Landessynode

16.00 Uhr Ende der Veranstaltung

Zur Eröffnung der Ausstellung

Unbezahlte Frauenarbeit - Basis der Wirtschaft

am Dienstag, dem 3. März 1998, um 20.00 Uhr, in der Balinger Zehntscheuer (Neue Straße 59), laden wir Sie und Ihre Freunde herzlich ein.

Dr. Edmund Merkel
Oberbürgermeister

Begrüßung

Eröffnung und Einführung
Ursula Metz,
Landesvorsitzende der Deutschen Hausfrauengewerkschaft e. V.

Musikalische Umrahmung
Querflötenensemble „Fluting Girls".
Leitung: Christine Köhler, Balingen

Anschließend Empfang

Begleitend zur Ausstellung „Unbezahlte Frauenarbeit" in der Zehntscheuer Balingen:

Plakatwand der Eltern-Kind-Gruppen der Evang. und kath. Kirchengemeinde Balingen
Büchertisch der Stadtbücherei Balingen „Frauenarbeitsleben".
Infostand des Deutschen Hausfrauen-Bundes.
Ausbildungsmöglichkeiten für Landfrauen zum Thema „Computertätigkeiten in der Landwirtschaft", 13./14. und 27./28. März
mit Möglichkeit einer Computeranalyse des Arbeitszeitbedarfs im Haushalt ("Haushaltszeitkompaß"),
Austand des Amtes für Landwirtschaft Balingen zum Thema „Haushalt", 24./25. März.

Dienstag
31. März, 19.30 Uhr
...gespräch: **„Soziale Sicherung für Frauen"**,
mit Birgit Bender (MdL) und Ursula Metz
(Landesvorsitzende der DHG).
Zehntscheuer Balingen
...nis 90/Grüne

Gespräch und Diskussion: Die Frau, das multifunktionale Wesen",
CDU-Frauen-Union
mit Ingrid Blank (MdL),
Zollernschloß Balingen
Gesprächsabend: „Ohne uns geht gar nichts!
Bürgerkontakt Balingen
Frauen im Ehrenamt",
mit ehrenamtlich tätigen Frauen aus drei Generationen.
Wie hat sich die persönliche Einstellung zum Ehrenamt gewandelt?
Donnerstag
2. April, 19.00 Uhr
Bürgerkontakt, Friseurstraße 9

Hausarbeit ist ein wesentlicher Teil des Lebens, zu Unrecht unterbewertet und verdrängt. Diese Wanderausstellung der Deutschen Hausfrauengewerkschaft e. V. klärt darüber auf. Die Fotos und die ausführlichen, kenntnisreichen Beschreibungen eröffnen auch den in Hausarbeit Erfahrenen neue Einblicke.

Schöner Schein

Unbezahlte Frauenarbeit – Basis der Wirtschaft

Foto-Ausstellung mit Bildern und Texten von Anne Happersberger-Lüllwitz

Bad Waldseer Bank, Bahnhofstraße 5, vom 3.12.1994 bis 5.1.1995

Veranstalter: Frauentagsteam, KAB-Junge Familien,
Katholischer Frauenbund, Kolpingsfamilie Bad Waldsee

Gefördert vom
Ministerium für Familie, Frauen, Weiterbildung und Kunst Baden-Württemberg
sowie der
Frauenbeauftragten des Landkreises Ravensburg

... Pflege von Brauchtum und Traditionen bedeutet Hausarbeit ...

In völligem Kontrast zur handwerklichen Schwerarbeit zwecks Erhaltung der Wohnqualität steht das sechste Bild mit der Vorbereitung auf ein Fest, das zur Erhaltung des seelischen Gleichgewichts dient.

Die Frau zündet die Kerzen am Weihnachtsbaum an.

Die Geschenke für alle sind gewählt, besorgt, liebevoll bis in die Nächte hinein verpackt worden. Das Festessen ist vorbereitet, an Freunde und Verwandte wurden Weihnachtsgrüße verschickt und eventuelle Besuche vorbereitet und vorbereitet. Die Weihnachtsbäckerei schaffte schon seit Wochen eine duftende Atmosphäre - der Baum ist besorgt und kunstvoll geschmückt ... Die Spannung und Erwartungen auf das Fest sind hoch ...

Jede Gemeinschaft, von den Indianern bis zu den Japanern, drückt ihre Kultur auch in ihren Festen aus. Feste dienen - neben vielem anderen - zur Stärkung der Verbindung von Menschen untereinander, ihrer Vergangenheit, Gegenwart und Zukunft. Sie sind lebenswichtig für Seele, Körper und Geist. Feste geben Kraft für den Alltag. Sie müssen vorbereitet, gestaltet und nachbereitet werden; Arbeit, die überwiegend von Frauen geleistet wird.

Zur Weitergabe von Kultur und Wertvorstellungen an die nächste Generation gehört auch - die Auseinandersetzung mit ihren kritischen Fragen. Eine Fünfjährige fragte z.B. ihre Mutter: "Wieso ist Gott der Vater, wenn Josef der Vater ist?"

Eine andere Frau stellt fest: "Wenn du Mutter wirst, mußt du vieles hinterfragen, nachlesen, dich informieren, dir Wissen aneignen, wenn du deinen Kindern Fragen beantworten willst. Kinder hinterfragen alles."

Zur Person:
Anne Happersberger-Lüllwitz, Sozialpädagogin, zwei Söhne, zur Zeit Familien-Haus-Frau in universitärer Weiterbildung; Gründungsmitfrau der Deutschen Hausfrauengewerkschaft (dhg), von 1987 bis 1993 Redaktionsleiterin der dhg-Rundschau, Autorin und Organisatorin der dhg-Bildungswerk-Wanderausstellung: Unbezahlte Frauenarbeit – Basis der Wirtschaft.

Impressum: Verantwortlich für den Inhalt: Karl Hofmeister, KAB-Junge Familien, Bad Waldsee

Rahmenprogramm

Bad Waldsee

Mittwoch, 30. 11. 1994
14.00–16.00 Uhr

BfA-Rentenberatung auch für Familienfrauen
Die Versichertenälteste der BfA, Frau Berta Schempp, gibt Auskünfte über Fragen zur Angestelltenrentenversicherung. Telefonische Voranmeldung bei der Barmer, Tel. 07524/3311.
Ort: Geschäftsstelle Barmer, Bad Waldsee

Samstag, 3. 12. 1994
20.00 Uhr

Vortrag von Anne Happersberger-Lüllwitz
„Haben Mütter Macht?"
Von emanzipationswilligen Frauen und manchen Männern ist zu hören, daß Mütter ihre Macht mit den Vätern teilen müßten, um sich zu emanzipieren. Haben Mütter überhaupt Macht, ist die Frage, die näher betrachtet werden soll.
Ort: Kath. Gemeindehaus Bad Waldsee, Seminarraum 1, Eingang 4.

Sonntag, 4. 12. 1994
10.30 Uhr

Vernissage mit Anne Happersberger-Lüllwitz
Grußworte
Dialog in Bewegung: Die Leistungen der Mütter
Es unterhält die Gruppe „Calabasse" – Musik mit afrikanischen Trommeln.
„Wer die Verantwortung trägt, muß auch die Macht haben", sagte ein Politiker. Trifft diese Aussage auf Mütter zu? Anhand der Ausstellung sollen die Qualifikationen, Verantwortungen und Leistungen der Familien-Haus-Frauen vergegenwärtigt werden. Damit soll in Familien-Frauen ein Bewußtsein geweckt oder bestätigt werden von der weitreichenden gesellschaftlichen, wirtschaftlichen, sozialen und politischen Bedeutung der eigenen Arbeit und der eigenen Person. Dieses Bewußtsein ist die Voraussetzung, die Differenz zwischen Verantwortung und Macht zu erkennen, um etwas dagegen zu unternehmen.
Referentin: Anne Happersberger-Lüllwitz
Ort: Bad Waldseer Bank, Bahnhofstraße 5, Bad Waldsee

Donnerstag, 8. 12. 1994
20.00 Uhr

Schöner Schein –
die Wirklichkeit der Sozialhilfe für Familien und Alleinerziehende.
Referentin: Isolde Prochnau, Mitarbeiterin in der Beratungsstelle für Geburtenregelung, Schwangerschaftshilfe, Partner + Sexualberatung Ravensburg, Kreisrätin der Grünen.
Ort: Kath. Gemeindehaus Bad Waldsee, Peterskeller, Eingang 3.

Montag, 12. 12. 1994
20.00 Uhr

Wiedereinstieg ins Berufsleben: (Un-?)möglich für Frauen mit Familie?
Immer mehr Frauen möchten Familie und Beruf miteinander vereinbaren. Der berufliche Wiedereinstieg ist jedoch häufig mit Fragen und Problemen verbunden, denn vieles muß neu organisiert und strukturiert werden. In vielen Fällen hat sich das Berufsbild verändert – Wissenslücken sind da. Manchmal möchten Frauen sich beruflich auch noch mal ganz neu orientieren... Der heutige Abend soll Antworten auf Fragen dieser Art geben. Konkrete Informationen sollen Wege aufzeigen, wie der berufliche Wiedereinstieg geplant werden kann.
Referentin ist Frau Birgit Vogelsang, Leiterin der Kontakt- und Beratungsstelle „Frau und Beruf" in Ravensburg.
Ort: Kath. Gemeindehaus Bad Waldsee, Seminarraum 1, Eingang 4.

Dienstag, 13. 12. 1994
20.00 Uhr

Gewalt gegen Frauen und Kinder – Abhängigkeiten als Grundlage für Gewalt – welche anderen Faktoren können ebenfalls zu Gewaltverhältnissen beitragen.
Frau Waltraut Mielke-Ruckh vom Verein „Frauen helfen Frauen e. V." und die Frauenbeauftragte des Landkreises, Frau Doris Zieger, möchten mit an diesem Thema interessierten Frauen ins Gespräch kommen.
Ort: Kath. Gemeindehaus Bad Waldsee, Seminarraum 1, Eingang 4.

Mittwoch, 14. 12. 1994
20.00 Uhr

Frauentreff – Musikalischer meditativer Abend im Advent
mit Frau Wiesmüller.
Ort: Kath. Gemeindehaus Bad Waldsee, Seminarraum 1, Eingar 4.

Montag, 19. 12. 1994
20.00 Uhr

Wege zur Vereinbarkeit von Familie und Beruf.
Referent: Werner Langenbacher, Betriebsseelsorger
Ort: Kath. Gemeindehaus Bad Waldsee, Seminarraum 1, Eingang 4.

Die Ausstellung „Schöner Schein: Unbezahlte Frauenarbeit – Basis der Wirtschaft" geht im Januar als Wanderausstellung an die Edith-Stein-Schule in Ravensburg.

Grußworte

Im Internationalen Jahr der Familie ist es mir ein besonderes Anliegen, den Wert der in den Familien geleisteten Arbeit deutlich zu machen. Ein gerechter Ausgleich für diese Leistungen in Form eines verbesserten Familienlastenausgleichs ist dringend notwendig.
Familienarbeit bedeutet in erster Linie Frauenarbeit. Denn nach wie vor erbringen Frauen den Hauptteil der unbezahlten Familienarbeit. Sie sind es, die fast ausschließlich die Folgen einer Entscheidung für Kinder in unserer Gesellschaft tragen. Nicht nur die berufliche Laufbahn wird unterbrochen, es ergeben sich vor allem Lücken in der Versicherungsbiographie. Die Einbußen an Arbeitseinkommen und Rentenansprüchen sind erheblich. Deshalb ist neben der Reform des Familienlastenausgleichs im engeren Sinn die Verbesserung einer eigenständigen Alterssicherung für Frauen eine der dringlichsten gesellschaftspolitischen Aufgaben unserer Zeit.
Der Ausstellung „Unbezahlte Frauenarbeit – Basis der Wirtschaft" wünsche ich viele aufmerksame Besucherinnen und Besucher.

Brigitte Unger-Soyka
Brigitte Unger-Soyka MdL
Ministerin für Familie, Frauen,
Weiterbildung und Kunst
Baden-Württemberg

Die Arbeit einer Frauenbeauftragten konzentriert sich - neben der Alltagsarbeit - auf verschiedene Schwerpunkte. Die Frage nach der Lebensgestaltung, ebenso wie die Frage: wie wichtig ist 'Lebensplanung' für Frauen; welche Rahmenbedingungen müssen geschaffen werden, um unterschiedliche Entscheidungsspielräume für Planung zu öffnen, bewegen mich. Finden auch Ausdruck in den Veranstaltungen, die ich - gemeinsam mit anderen interessierten Frauen- anbiete. Die nächste Veranstaltung mit dem Thema: Lebensgestaltung: So will ich (nicht) leben! findet am Donnerstag, den 24. 11. 1994, 20.00 Uhr im Kornhaussaal in Ravensburg statt. Eine sogenannte 'Kamerafrau', eine berufstätige Mutter und Hausfrau sowie eine Gegnerin dieser Lebensformen, werden über ihre Lebensentwürfe diskutieren. Ich lade Sie herzlich ein, nehmen Sie teil, Ihre Meinung ist uns wichtig.
Meinen aktiven Weggefährtinnen in „Sachen Frau" in Bad Waldsee wünsche ich breite Resonanz mit ihrer Ausstellung 'Schöner Schein'.

Doris Zieger
Frauenbeauftragte des
Landkreises Ravensburg

Ausstellung „Schöner Schein" – Abschluß zum Jahr der Familie in Bad Waldsee.

Gleich einem Feuerwerk endet das Jahr der Familie in Bad Waldsee mit einer Vielfalt von Veranstaltungen. In dieser eindrücklichen Fotoausstellung und den erklärenden Texten wird ein einzigartiges Zeugnis über Umfang und Bedeutung der Häuslichen Familienarbeit abgelegt. In der heutigen Gesellschaft geschieht Anerkennung leider überwiegend auf finanzielle Art. Möge diese wertvolle und lebenswichtige Basisarbeit in Zukunft, auch finanziell, mehr anerkannt werden. Dabei ist es uns ein Anliegen, daß Frauen und Männer die gleichen Chancen haben, sich die Familienarbeit zu teilen. Gleichzeitig ist es uns wichtig, Impulse zu geben für eine bessere Vereinbarkeit von Arbeit und Familie. Dazu braucht es in den Betrieben familienfreundlicher Regelungen. Wir sind froh, daß im Rahmenprogramm diese Fragen aufgegriffen werden. Nun müssen Taten folgen.
Eine schöne Erfahrung war die breite Vernetzung und beispielhafte Zusammenarbeit vieler, welche diese vielfältigen Veranstaltungen 1994 möglich machten. Vielen Dank.
Im beiliegenden Blatt finden Sie einen Ausblick auf Veranstaltungen im nächsten Jahr, in welchem „Familie" auch weiterhin in Bad Waldsee ein Schwerpunkt bleibt.

Margit Hofmeister
Margit Hofmeister
Für das Vorbereitungsteam

VOLKSHOCHSCHULE vhs

Das neue Frauen Programm

September '91 bis Januar '92

Schwerpunktthema:
Hausfrauenarbeit

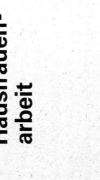

Abdruck mit freundlicher Genehmigung von J. Wolter

„Irgendwo muß es ja herkommen, das soziale Netz"

Villingen-Schwenningen

Frauenprogramm

010204 (V)
Treff für politisch interessierte Frauen
Edith Gepperth-Bernhard
Beginn: 17. Sept. 1991
6 mal dienstags
9.00–10.30 Uhr
VHS Schillerstr. 4 (V)
DM 11,– (10,–)

– die nicht mehr glauben, Politik sei Männersache,
– die Interesse an unterschiedlichen politischen Themen haben,
– die offen sind für Experimente, andere Meinungen, neue Ideen.

Unterstützt durch ausgewählte Bausteine aus dem »Grundkurs Politik« soll sowohl Grundwissen vermittelt werden, als auch über aktuelle politische Situationen diskutiert werden. Informationen und gemeinsame Themenauswahl am 1. Kurstag.

In Zusammenarbeit mit der Landeszentrale für politische Bildung Außenstelle Freiburg

010604 (V)
Treffpunkt Beruf
Dozententeam
Freitag, 11. Okt. 1991
19.00–21.00 Uhr
Samstag, 12. Okt. 1991
9.00–16.00 Uhr
Arbeitsamt Villingen Lantwattenstraße (V)
DM 10,–
(Mittagsimbiß kann gegen in der Kantine des Arbeitsamtes eingenommen werden). In Zusammenarbeit mit Arbeitsamt VS, Handwerkskammer Konstanz, IHK im Schwarzwald-Baar-Kreis

Angebot für Frauen mit und ohne Beruf, die sich zur Zeit der Familie widmen, aber später wieder ins Erwerbsleben wollen.
Der »Treffpunkt« bietet **Informationen** über
– Berufsaussichten für Frauen
– neue, krisenfeste Berufe
– Veränderungen in verschiedenen Berufen
– Möglichkeiten der Weiterbildung und Umschulung
Beratung, wie ein späterer Wiedereinstieg in den Beruf vorbereitet werden kann, **Erfahrungsberichte** von Frauen, die den Wiedereinstieg geschafft haben, sowie **Bewerbertraining** und **Fachreferate** zu Fragen des Sozialversicherungs- und Arbeitsrechts.
Für eine konkrete Umschulungs- und Weiterbildungsberatung bitte Arbeitsunterlagen (Rentenversicherungsbescheinigung u. ä.) mitbringen.
Anmeldung bis zum 4. Okt. 1991 in den VHS-Geschäftsstellen.

Gefördert vom Ministerium für Arbeit, Gesundheit und Sozialordnung

020501 (V)
Wochenendseminar
Sabine Frick
Samstag, 18. Jan. 1992
9.00–17.00 Uhr
VHS am Münsterplatz
DM 24,– (20,–)
max. 12 Teilnehmerinnen

Anmeldeschluß:
10. Jan. 1992

Bewerbungstraining
für Frauen, die sich beruflich verändern und dabei den Arbeitsplatz wechseln wollen sowie für Frauen, die neu oder wieder in den Beruf einsteigen wollen. Inhalt:
– Wie lese ich Stellenanzeigen richtig?
– Wo finde ich Informationen über neue Arbeitsmöglichkeiten?
– Anschreiben
– Lebenslauf
– Zeugnisse, Bescheinigungen
– Wie bereite ich mich auf ein Vorstellungsgespräch vor?
– Wie stehe ich Vorstellungsgespräche sicher durch?
– Test, und wie ich mich darauf vorbereiten kann …

Frauenprogramm

010001 (S)
Informationsveranstaltung
Dienstag, 17. Sept. 1991
20.00 Uhr
Karl-Haag-Saal, Stadtbibliothek am Muslenplatz (S)
kostenlos

Neuer Start ab 35
Motivierungs- und Orientierungskurs für Frauen. Sonderprojekt in Zusammenarbeit mit dem Ministerium für Arbeit, Gesundheit und Sozialordnung.
Diese Projekt will Frauen erreichen, deren Kinder erwachsen werden oder schon sind und deren Familienphase dem Ende zugeht. Das Kursangebot versteht sich **nicht** als Wiedereingliederungsversuch ins Berufsleben, vielmehr bietet es eine Entscheidungshilfe an für die zukünftige Gestaltung des Lebens dieser Frauen, die als Persönlichkeit – in der Mitte ihres Lebens – mit ihren ganz persönlichen individuellen Bedürfnissen, Fähigkeiten und Entwicklungsmöglichkeiten im Mittelpunkt stehen sollen.

010603 (V)
Beginn: 24. Sept. 1991
jeweils dienstags, mittwochs, donnerstags
8.15–11.45 Uhr
(120 Stunden)
VHS Metzgergasse (S)
DM 120,–

Über einen Zeitraum von 12 Wochen werden Psychologie, Pädagogik, Sprache und Kommunikation, Ryhthmik, Bildnerisches Gestalten, Gesundheitslehre, Recht, Institutionskunde, Arbeitsmarktlehre und Politik unterrichtet sowie ein 14tägiges Hospitationspraktikum in einem Betrieb oder einer anderen Einrichtung stattfinden.

Sonderprojekt in Zusammenarbeit mit dem Ministerium für Arbeit, Gesundheit und Sozialordnung

010301 (V)
Wochenendseminar
Mechthilde Gairing
4./5. Okt. 1991
Freitag, 20.00–21.30 Uhr
Samstag, 10–18.15 Uhr
VHS am Münsterplatz (V)
DM 47,– (42,–)

Anmeldeschluß
27. Sept. 1991
max. 16 Teilnehmerinnen

Frauen in der Lebensmitte
Frauen um die 40 sehen sich häufig mit großen Veränderungen konfrontiert. Die Kinder schwärmen mehr und mehr aus dem Haus, Freiräume tun sich auf und werden häufig aufgrund jahrelanger Gewohnheiten, aber auch Ängste und Unfähigkeiten nicht adäquat genutzt. Körperliche Veränderungen, Angst vor dem Älterwerden, Fragen nach dem Sinn und neuen Lebensinhalten, aufkommende Träume und Resignation über das, was bisher nicht gelebt werden konnte, beschäftigen »frau« in dieser Zeit und stehen in diesem Seminar zur Diskussion. Seminarziel ist das bewußte Wahrnehmen der eigenen Situation, die Konfrontation mit Ängsten und das Entwickeln kreativer Möglichkeiten, das weitere Leben bewußt in die eigenen Hände zu nehmen. Gespräche und meditative Entspannungsübungen.

010304 (V)
Wochenendseminar
Gabriele Klassen
28./29. Sept. 1991
Samstag, 10–18.00 Uhr
Sonntag, 10–15.00 Uhr
VHS am Münsterpl. (V)
DM 46,–
zuzügl. DM 2,– für Material an Kursleiterin
Anmeldeschluß 20. 9.
max. 16 Teiln.

Seminar für Frauen
Märchen und Mythen sind uralte Bilder von Lebensentwürfen, die bis heute einen nachhaltigen Eindruck bei uns hinterlassen. Mit Hilfe der Transaktionsanalyse und dem Medium des Malens spüren wir den Geschichten unseres Lebens – unserem Script – nach, verstehen es und gestalten und formen es, wenn erforderlich, neu. Mitzubringen sind: Eine Decke und bequeme Kleidung.
Empfohlene Literatur: Angela Waiblinger „Dornröschen", Kreuz-Verlag

Frauenprogramm

Warum ein VHS-Programm speziell für Frauen?

- weil Frauen andere Lebenserfahrungen haben als Männer.
- weil Frauen in ihren speziellen Lebenssituationen andere Fragen, Probleme und Freuden haben als Männer.
- weil die Gleichberechtigung von Frauen und Männern immer noch nicht selbstverständlich ist und Frauen und Männer sich täglich neu dafür einsetzen müssen.
- weil Arbeiten und Lernen in Frauengruppen Spaß macht.
- weil manchen Frauen der Weg in eine Frauen-Lerngruppe leichter fällt.

September 1991

Annelie Müller-Franken
Fachbereichsleiterin

Ideen, Vorschläge, Anregungen für Ihr Frauenprogramm nehme ich gerne entgegen. Bitte wenden Sie sich an Annelie Müller-Franken, VHS der Stadt Villingen-Schwenningen, Kronenstr. 12, 7730 VS-Schwenningen, Tel. 07720/82-2275.

Frauenprogramm

Fachbereichsleitung:
Annelie Müller-Franken, Sprechstunden nach Vereinbarung, ☎ 82 22 75 (vormittags)

Thema: Hausfrauenarbeit

»Und was erniedrigt die Hausfrauen? Die Selbstverständlichkeit zum Beispiel, mit der die Kinder und Ehemänner sitzenbleiben und sich bedienen lassen. – Die Unsichtbarkeit ihrer Arbeit, bei der sie allein immer wieder dieselben Teller zu spülen haben. – Es gibt keine Tätigkeit, die an sich erniedrigend ist. Alle Tätigkeiten sind gleichwertig! Fensterputzen, warum nicht? Das ist genausoviel wert wie Schreibmaschine schreiben. Erniedrigend wird es unter den Bedingungen, unter denen man das Fensterputzen verrichtet, in der Einsamkeit, der Nicht-Integration in die Gemeinschaft. . . .« Simone de Beauvoir

Unbezahlte Frauenarbeit – Basis der Wirtschaft
Fotoausstellung von Anne Happersberger-Lüllwitz (160101 – S)
Sparkasse Villingen-Schwenningen, Zweiganstalt Schwenningen, 11. bis 22. November 1991
Widersprüchlich sind die Aussagen, mit denen die Arbeit von Familienhausfrauen bewertet wird. Dies reicht von Diffamierungen und Diskriminierungen ihrer Person und Arbeit »Nur-Hausfrau – arbeitet nicht« – »Hausarbeit, nur eine Frage der Organisation« über die Idealisierung »Mutter ist die Beste! Unbezahlbar und unentbehrlich« bis zur marktwirtschaftlichen Berechnung »Hausarbeit ist DM 4000,– pro Monat wert«. In dieser Ausstellung werden Fotos und Texte gezeigt, die das Typische an der Familien-Hausarbeit dokumentieren, zum Beispiel die Vielfalt der Berufsbilder, die im Arbeitsbereich der Hausfrauen zusammenschmelzen: Handwerksberufe, Dienstleistungsberufe, medizinische, pädagogische, psychologische Berufe.

In Zusammenarbeit mit der Deutschen Hausfrauengewerkschaft e. V. dhg

Öffnungszeiten: montags bis freitags
8.00–12.15 Uhr
14.00–16.30 Uhr
donnerstags:
14.00–18.00 Uhr

010012 (S)
Vortrag mit Aussprache
Wiltraud Beckenbach
Stellvertretende Bundesvorsitzende der Deutschen Hausfrauengewerkschaft e. V.,
Montag, 11. Nov. 1991
19.00 Uhr
Sparkasse Villingen-Schwenningen
Zweiganstalt Schwenningen
Harzerstraße 22
Veranstaltungsraum
kostenlos

Gehalt für Familienarbeit – eine Alternative zur Erwerbstätigkeit?

Im Erwerbsleben wird mittlerweile akzeptiert, daß auch Frauenarbeit einen Wert hat. Nichterwerbstätigen Müttern wird die Anerkennung ihrer Arbeit bislang noch verweigert. Wir sprechen von der »Nur-Hausfrau«, »Nur-Kauffleuten«, »Nur-Lehrern«, »Nur-Chefs« spricht niemand. Ist es utopisch, daß Menschen, die diese gesellschaftlich wichtige Tätigkeit verrichten, dafür angemessen entlohnt werden? Ist es unumgänglich oder gar gewollt, daß dieser Personenkreis wirtschaftlich abhängig gehalten wird? Die Tätigkeit in Haushalt und Familie schafft Voraussetzungen für eine funktionierende Volkswirtschaft. Wir wollen diese Punkte diskutieren, gern mit Männern zusammen.

010013 (S)
Vortrag mit Diskussion
Sabine Niegel
Mittwoch, 6. Nov. 1991
20.00–21.30 Uhr
Beethovenhaus,
kleiner Saal (S)
DM 4,50 (3,50)

Ist Familienarbeit anti-emanzipatorisch?
Jede/r von uns hat in ihrem/seinem Leben irgendwann einmal Familienarbeit in Anspruch genommen. Dennoch ist das den wenigsten wohl bewußt, welch umfangreiche und gesellschaftlich wichtige Arbeit die Familienarbeit darstellt. Wenn von Sinnerfüllung und Anerkennung durch Arbeit gesprochen wird, ist in erster Linie die Erwerbsarbeit gemeint. Auch scheint in der öffentlichen Meinung die Emanzipation nur über bezahlte Arbeit möglich zu sein. In dieser Veranstaltung sollen die Gründe für den niedrigen Stellenwert der Familienarbeit im öffentlichen Bewußtsein herausgearbeitet werden, um eine Antwort auf die Frage zu finden, ob Familienarbeit ein Hindernis auf dem Weg zur Emanzipation ist, bzw. ob sie gar anti-emanzipatorisch ist.

010306 (S)
Wochenendseminar
Sabine Frick
Samstag, 25. Jan. 1992
9.00–17.00 Uhr
VHS Metzgergasse (S)
DM 24,– (20,–)
max. 14 Teilnehmerinnen

Anmeldeschluß
17. Jan. 1992

Selbstmanagement für Frauen in Haushalt und Freizeit
Nach einer allgemeinen Einführung in die Thematik (Was heißt »Selbstmanagement«? Wo liegen die Problemfelder? Brauchen wir Selbstmanagement?) werden Umsetzungsmöglichkeiten für die Praxis erarbeitet: Welche Ziele werden verfolgt? Prioritäten in der Durchführung der Ziele; Nutzen der Zeit; Planung und Gewinnung von Zeit; Organisation des Tages, des Lebens; Ordnen und Ordnungssysteme; Arbeitstechniken, Selbstkontrolle.

010302 (S)
Annelie Müller-Franken
Hildegard Jägers
Beginn: 26. Sept. 1991
donnerstags
9.00–11.00 Uhr
VHS Metzgergasse (S)
Die Gesprächskreise sind kostenlos; bei Vorträgen
DM 4,50 (3,50)

Café Regenbogen
Frauen jeden Alters sind eingeladen zum Gedankenaustausch, zu Information und Weiterbildung. Im Wechsel sind **Vorträge und Gesprächskreise** vorgesehen.
Neue Teilnehmerinnen sind jederzeit herzlich willkommen. Auch die Teilnahme an einzelnen Veranstaltungen ist möglich.

072305 (S)
Wochenseminar

Rhetorik – Redetraining für Frauen
siehe Sprachen

020401 (V)
Katharina Hirt
Beginn: 30. Sept. 1991
4mal montags
20–21.30 Uhr
VHS am Münsterplatz (V)
DM 24,– (20,–)
max. 20 Teilnehmerinnen

Frauengestalten aus Bibel- und Kirchengeschichte
Frauengestalten aus dem alten und neuen Testament und aus der Kirchengeschichte sollen im Mittelpunkt dieser Veranstaltung stehen. Die Stellung der Frau im Judentum und im Christentum soll dabei herausgearbeitet werden. Vorkenntnisse werden nicht vorausgesetzt.

FRAUEN KÖNNEN MEHR

Frauenkulturtage vom 1. bis 6. März 1989

EINE VERANSTALTUNG DER VOLKSHOCHSCHULE LANGENHAGEN
in Zusammenarbeit mit der Gleichstellungsbeauftragten & der Stadtbibliothek
Information:
VHS 7307-257 oder Gleichstellungsbeauftragte 7307-302 oder Stadtbibliothek 7307-480

MITTWOCH, 1. MÄRZ 1989

19.00 Uhr · VHS-Räume: Eröffnung
der zweiten Langenhagener Frauenkulturtage
durch Frau Bürgermeisterin Waltraud Krückeberg

anschließend: Ausstellungseröffnung
Rosa Reichenbach

Aquarelle, Kreide, Tuschearbeiten, Zeichnungen
Rosa Reichenbach, geb 1940. Ehe, Geburt und Erziehung von zwei Söhnen; gleichzeitig 1974-1980 Studium an der Hochschule für Bildende Künste Kassel (Graphik-Design, Freie Malerei). Schwerpunkt ihrer Arbeit ist „der Mensch in Bewegung" (Skizzen und Zeichnungen nach Proben von Ballett-Tänzern und Schauspielern). Seit 1980 Arbeit als freischaffende Künstlerin in Kassel.
Einzelausstellungen in der Bundesrepublik Deutschland, Frankreich, Ausstellungsbeteiligungen, Plakatentwürfe, Buchillustrationen und Geschenkartikelvertrieb.

SONNABEND, 4. MÄRZ 1989

20.00 Uhr · VHS-Räume: Diskussion
Schlucken und schweigen

— Wie Arzneimittel Frauen zerstören können —
Die Wissenschaftlerin und Journalistin Andrea Ernst, die Journalistin Ingrid Füller und die Ärztin und Psychotherapeutin Dr. Reinhild Geier erörtern in einem Gespräch die Problematik der Verschreibungspraxis von Ärzten.
Jahr für Jahr diagnostizieren Ärzte bei Frauen mehr als doppelt so viele Depressionen, Neurosen und Psychosen als bei Männern. Ausgerüstet mit dämpfenden, ruhigstellenden, schmerzlindernden oder angstlösenden Mitteln kehren die Frauen nach Hause und an ihren Arbeitsplatz zurück. Dort „funktionieren" sie oft wieder jahrelang reibungslos, aber ihr Körper gleicht einer Arzneimitteldeponie — ihre Gesundheit ist ruiniert.
Widersprüchliche Lebenszusammenhänge, die Konflikte, die zu den Störungen bei Frauen führen — können sie mit Pillen „geheilt" werden?

SONNTAG, 5. MÄRZ 1989

11.30 Uhr · VHS-Räume
Politischer Frühschoppen

Dient politische Arbeit von Frauen nur der Selbstverwirklichung oder bedarf der politische Raum des weiblichen Beitrags?
Männer und Frauen der im Rat Langenhagens vertretenen Parteien wollen miteinander und dem Publikum darüber diskutieren.

* Parallel zu dieser Veranstaltung findet in der Stadtbibliothek eine Kinderbetreuung statt.

16.00 Uhr · VHS-Räume: Autorinnenveranstaltung
Frauen in der Männerkirche

Prof. Dr. Uta Ranke-Heinemann, Autorin zahlreicher Veröffentlichungen, setzt sich als streitbare Theologin in ihrem 1988 erschienenen Buch „Eunuchen für das Himmelreich" mit antifeministischen, lustfeindlichen Positionen der katholischen Kirche von den Anfängen bis hin zu Johannes Paul II. auseinander.
Die Tochter von Gustav und Hilda Heinemann wurde 1927 in Essen geboren. Sie studierte in Oxford, Bonn, Basel und Montpellier evangelische Theologie. 1953 trat Uta Ranke-Heinemann zum katholischen Glauben über, gab ihr bisheriges Studium auf und studierte anschließend in München katholische Theologie.
1954 promovierte sie in katholischer Theologie; 1969 konnte sie sich als erste Frau der Welt in katholischer Theologie habilitieren.
1970 wurde sie zur Hochschullehrerin für katholische Theologie berufen und war damit auch die erste weibliche Professor für katholische Theologie in der Welt. Neben ihrer Lehrtätigkeit engagierte sich Frau Ranke-Heinemann im Bereich der Entwicklungs- und humanitären Hilfe, in den letzten Jahren auch in der Friedensbewegung. Innerhalb der katholischen Kirche erwies sich die streitbare Professorin als ein außerordentlich unbequem-kritischer Geist.
Sie polemisierte gegen den „Sexualpessimismus" der katholischen Moral, wandte sich gegen die Intoleranz in Mischehefragen und bezeichnete die kirchliche Lehre der Jungfrauengeburt als „zeitbedingtes Vorstellungsmodell", wofür ihr schließlich die kirchliche Lehrerlaubnis entzogen wurde.

* Parallel zu dieser Veranstaltung findet in der Stadtbibliothek Kinderbetreuung statt.

20.00 Uhr · Aula des Schulzentrums: Revue
Aspirin – feminin

Cornelia Niemann, Schauspielerin und Sängerin
Annemarie Roelofs, Posaune und Violine, Elisabeth Süßer, Klavier

ihren populärmedizinischen Ratschlägen.
Aber auch der Mann betritt durch sie die Bühne des Lebens: im Krankenhaus, Ort der Begegnung zwischen den Klassen und Geschlechtern, streng getrennt nach Krankenkassen.
Cornelia Niemann, Annemarie Roelofs und Elisabeth Süßer bieten eine Nummern-Revue aus Szenen, Texten und Melodien — lebensprall und bittersüß. „Lachen ist die beste Medizin!" Machen Sie sich schon mal frei!

MONTAG, 6. MÄRZ 1989
20.00 Uhr · Haus der Jugend und des Sports
Ohn-Macht und Gewalt

Kurzspielfilm mit anschließender Diskussion. Warum wird eine Frau zur Mörderin? Die Geduld der Frauen hat zwei Gesichter: Sie ist Ausdruck der Wehrlosigkeit gegen männliche Gewalt und Ausdruck der weiblichen Gefühlsmacht zugleich. Ist die Eroberung der Gewalt durch Frauen die einzige Alternative?
Dr. Claudia Bernardoni, Mitarbeiterin der Deutschen UNESCO-Kommission – Fachausschuß „Status der Frau", Bonn

MONTAG, 6. MÄRZ 1989
ab 22.00 Uhr – Café Monopol
Wir stoßen an:

Ausklang der 2. Frauenkulturtage bei Sekt und Musik

KULTURTAGE – FÜR FRAUEN UND MÄNNER!
Frauen können mehr

Dieser vor mehr als 10 Jahren vom Bundesministerium für Jugend, Familie und Gesundheit formulierte Slogan wollte Frauen Mut machen und war das Leitthema der ersten Langenhagener Frauenkulturtage im Februar 1988.
Auch 1989 lädt die Volkshochschule Langenhagen unter diesem Motto alle – Frauen und Männer – herzlich zur Teilnahme ein.
Die zweiten Frauenkulturtage in Langenhagen sind wieder eine Veranstaltung der Volkshochschule (VHS), die sie in Zusammenarbeit mit der Stadtbibliothek und der Gleichstellungsstelle durchführt, und zwar aus Anlaß des „Internationalen Frauentages" am 8. März. Bundesweit finden in dieser Zeit Veranstaltungen zur gesellschaftlichen Situation der Frauen statt.
1910 beschlossen etwa einhundert Frauen aus 17 Nationen, alljährlich einen Frauentag zu veranstalten, um u.a. die Forderung nach dem politischen Wahlrecht für Frauen öffentlich zu unterstützen.
Am 19. März 1911 wurde der „Internationale Frauentag" erstmalig begangen.
Das allgemeine Wahlrecht wurde am 12. November 1918 verkündet, und am 19. Januar 1919 konnte das von Frauen erkämpfte allgemeine aktive und passive Wahlrecht erstmals in Deutschland ausgeübt werden.
Im 1. Weltkrieg verboten, durfte der „Internationale Frauentag" in der Weimarer Republik wieder durchgeführt werden. Während der nationalsozialistischen Herrschaft wurde er erneut verboten.
In den letzten Jahren haben zahlreiche Frauengruppen die Tradition des „Internationalen Frauentages" wieder aufgegriffen.
Die 2. Frauenkulturtage in Langenhagen wollen nicht nur aktuelle Probleme von Frauen ansprechen, sondern es soll auch Frauen aus unterschiedlichen Lebenszusammenhängen ermöglicht werden, Standorte zu bestimmen und individuelle Ansätze zu entwickeln, selbstbewußter sich zu äußern und Rechte wahrzunehmen.
Neben Informationen und Gesprächen sollen Spaß und Unterhaltung nicht zu kurz kommen.

Veranstaltungsorte

Volkshochschule (VHS), Stadtbibliothek, Mensa und daunstairs: Konrad-Adenauer-Str. 15
Aula im Schülzentrum: Konrad-Adenauer-Str. 21-23
Haus der Jugend und des Sports & Café Monopol: Langenforther Platz 1

Michaela Huber liest aus: »Dein ist mein halbes Herz. Was Freundinnen einander bedeuten.« Musikalische Umrahmung durch das Amorosa-Ensemble. Veronica Kraneis, Flötistin, Cordula S. Hacke, Pianistin. Zahlreiche Konzerte im In- und Ausland.
Michaela Huber, Jahrgang 1952, Diplom-Psychologin und freie Journalistin, lebt in Kassel. Sie beschäftigt sich, ausgelöst durch ihr Engagement in der Frauenbewegung, seit vielen Jahren schwerpunktmäßig mit Frauenfragen. Sie ist unter anderem Mitherausgeberin des Buches »Blick nach vorn im Zorn. Über die Zukunft der Frauenarbeit« (Beltz, 1985)

FREITAG, 3. MÄRZ 1989
19.00 Uhr · Stadtbibliothek: Fotodokumentation
Unbezahlte Frauenarbeit

– Basis der Wirtschaft –

Die Vorsitzende des Beirates der Volkshochschule Langenhagen, Frau Dr. Elisabeth Witte, eröffnet die Fotodokumentation.

20.00 Uhr · Stadtbibliothek: Vortrag und Diskussion
Eines ist zuwenig – beides ist zuviel

– Frauen im Spannungsfeld zwischen Familie und Beruf –

Frauen leben im Zwiespalt: Ein Leben nur in der Familie ist vielen Frauen zu wenig, Berufstätigkeit und Familienarbeit sind oftmals zuviel. Und doch wollen die meisten Frauen beides, denn im Beruf wird in der Zusammenarbeit mit anderen etwas erlebt, was zu Hause nicht möglich ist und umgekehrt. In der Familie gibt es etliches, was die Arbeitswelt an Menschlichkeit vorenthält. Wie berufstätige Mütter ihre Arbeits- und Lebenssituation bewältigen, was ihnen Familie und Berufstätigkeit bedeuten, weshalb sie noch Angst nicht gleichberechtigt sind, was sich verändern müßte, — das sind zentrale Fragestellungen des Vortrages von Prof. Dr. Regina Becker-Schmidt, Universität Hannover, Sozialwissenschaftlerin.

SONNABEND, 4. MÄRZ 1989
16.00 Uhr · Stadtbibliothek: Lesung Erika Wisselinck*
Hexen

– Warum wir so wenig von ihrer Geschichte erfahren und was davon auch noch falsch ist –
Mit Beginn der frühen Neuzeit – Ende 15. Jahrhundert – wurden auf der Grundlage kirchlichen und weltlichen Rechts Millionen Menschen — zu fast 90% Frauen — systematisch ergriffen, abgeurteilt und getötet. Dieser hochpolitische Vorgang ist weitgehend unbekannt. Die politischen, gesellschaftlichen und ideologischen Zusammenhänge und Motivationen für das Schweigen und Herunterspielen dieser Morde verhindern eine endgültige Rehabilitation der Millionen Opfer bis heute – 500 Jahre nach Erscheinen des „Hexenhammers".

Erika Wisselinck, Journalistin, arbeitet seit 20 Jahren am Frauenthema: von aktuell-politisch bis Frauenphilosophie. Sie war viele Jahre beim Bayerischen Rundfunk als Moderatorin eines Frauenmagazins tätig und von 1972 – 1984 aktive Kommunalpolitikerin.
Bücher: Frauen denken anders (1984) · Hexen – Warum wir so wenig von ihrer Geschichte wissen und was davon auch noch falsch ist (1986) · Gesammelte Aufsätze aus drei Jahrzehnten (1988) Übersetzungen der Bücher: Mary Daly's Gyn/Ökologie (1981) · Reine Lust (1986).

*Parallel zu dieser Veranstaltung findet in der VHS Raum 5/6 Kinderbetreuung statt.

Bibliographie
zum Thema Familien-Hausfrauen-Arbeit
zusammengestellt von Helga Pätzold,
Anne Happersberger-Lüllwitz, Gesa Ebert und Jacqueline Poetschke

Adritti; Duelli; Klein; Minden (Hg.): Retortenmütter. Frauen in den Labors der Menschenzüchter. Reinbek 1985, Rowohlt Verlag.

Anger, Karla: Die Schattenleistungen - Einschätzung und Bewertung von Hausarbeit - .In: Kleiner Wirtschaftsspiegel, H. 8, 1988, Deutscher Sparkassenverlag, Stuttgart.

Badelt, Christoph: Wohlfahrtsproduktion privater Haushalte. In: Hauswirtschaft und Wissenschaft, 36/1988/5, S. 250-254.

Badinter, Elisabeth: Die Mutterliebe. Geschichte eines Gefühls vom 17. Jahrhundert bis heute. München 1984. Deutscher Taschenbuchverlag.

Bartholomea, Heike; Nokielski, Hans: Verbände im Schatten der Erwerbsgesellschaft. (Stiftung Der Privat Haushalt), Campus 1995.

Bauböck, Rainer: Wertlose Arbeit : zur Kritik der häuslichen Ausbeutung. Wien: Verlag für Gesellschaftskritik, 1991, 171 S.; ISBN 3-85115-138-0

Bayerisches Staatsministerium für Arbeit und Sozialordnung, Familie, Frauen und Gesundheit: "Familienkompetenz in der betriebl. Praxis", Bd. 1 "Familienkompetenz bei Personalentscheidungen", Bd. 2

Bayerisches Staatsministerium für Arbeit und Sozialordnung, Familie, Frauen und Gesundheit: Auf den richtigen Blickwinkel kommt es an - Familienkompetenzen nutzen, Möglichkeiten der Verwertbarkeit in der Arbeitswelt - Dokumentation, 13.-14. April 1994, München

Beck-Gernsheim, Elisabeth: Die Kinderfrage. Frauen zwischen Kinderwunsch und Unabhängigkeit. München, 1988, H. Beck Verlag.

Becker, Ulli; Eggen, Bernd und Andreas Suffner: Einkommenslagen und wirtschaftlich schwierige Situationen von Ehepaaren mit und ohne Kinder. In: Baden-Württemberg in Wort und Zahl, (1996)[4], S. 153-157.

Beer, Ursula: Zur Doppeldeutigkeit der Rede vom "Wert der Hausarbeit". In: Hauswirtschaft und Wissenschaft, 35/1987/4, S. 213-222.

Behning, Ute (Hrsg.): Das Private ist ökonomisch - Widersprüche der Ökonomisierung privater Familien- und Haushalts-Dienstleistungen. Berlin, Ed. Sigma, 1997, 229 S.; Serie: Forschung aus der Hans-Böckler-Stiftung; 4. ISBN 3-89404-864-6.

Benard, Cheryl, Schlaffer, Edit: Die ganz gewöhnliche Gewalt in der Ehe. Texte zu einer Soziologie von Macht und Liebe. Reinbek 1978, Rowohlt Verl.

Bennholdt-Thomsen, Veronika; Mies, Maria: Eine Kuh für Hillary. Die Subsistenzperspektive. München, Frauenoffensive, 1997; ISBN 3-88104-294-6.

Berghahn, Sabine: Frauen, Recht und langer Atem. Bilanz nach über 40 Jahren Gleichstellungsgebot in Deutschland in: Frauen in Deutschland 1945 - 1992, hrg. von Gisela Helwig, Hildegard Maria Nickel, Bonn 1993.

Berliner Dozentinnen: Frauen und Wissenschaft in Universitäten. Beiträge zur Berliner Sommeruniversität für Frauen. Berlin 1972, Courage Verlag.

Bernhard Fille, Heidi et al.: Weiberwirtschaft. Frauen-Ökonomie-Ethik. Luzern, Edition Exodus, 1994, ISBN 3-905575-90-6.

Bertram, Barbara; Bertram, Hans; Gensch, Ingo; Körner, Marita; v. Münch, Eva Marie; Ruland, Franz: Vater, Mutter - und Beruf?, Konrad-Adenauer-Stiftung e.V. (Hrsg.), 22 Aktuelle Fragen der Politik, Sankt-Augustin, 1995.

Betriebswirtschaftliches Institut der Eidgen. Techn. Hochschule Zürich: Wertschätzung der Haushaltsarbeit.

Biedermann, Hans: Die grossen Mütter. Die schöpferische Rolle der Frau in der Menschheitsgeschichte. Bern, München 1987.

Biermann, Pieke: "Das Herz der Familie", Lohn für Hausarbeit, Materialien für eine internationale feministische Strategie.
Olivaer Platz 15, 1000 Berlin 15, 1975.

Biffl, Gudrun: Der Haushaltssektor. Der volkswirtschaftliche Wert der unbezahlten Arbeit. In: Monatsberichte/Österreichisches Institut für Wirtschaftsforschung, 62/1989/9, S. 567-576.

Block, Irene; Enders, Uta; Müller, Susanne: Das unsichtbare Tagwerk. Mütter erforschen ihren Alltag. Reinbek 1981, Rowohlt Verlag.

Blosser-Reisen, Lore und Margit Seifert: Arbeitszeit- und Geldaufwand für die Lebenshaltung von Kindern verschiedener Altersgruppen in Familienhaushalten. In: Hauswirtschaft und Wissenschaft, 32(1984)3, S. 132-143.

Bodenmann-Ritter, Clara (Hg.): Joseph Beuys: Jeder Mensch ein Künstler. Gespräche auf der documenta 5/1972. Ullstein -Sachbuch 1988.
(Beuys forderte in diesen Gesprächen ein Hausfrauengehalt.).

Borchert, Jürgen: Innenweltzerstörung. Sozialreformen in die Katastrophe. Fischer Sachbuch 1989.

Brodersen, Ingke; Duve, Freimut (Hg.): Familienalltag. Frauensichten - Männersichten. Ein Report des Deutschen Jugendinstituts. Reinbek 1987.

Bund Schweizerischer Frauenorganisation (BSF) (Hg.): Wertschätzung der Haushaltarbeit - Ergebnis einer Studie über die Arbeitsschwierigkeit im privaten Haushalt. Zürich, Dokument-ID 0005500394.

Bundesminister für Jugend, Familie und Gesundheit (Hg.): Vergewaltigung als soziales Problem - Notruf und Beratung für vergewaltigte Frauen. Band 141, Stuttgart, Berlin, Köln, Mainz 1983.

Bundesministerium für Arbeit und Sozialordnung: Arbeitsplatz Haushalt - Der praktische Ratgeber - , Bonn 1995, Best.Nr. A 753.

Bundesministerium für Frauen und Jugend (Hg.): Frauen in der Bundesrepublik Deutschland. Bonn 1992.

Bundesministerium für Jugend, Familie, Frauen und Gesundheit: Forschungsbericht "Familienfrauen im mittleren Alter - Lebenssituationen und Zukunftsperspektiven". Bonn, 1990.

Bundesministerium für Familie, Senioren, Frauen und Jugend (Hrsg.): Zeit im Blickfeld. Ergebnisse einer repräsentativen Zeitbudgeterhebung. (Schriftenreihe des Bundesministeriums für Familie, Senioren, Frauen und Jugend; 121). Stuttgart 1996.

Burgard, Roswitha: Wie Frauen verrückt gemacht werden. Berlin 1980, Frauenselbstverlag.

Cécora, James: Die Bedeutung "informeller Wirtschaft" aus der Sicht privater Haushalte. In: Hauswirtschaft und Wissenschaft, 34/1986/3, S. 126-130.

Corea, Gena: Mutter Maschine. Reproduktionstechnologien - von der künstlichen Befruchtung zur künstlichen Gebärmutter. Berlin 1986, Rotbuch Verlag.

Cornelius, Ivar: Modellrechnungen zur wirtschaftlichen Lage von Familienhaushalten unterschiedlicher Kinderzahl. ("Materialien und Berichte" der Familienwissenschaftlichen Forschungsstelle im Statistischen Landesamt Baden-Württemberg; 19). Stuttgart 1987.

Cornelius, Ivar: Sozialökonomische Problemlagen von Familien in unterschiedlichen Lebensphasen. In: Sozialer Fortschritt, 37(1988)11, S. 247-250.

Cornelius, Ivar; Linder, Peter und Gerd-Rüdiger Rückert: Ökonomische Rahmenbedingungen der Familien. ("Materialien und Berichte" der Familienwissenschaftlichen Forschungsstelle im Statistischen Landesamt Baden-Württemberg; 15). Stuttgart 1986.

Deist Hilde; Böhner: Arbeitsbewertung in der Hauswirtschaft, Deutsche Gesellschaft für Hauswirtschaft e.V (Hrsg.), Verlag Karl M. Lipp, München

Delille, Angela; Grohn, Andrea: Blick zurück aufs Glück. Frauenleben und Familienpolitik in den 50er Jahren. Berlin 1985, Elefanten Press Verlag.

Der Justizminister des Landes Schleswig Holstein (Hg.): Gleichberechtigung der Frau. Dokumentation der 27. Helgoländer Richtertage, Kiel 1988.

Dessai, Elisabeth: Auf dem Weg in die kinderlose Gesellschaft. Rowohlt 1979.

Dessai, Elisabeth: "Kinder? Höchstens eins!" Vom Geburtenrückgang zur künstlichen Menschenproduktion? rororo Sachbuch 1985.

Deutsche Hausfrauengewerkschaft e. V. (Hg.):
- Modelle zur Finanzierung von Familienarbeit. Dokumentation der Fachtagung am 8. Oktober 1994, Bonn 1994.
- Wir stellen zur Diskussion: Lohn für Familienarbeit. Analyse und Konzept von Helga Hach van Scherpenberg. In: dhg-Rundschau, 3/87, S. 3, Bonn 1987.
- Wir stellen zur Diskussion: "Düsseldorfer Tarifpapier", von Heidede Morgenbrod. In : dhg-Rundschau, 1/88, S. 5, Bonn 1988.
- Warum soll es ein Gehalt für Familienarbeit geben?, von Petra Hüneke-Eisel. In: dhg-Rundschau, 4/89, S. 5., Bonn 1989.
- Was mein ist, ist nicht Dein. Zu den Folgen der Zugewinngemeinschaft, von Helga Hach van Scherpenberg. In: dhg-Rundschau, 1/88, S. 4, Bonn 1988.

Deutscher Bundestag:
- Bericht über die Lage der Familien in der Bundesrepublik Deutschland - Familienbericht. (Bundestagsdrucksache V/2532). Bonn 1968.
- Zweiter Familienbericht. (Bundestagsdrucksache 7/3502). Bonn 1975.
- Familien und Familienpolitik im geeinten Deutschland - Zukunft des Humanvermögens. Fünfter Familienbericht. (Bundestagsdrucksache 12/7560). Bonn 1994.

Deutscher Evangelischer Frauenbund e.V. (Hrsg.): Der private Haushalt, Werturteile - Vorurteile, anhalts - punkte, H. 5, 1980, Hannover

Deutsches Institut für Wirtschaftsforschung: Frauen in Familie und Beruf - Steigender Erwerbstätigkeit der Frauen steht keine Entlastung im Haushalt gegenüber - Wochenbericht 29/90, Berlin, 19.7.1990.

Deutsches Jugendinstitut München (Hg.): Wie geht's der Familie? Kösel Verlag 1988. (u. a. darin zu lesen: Die kurze Geschichte der Haus(frauen)-arbeit, von Ilona Ostner.).

Die Grünen und Verein Sozialwissenschaftliche Forschung und Praxis für Frauen e. V.: Frauen gegen Gentechnik und Reproduktionstechnik. Dokumentation zum Kongreß vom 19.-21.4.1985 in Bonn. Köln 1986, Volksblatt Verlag.

Die Grünen im Bundestag/AK Frauenpolitik (Hg.): "Frauen und Ökologie". Gegen den Machbarkeitswahn. 1987.

Dritte Sommeruniversität für Frauen 1978 e. V. (Hg.): Frauen und Mütter. Beiträge zur dritten Sommeruniversität von und für Frauen - 1978. Berlin 1979.

Doehrn, Roland: Die Wertschöpfung der Hausarbeit. In: Jahrbücher für Nationalökonomie und Statistik. - ISSN 00214027, 204(1), 1988, S. 83-86.

Dokumentationsgruppe der Sommeruniversität für Frauen e. V. Berlin (Hg.): Frauen als bezahlte und unbezahlte Arbeitskräfte. Beiträge zur 2. Berliner Sommeruniversität für Frauen - Oktober 1977. Berlin 1978.

Dörpinghaus, Eva: Hausfrau - (k)ein Beruf fürs Leben? - Wie frau das Beste daraus macht und auch wieder aussteigen kann. Zürich, Kreuz-Verlag, 1991, 118 S.; ISBN 3-268-00110-6.

Drohsel, Petra: Hausarbeit als Erwerbsarbeit. In: Aus Politik und Zeitgeschichte. Beilage zur Wochenzeitung "Das Parlament". ISSN 0479611x, 3/4, 1996, S. 40-46.

Eckert-Schirmer, Jutta: Das Kindeswohl im Wandel sozialwissenschaftlicher Interpretation. Zur Bedeutung psychologischer Konzepte im Prozeß der Politikberatung. Arbeitspapier Nr. 15 der Universität Konstanz, Sozialwissenschaftliche Fakultät, Mai 1995.

Edding, Cornelia: Einbruch in den Herrenclub. Von den Erfahrungen, die Frauen auf Männerposten machen. Reinbek 1983, Rowohlt Verlag.

Egner, Erich: Der Haushalt. Eine Darstellung seiner volkswirtschaftlichen Gestalt. Berlin 1952 und 1976.

Erler, Gisela; Jaeckel, Monika; Sass, Jürgen (Hg.): Mütter zwischen Beruf und Familie. Familienpolitik mit Mutterschaftsurlaub/Elternurlaub oder Erziehungsgeld? Was Frauen davon halten. Modelle und Meinungen aus fünf europäischen Ländern. Juventa Verlag 1983.

Fach, Wolfgang(Hrsg.): Not der Tugend - Tugend der Not : Frauenalltag und feministische Theorie. Opladen, Leske + Budrich, 1994, 96 S.

Franke, Alexa; Jost, Ingrid (Hg.): Das Gleiche ist nicht dasselbe. Zur subkutanen Diskriminierung von Frauen. Forum für Verhaltenstherapie und psychosoziale Praxis Bd. 10, Tübingen 1985.

French, Marilyn: Jenseits der Macht. Frauen, Männer und Moral. Reinbek 1985, Rowohlt Verlag.

Garhammer, Manfred: Die unbezahlte häusliche Dienstleistungsproduktion - Ein Beitrag zur Diskussion über Dienstleistungsbesonderheiten. In: Jahrbuch der Absatz- und Verbrauchsforschung. - ISSN 00213985, 35(1), 1988, S. 61.

Geißler, Heiner (Hg.): Abschied von der Männergesellschaft. Ullstein Sachbuch 1986.

Gerhard, Ute: Gleichheit ohne Angleichung. Frauen im Recht. München 1990.

Gerhard/Schwarzer/Slupik (Hg.): Auf Kosten der Frauen. Frauenrechte im Sozialstaat. Beltz Verlag 1988.

Geschäftsstelle der Deutschen Nationalkommission für das Internationale Jahr der Familie 1994 (Hrsg.): Familienreport 1994. Bericht der Deutschen Nationalkommission für das Internationale Jahr der Familie 1994. Trier 1994.

Gilligan, Carol: Die andere Stimme. Lebenskonflikte und Moral der Frau. Piper Verlag, München 1988.

Gimbutas, Marija: Die Zivilisation der Göttin. Die Welt des alten Europa. Hg.: Marler, Joan. Frankfurt a. M.: Zweitausendeins 1996.

Gimbutas, Marija: Die Sprache der Göttin. Das verschüttete Symbolsystem der westlichen Zivilisation. Frankfurt a. M.: Zweitausendeins 1996, 3. Auflage.

Glatzer, Wolfgang: Die Bedeutung der Haushaltsproduktion für Wirtschaft und Gesellschaft. In: Hauswirtschaft und Wissenschaft, 31/1983/5, S. 254-259

Göttner-Abendroth, Heide: Das Matriarchat, Band 1. Die Geschichte der Erforschung. Stuttgart 1988.

Gräbe, Sylvia (Hrsg.): Der private Haushalt als Wirtschaftsfaktor. (Reihe Stiftung Der Private Haushalt 13). Frankfurt/M., 1991.

Gräbe, Sylvia (Hrsg.): Der private Haushalt im wissenschaftlichen Diskurs. (Reihe Stiftung Der Private Haushalt 17). Frankfurt/M., 1993.

Gruppe feministischer Internationalismus (Hg.): Zwischen Staatshaushalt und Haushaltskasse. Frauen in der Weltwirtschaft. Hamburg 1987, edition CON.

Hach von Scherpenberg, Helga: Was mein ist, ist nicht Dein. Zu den Folgen der Zugewinngemeinschaft in: dhg Rundschau Nr. 1/88, Bonn 1988.

Haines, Elisabeth: Zeitbudgetstudie - wem nützt das? In: Hauswirtschaft und Wissenschaft. - ISSN 00178454, 44(1), 1996, S. 10-12.

Haller, Gret: Frauen und Männer. Zytglogge Verlag Bern 1988.

Hatzold, Otfried; Leipert, Christian: Erziehungsgehalt - Wirtschaftliche und soziale Wirkungen bezahlter Erziehungsarbeit der Eltern - Gutachten, erstellt i. A. d. Dt. Arbeitskreises für Familienhilfe e.V., Freiburg/Br., März 1996.

Hauenschild, Lydia: Wann trägt man als Mutter schon Seidenstrümpfe. Braunschweig 1989, Gerd J. Holtzmeyer Verlag.

Hauenschild, Lydia: Ohne Netz und doppelten Boden. Vom Umstand, mit Anstand Mutter zu sein. Braunschweig 1991, Gerd J. Holtzmeyer Verlag.

Haug, Frigga: Familienarbeit-Hausarbeit. In: Das Argument <Berlin>. ISSN 00041157, (207), 1994, S. 911-916.

Herzog-Appel, Ulrike und Stefan van der Velden: Haushaltsproduktion und Volkswirtschaftliche Gesamtrechnung. In: Wirtschaftswissenschaftliches Studium, 19(1990)7, S. 361-363.

Hesse, Klaus und Judt, Antje: Der Wert der Haushaltsarbeit. In: Oltersdorf, U. und Preuß, Th. (Hrsg.): Haushalte an der Schwelle zum nächsten Jahrtausend. Frankfurt/M., New York 1996, S.156-191.

Hesse, Klaus: "Die Wohlfahrtsgesellschaft vernachlässigt ihre Grundlage: Die Familie" Arbeitsbericht, Institut für Ernährungswirtschaft und Verbrauchslehre, Christian-Albrechts-Universität Kiel, 1998.

Hesse, Klaus; Stubbe, A.: Nutzung der KTBL-Datensammlung 'Haushalt' für makroökonomische Fragestellungen. In: Kuratorium für Technik und Bauwesen in der Landwirtschaft e.V. (Hrsg.): Nutzungsmöglichkeiten der KTBL-Datensammlung Haushalt. Münster-Hiltrup 1991, S.81-94.

Hessische Landeszentrale für politische Bildung (Hg.): Für Frauen eine Rolle vorwärts - eine Rolle rückwärts. Familienleben heute. Von Liebe - Zeit - Geld - Macht. Wiesbaden 1995.

Hilzenbecher, Manfred: Die (schattenwirtschaftliche) Wertschöpfung der Hausarbeit. Eine empirische Untersuchung für die Bundesrepublik Deutschland. In: Jahrbücher für Nationalökonomie und Statistik, 201/1986/2, S. 107-130

Himmelweit, Susan: The discovery of "unpaid work": The social consequences of the expansion of "work". In: Feminist Economics. ISSN 13545701, 1(2), 1995, S. 1-20

Höß, Alexandra: Hauswirtschaft hilft aus der Klemme. In: Rationelle Hauswirtschaft, 33/190963, S. 7-9

Holzendorf, Ulf; Zeissler, Peter: Hausarbeit - Dienstleistung oder Privatsache? In: Arbeit und Technik in der Schule. - ISSN 08634424, 7(12), 1996, S. 463-467

Hungerbühler, Ruth: Unsichtbar - unschätzbar: Haus- und Familienarbeit am Beispiel der Schweiz. In: Grüsch / Rügger, 1988, 320 S.; Serie: Reihe Arbeits- und Sozialwissenschaft; 11

Hye-Rim Song: Bewertung der Hausarbeit: Gesellschaftliche Perspektiven in westlichen Industrieländern und Korea. Universität Gießen, Dissertation 1992

Immenkötter, Ulrike: Die Wertschätzung der Haushaltsarbeit im Bewußtsein der Öffentlichkeit. In: Hauswirtschaft und Wissenschaft, 33/1985/3, S. 156-159

Institut für Entwicklungsplanung und Strukturforschung an der Universität Hannover: "Möglichkeiten zur aus- und fortbildungsverkürzenden Anerkennung von Familientätigkeit", Fachtagung, Bonn 7.11.1990

iwd (Informationsdienst des Instituts der deutschen Wirtschaft): Volkswirtschaftliche Gesamtrechnung - Hausarbeit unter der Zeit-Lupe - , Heft Nr. 23, 6.6.1991, S. 2

Jaeckel, Monika: Wer, wenn nicht wir? Zur Spaltung von Frauen in der Sozialarbeit. Eine Streitschrift für Mütter. München 1981, Verl. Frauenoffensive.

Jansen, Mechthild M.; Herrmann-Weineck, Regina (Hg.): Aufwertung hausar-beitsnaher Berufe. Dokumentation der Fachtagung 12.9.1991 im Hessischen Landtag. Wiesbaden: Hessische Landeszentrale für politische Bildung 1991.

Janssen-Jureit, Marielouise: Sexismus. Über die Abtreibung der Frauenfrage. Fischer TB 1987.

Kanacher, Britta: Ich bin Hausfrau - na und?! - Plädoyer für ein neues Selbst-verständnis. Solothurn / Düsseldorf, Walter, 1995, 139 S.; ISBN 3-530-41851

Karg, Georg (Hrsg.): Haushaltswissenschaftliche Erklärungsmodelle für die Verfügbarkeit und Verwendung von Ressourcen in Haushalten mit Kindern. (Studien zur Haushaltsökonomie; 7). Frankfurt/Main 1992, S. 1-3.

Katholische Bundesarbeitsgemeinschaft für Erwachsenenbildung/KBE (Hg.): Familientätigkeit als Baustein zur Weiterqualifikation in Beruf und Gesellschaft - Entwicklung und Erprobung von berufsbezogenen Weiterbildungsangeboten für Familienfrauen. Integrierte Ergebnisse des gleichnamigen Forschungs- und Modellprojektes. Bonn: KBE 1990.

Kempin, Emilie: Die Rechtsstellung der Frau. in: Der Existenzkampf der Frau im modernen Leben - seine Ziele und Aussichten. Zwanglos erscheinende Hefte hrsg. v. Gustav Dahms, Heft 5, Berlin 1895.

Kettschau, Irmhild: Wieviel Arbeit macht ein Familienhaushalt? - Zur Analyse von Inhalt, Umfang u. Verteilung der Hausarbeit heute. Dissertation, Dortmund, Pädagog. Hochschule Ruhr, 1980, 193 S.

Kettschau, Irmhild: Zur Theorie und gesellschaftlichen Bedeutung der Hausarbeit. In: Tornieporth, Gerda (Hrsg.): Arbeitsplatz Haushalt. Berlin 1989, S. 98-114

Kettschau, Irmhild; Barbara Methfessel (Hrsg.): Hausarbeit, gesellschaftlich oder privat? : Entgrenzungen - Wandlungen - alte Verhältnisse. Hohengehren, Schneider, 1991, 166 S.; ISBN 3-87116-265-5

Keuler, Dorothea: Undankbare Arbeit. Die bitterböse Geschichte der Frauenberufe. Tübingen, Attempto, 1993; ISBN 3-89308-193-3

Kickbusch, Ilona; Riedmüller, Barbara (Hg.): Die armen Frauen und Sozialpolitik. Frankfurt a. M. 1984, Suhrkamp Verlag.

Kickbusch, Ilona: Die Familialisierung der weiblichen Arbeit - Zur strukturellen Ähnlichkeit zwischen bezahlter u. unbezahlter Frauenarbeit. Konstanz, Hartung-Gorre, 1987, 312 S.; Serie: Konstanzer Dissertationen; 184. Zugl.: Konstanz, Univ., Diss., 1987. ISBN 3-89191-141-6

Kitteler, Gertraude: Hausarbeit. Zur Geschichte einer "Natur-Ressource". München 1980. Frauenoffensive Verlag.

Költsch Ruch, Kerstin: Familienkompetenzen - Rüstzeug für den Arbeitsmarkt. Eine arbeitspsychologische Untersuchung zum Qualifizierungspotential der Familien- und Hausarbeit für die Berufswelt. Bern, Edition Soziothek, 1997; ISBN 3-905584-68-9

Köppen, Ruth: Die Armut ist weiblich. Berlin 1985, Elefanten Press Verlag

Kontos, Silvia; Walser, Karin: ... weil nur zählt, was Geld einbringt: Probleme der Hausfrauenarbeit. Gelnhausen, Burckhardthaus-Laetare-Verlag, 1979,. 205 S.; ISBN 3-7664-0088-6

Kramer, Helgard: Grenzen der Frauenlohnarbeit: Frauenstrategien in Lohn- und Hausarbeit seit der Jahrhundertwende. Frankfurt/Main [u.a.], Campus-Verlag, 1986, 250 S.; Serie: Studienreihe des Instituts für Sozialforschung

Krüsselberg, Hans-Günter: Familienzeitbudgetstudie, Marburg, 1987

Küster, Christine: Leistungen von privaten Haushalten und ihre Erfassung in der Zeitbudgetforschung. Baltmannsweiler 1994.

Kuhn, Annette (Hg.): Die Chronik der Frauen. Dortmund 1992.

Lampert, Heinz: Zur Bedeutung von Haushalt und Familie in der Volkswirtschaftlehre. In: Hauswirtschaft und Wissenschaft, 41/1993/5, S. 202-205

Landau, Kurt (Hrsg.): Der Wert der Hausarbeit, Begriffslexikon und Arbeitsbewertungsverfahren. In Zusammenarbeit mit der Deutschen Gesellschaft für Hauswirtschaft e.V., Lexika-Verlag 1990, München, ISBN 3-89293-101-1

Landau, Kurt unter Mitarbeit von Imhof-Gildein, B.; Witthaut-Heimlich, G.; Wopalka, H.; Kaufmann, M.; Jaercke, F.: Arbeitswissenschaftliche Bewertung der Haushalts- und Familienarbeit, Stuttgart-Hohenheim, 1987. Hrsg.: Bayerisches Staatsministerium für Arbeit und Sozialordnung, Leitstelle für die Gleichstellung der Frauen, München, 1987

Landau, Kurt/ Deist, H./ Stüber, E.: Bewertung der Arbeit im Haushalt, Verlag Karl M. Lipp, München, 1994

Landau, Kurt: Ersatzanspruch der verletzten Hausfrau. In: 27. Deutscher Verkehrsgerichtstag 1989, S. 207-224. Hrsg.: Deutsche Akademie für Verkehrswissenschaft e.V., Hamburg

Landau, Kurt: Fragebogen zur EDV-gestützten Bewertung der Haushaltsarbeit, und EDV-Gutachten zur Bewertung der Haushaltstätigkeit (Berechnung des Entgelts für die Hausarbeit bei Ausfall der haushaltsführenden Person), Arbeitswissenschaft u. Haushaltstechnologie, Universität Hohenheim

Landau, Kurt: So viel ist eine Mutter wert - Schadenersatz nach Verkehrsunfall - zitiert in ADAC motorwelt 1/89

Landau, Kurt; Imhof-Gildein, B.: Arbeitswissenschaftliche Bewertung der Haushaltsarbeit zur Festlegung von Schadenersatzansprüchen. In: Deutsches Autorecht, 58, 1989, 5, S. 166-172

Landau, Kurt; Imhof-Gildein, B.: Das Hohenheimer-ADAC-Verfahren zur arbeitswissenschaftl. Bewertung der Hausaltsarbeit. Stuttgart-Hohenh., 9/88

Landeszentrale für politische Bildung BaWü (Hg.): Der Bürger im Staat. Thema: Familienpolitik. Heft 1, 3/89. Stafflenbergstr. 38, 7000 Stuttgart 1.

Langer, Ingrid: In letzter Konsequenz. Uranbergwerk. Die Gleichberechtigung in Grundgesetz und Bürgerlichem Gesetzbuch. In: Hart und Zart. Frauenleben 1920-1970. Sammelband, Berlin 1990.

Leipert, Christian; Opielka, Michael: Erziehungsgehalt 2000. Ein Weg zur Aufwertung der Erziehungsarbeit. Im Auftrag des Deutschen Arbeitskreises für Familienhilfe e. V., Freiburg i. Br., 1998; ISBN 3-9806156-0-X.

Liedloff, Jean: Auf der Suche nach dem verlorenen Glück. Gegen die Zerstörung unserer Glücksfähigkeit in der frühen Kindheit. München 87. C.H.Beck V.

Lützel, Heinrich: Ergänzung der Volkswirtschaftlichen Gesamtrechnung um die Haushaltsproduktion. In: Statistisches Bundesamt (Hrsg.): Zeitbudgeterhebungen: Ziele, Methoden und neue Konzepte. (Schriftenreihe Form der Bundesstatistik; 139. Stuttgart 1990, S. 129-141

Lützel, Heinrich: Haushaltsproduktion und Volkswirtschaftliche Gesamtrechnung. In: Hauswirtschaft und Wissenschaft, 31/1983/5, S. 260-267

Lutz, Rüdiger u. a. (Hg.): Frauenzukünfte. Ganzheitliche feministische Ansätze, Erfahrungen und Lebenskonzepte. Weinheim/Basel 1984, Beltz Verl.

Maindok, Herlinde: Frauenalltag in Männerberufen. Fischer Taschenbuch Verlag. Frankfurt a. M. 1987.

Meier-Seethaler, Carola: Ursprünge und Befreiungen. Eine dissidente Kulturtheorie. Zürich 1988.

Meillassoux, Claude: "Die wilden Früchte der Frau". Über häusliche Produktion und kapitalistische Wirtschaft. Frankfurt a. M. 1983, Suhrkamp Verlag.

Methfessel, Barbara: Hausarbeit zwischen individueller Lebensgestaltung, Norm und Notwendigkeit - Ein Beitrag zur Sozioökonomie des Haushalts. Baltmannsweiler, Schneider-Verlag, Hohengehren, 1992. Zugl.: Heidelberg, Univ., Diss., 1992. ISBN 3-87116-269-8

Ministerium für Arbeit, Gesundheit, Familie und Sozialordnung Baden-Württemberg (Hg.): Den anderen helfen. Ehrenamtliche Arbeit im sozialen Bereich. Eine Untersuchung. Stuttgart 1987.

Montagu, Ashley: Körperkontakt. Die Bedeutung der Haut für die Entwicklung des Menschen. Stuttgart 1974, Klett Verlag.

Montessori, Maria: Kinder sind anders. Stuttgart 1971^9, Klett-Cotta Verlag.

Müller-Braunschweig, Hans: Die Wirkung der frühen Erfahrung. Das erste Lebensjahr und seine Bedeutung für die psychische Entwicklung. Stuttgart 1975, Klett Verlag.

Netzler, Andreas: Wert der Familienarbeit. Gleichberechtigung zwischen Mann und Frau und familienorientierte Alterssicherungsmodelle. In: Stimme der Familie, 43/1996/ 9, S. 1-4

Oakley, Ann: Soziologie der Hausarbeit. Frankfurt a. M. 1978, Roter Stern V.

Ochel, Anke: Hausfrauenarbeit: Eine qualitative Studie über Alltagsbelastungen und Bewältigungsstrategien von Hausfrauen. München: Profil, 1989, 527 S.; Serie: Gemeindepsychologische Perspektiven, 1

Oekinghaus, Emma: Die gesellschaftliche und rechtliche Stellung der deutschen Frau. Jena 1925.

Ostermeyer, Helmut (Hg.): Ehe Isolation zu zweit? Mißtrauenvoten gegen eine Institution. Frankfurt a. M. 1979, Fischer Verlag.

Ostner, Ilona; Pieper, Barbara: Arbeitsbereich Familie. Umrisse einer Theorie der Privatheit. Forschungsbericht aus dem Sonderforschungsbereich 101 der Universität München, Frankfurt/New York 1980, Campus Verlag.

Pape, Max: Die Vormundschaft der Mutter nach den deutschen Rechten des Mittelalters bis zur Mitte des 15. Jahrhunderts. Erlangen 1902.

Pass-Weingartz, Dorothea: Bewertung von Arbeit. mama-mia, Rundbrief der AG Mütterpolitik, Nr. 4, 1989, Die Grünen, Bonn

Pass-Weingartz, Dorothea; Erler, Gisela (Hg.): Mütter an die Macht. Die neue Frauenbewegung. rororo 1989

Piorkowsky, Michael-Burkhard: Die Bedeutung der inoffiziellen Wirtschaft für die Versorgung der privaten Haushalte mit Gütern und Diensten. In: Hauswirtschaft und Wissenschaft, 32/1984/3, S. 144-149

Piorkowsky, Michael-Burkhard: Haushaltsproduktion in einzelwirtschaftlicher Sicht. In: Das Wirtschaftsstudium, 14/1985/12, S. 219-225

Piorkowsky, Michael-Burkhard: Haushaltsproduktion in gesamtwirtschaftlicher Sicht. In: Das Wirtschaftsstudium, 1986/8-9, S. 440-445

Pross, Helge: Die Wirklichkeit der Hausfrau. Erste repräsentative Untersuchung über nichterwerbstätige Ehefrauen: Wie leben sie? Wie denken sie? Wie sehen sie sich selbst? Reinbek 1975, Rowohlt Verlag.

Quah, Euston: Economics and home production: Theory and measurement. Aldershot [u.a.]: Avebury, 1997, 236 S., ISBN 1-85628-457-3

Rapin, Hildegard (Hrsg.); Andersen, Cecilia: Frauenforschung und Hausarbeit. Frankfurt/Main, New York, Campus-Verlag, 1988, 180 S.; Serie: Campus: Forschung; Bd. 575, Reihe "Stiftung Der Private Haushalt"; Bd. 4, ISBN 3-593-33998-6

Rapin, Hildegard (Hrsg.): Der Private Haushalt im Unterricht, Eine Schulbuchanalyse aus haushaltswissenschaftlicher und didaktischer Sicht, Bd. 10, Stiftung Der Private Haushalt, Campus-Verlag Frankfurt/New York, 1990, ISBN 3-593-34333-9

Rapin, Hildegard (Hrsg.): Haushalt und Arbeit. In: Der Private Haushalt - Daten und Fakten, Bd. 9, Stiftung Der Private Haushalt, Campus-Verlag Frankfurt/New York, 1990, ISBN 3-593-34319-3, S. 65 ff

Renggli, Franz: Angst und Geborgenheit. Soziokulturelle Folgen der Mutter-Kind Beziehung im ersten Lebensjahr. Ergebnisse aus Verhaltensforschung, Psychoanalyse und Ethnologie. Reinbek 1976, Rowohlt Verlag.

Resch, Marianne G (Hrsg.): Haushalt und Familie: Der zweite Arbeitsplatz - Analyse der Reproduktionsarbeit in Haushalt und Familie auf Grundlage der Handlungsregulationstheorie. 1. Aufl., Bern [u.a.]: Huber, 1991, 178 S.; Serie: Schriften zur Arbeitspsychologie; 51. ISBN 3-456-82073-9

Resch, Marianne: Arbeitsplatz Haushalt und Familie: Ein handlungstheoretischer Untersuchungsansatz. In: Zeitschrift für Arbeitswissenschaft. - ISSN 03402444, n.f. 18, 46(3), 1992, S. 169-174

Rich, Adrienne: Von Frauen geboren. Mutterschaft als Erfahrung und Institution. München 1979, Verlag Frauenoffensive.

Roiphe, Anne: A Mother's Eye. Motherhood and Feminism. London, Virago, 1996; ISBN 1-86049-019-0.

Schäfer, Dieter und Norbert Schwarz: Wert der Haushaltsproduktion 1992. In: Wirtschaft und Statistik, (1994)8, S. 597-612.

Schäfer, Dieter: Haushaltsproduktion in gesamtwirtschaftlicher Betrachtung. In: Wirtschaft und Statistik. 1988/5, S. 309-318

Schlegel-Matthies, Kirsten: "Im Haus und am Herd". Der Wandel des Hausfrauenbildes und der Hausarbeit, 1880-1930. In: Vierteljahrschrift für Sozial- und Wirtschaftsgeschichte. - ISSN 03408728, 83(3), 1996, S. 410

Schmidt-Waldherr, Hildtraud: Hausarbeit - Leistung - Lohn: Zum Widerspruch von Erkenntnissen und Interessendurchsetzung. In: Hauswirtschaft und Wissenschaft, 36/1988/ 3, S. 139-144

Schmucker, Helga: Das Kind als Kostenfaktor. In: Oeter, Ferdinand (Hrsg.): Familie und Gesellschaft. Tübingen 1966, S. 267-304.

Schmucker, Helga: Die ökonomische Lage der Familie in der Bundesrepublik Deutschland. Tatbestände und Zusammenhänge. Stuttgart 1961.

Schmucker, Helga: Einfluß der Kinderzahl auf das Lebensniveau der Familien. Empirische Untersuchung an Hand der Ergebnisse der Lohnsteuerstatistik 1955. In: Allgemeines Statistisches Archiv, 43(1959), S. 35-55.

Schneider-Böttcher, Weinberger: Bewertung von Haushalts- und Familienarbeit. Teilbericht Januar 1988, Bayerische Landesanstalt für Ernährung, Abt. Hauswirtschaft

Schreier, Josephine: Göttinnen. Ihr Einfluß von der Urzeit bis zur Gegenwart. München 1977.

Schröder, Hannelore: Die Rechtslosigkeit der Frau im Rechtsstaat. Dargestellt am Allgemeinen Preußischen Landrecht, am Bürgerlichen Gesetzbuch und an J.G.Fichtes Grundlage des Naturrechts. Frankfurt/New York 1979.

Schulz-Borck, Hermann: Gesellschaftliche und politische Bewertung der Leistungen im privaten Haushalt und daraus sich ergebende Konsequenzen. In: Hauswirtschaft und Wissenschaft; 36/1988/3, S. 134-138

Schulz-Borck, Hermann: Wert und Bewertung der Arbeit im Haushalt - Wertfindung auf summarischem Wege. In: Hauswirtschaft und Wissenschaft; 25/1977/1, S. 24-31

Schulz-Borck, Hermann; Hofmann, E.: Schadenersatz bei Ausfall von Hausfrauen und Müttern im Haushalt. Verlag Versicherungswirtschaft, Karlsruhe, 5/97, ISBN 3-88487-668-6

Schwarz-Arendt, Sonja: Beruf: Hausmann. Protokolle. Luchterhand Verl. 1989.

Schwarzer, Alice (Hg): "So fing es an!". Die neue Frauenbewegung. dtv Sachbuch, 1983.

Schwarzer, Alice (Hg): Lohn Liebe. Zum Wert der Hausarbeit. Frankfurt a. M. 1985. edition suhrkamp.

Schweitzer, Rosemarie von; Pross, Helge: Die Familienhaushalte im wirtschaftlichen und sozialen Wandel. Rationalverhalten, Technisierung, Funktionswandel der Privathaushalte und das Freizeitbudget der Frau. Göttingen 1976, Otto Schwarz & Co. Verlag.

Schweitzer, Rosemarie von: Wert und Bewertung der Arbeit im Haushalt. In: Schweitzer, Rosemarie von (Hrsg.): Leitbilder für Familie und Familienpolitik (Beiträge zur Ökonomie von Haushalt und Verbrauch; 16). Berlin 1981, S. 167-192

Schweitzer, Rosemarie von: Der gesellschaftliche Wert Hausarbeit - eine Analyse des Wertes der Hausarbeit als Bildungsgut. In: Hauswirtschaft und Wissenschaft, 30/1982/1, S. 11-19

Schweitzer, Rosemarie von: Die privaten Versorgungs-, Pflege- und Erziehungsleistungen und ihre Wahrnehmung als Haushaltsproduktion. In: Hauswirtschaft und Wissenschaft, 36/1988/5, S.230-237

Schweitzer, Rosemarie von (Hrsg.): Zeitbudgeterhebungen - Ziele, Methoden und neue Konzepte. In: Statistisches Bundesamt, Wiesbaden. Verlag Metzler-Poeschel, Stuttgart, 1990 208 S.; Serie: Forum der Bundesstatistik; 13

Schweizerischer Kath. Frauenbund; Evang. Frauenbund der Schweiz u. a. (Hg.): Schritte ins Offene - Hausarbeit - Hindernis auf dem Weg zur Gleichstellung. Nr. 6, Nov./Dez. 1989. Eva Grossmann-Wildi, Grabenacherweg 5, CH-5603 Staufen.

Schweizerischer Verband für Frauenrechte (Hg.): Frau und Arbeit in Vergangenheit und Zukunft. Referate anläßlich des SVF-Forums vom 18.1.1986. Bern 1986.

Schweppenhäuser, Hans-Georg: Arbeit, Lohn und Preis - in ihrem Zusammenhang. Phil.-Anthropos. Verlag 1984.

Seel, Barbara: Hausarbeit und Haushaltsproduktion. In: Hesse, Klaus (Hrsg.): Strukturwandel des Haushalts in Perspektiven. (Studien zur Haushaltsökonomie; 3). Frankfurt/M. 1989, S. 47-70

Seel, Barbara: Hausarbeit und Wertschöpfung. In: Jahrbücher für Nationalökonomie und statistik. - ISSN 00214027, 205(2), 1988, S. 97-115

Sichtermann, Barbara: Vorsicht Kind. Eine Arbeitsplatzbeschreibung für Mütter, Väter und andere. Berlin 1982, Wagenbach Verlag.

Sichtermann, Barbara:"FrauenArbeit". Über wechselnde Tätigkeiten und die Ökonomie der Emanzipation. Wagenbachs Taschenbücherei 1987.

Soden, Kristine von (Hg.): "Der große Unterschied". Die neue Frauenbewegung und die siebziger Jahre. BilderLeseBuch, Elefanten Press 1988.

Sotelo, Elisabeth de: Der familiäre Irrgarten. Auswirkungen von Ehe und Familie auf die psychische Verfassung und soziale Position der Frau. In: psychosozial, Bd. 8/24-25, 1985.

Sozialwissenschaftliche Forschung und Praxis für Frauen e. V. (Hg.): "Geld oder Leben". beiträge zur feministischen theorie und praxis. Heft 15/16 1985. Herwarthstr. 22, 5000 Köln 1.

Stefan, Renate: Hausfrauen und Mütter. Die vergessenen Sklavinnen. Berlin. Frauenselbstverlag 1975.

Stiegler, Barbara: Zur Zukunft der Hausarbeit, Friedrich-Ebert-Stiftung, Abt. Arbeits- und Sozialforschung, 1993

Thiele-Wittig, Maria: Schnittstellen der privaten Haushalte zu Institutionen. Zunehmende Außenbeziehungen der Haushalte im Wandel der Daseinsbewältigung. In: Gräbe, Sylvia (Hrsg.): Der private Haushalt im wissenschaftl. Diskurs. (Stiftung Der Private Haushalt; 17). Frankfurt a. M. 1993, S. 371-388.

Triebold, Karin: Schadenersatzansprüche bei Tötung oder Verletzung einer Hausfrau und Mutter und Bewertung der Haushaltsarbeit. Münster / Hamburg [u.a.], 1995; Serie: Schriften zum Zivilrecht. 7. Zugl.: Münster (Westf.). Univ., Diss., 1994. ISBN 3-8258-2381-4

Vaskovics, Laszlo A.: Die Rolle der Familie in einer Gesellschaft im Wandel. Soziale, rechtliche und finanzielle Aspekte. In: Politische Studien, 45(1994), Sonderheft 4: Familie - Neuer Trend oder Auslaufmodell?, S. 17-37.

Veil, Mechthild: Der Beitrag der Familienarbeit zum Sozialstaat - umsonst u. grenzenlos? In: Das Private ist ökonomisch, Berlin 1997

Vogel, K: Beurteilung der Behinderung der Hausfrau im Haftpflichtanspruch, VersR 33, 810-813, 1881

Völger, Giesela; Welck, Karin (Hg.): Die Braut 1 und 2. Zur Rolle der Frau im Kulturvergleich. Köln 1985, Rautenstrauch-Joest-Museum.

Völger, Giesela; Welck, Karin (Hg.): Männerbünde-Männerbande. Zur Rolle des Mannes im Kulturvergleich. Bd. 1 und 2, Köln 1990.

Voss, Jutta: Das Schwarzmond-Tabu. Die kulturelle Bedeutung des weiblichen Zyklus. Stuttgart 1990.

Wannenwetsch, Elvira (Deutsche Hausfrauengewerkschaft): Die Beurteilung der Hausfrauenarbeit aus der Sicht der Familienhausfrau, Vortrag über Bewertung und Anerkennung von Haus- und Familienarbeit, Veranstaltung des Verbandes der Diplom-Ökotrophologen e.V. am 30.6.1992 in München zum Thema "Haus- und Familienarbeit - anerkannt?"

Warnecke, Petra: Der monetäre Wert der Hausarbeit aus Haushaltssicht. In: Hauswirtschaft und Wissenschaft. - ISSN 00178454, 43(4), 1995, S. 147-154

Weber, Marianne: Ehefrau und Mutter in der Rechtsentwicklung. Eine Einführung. Neudruck der Ausgabe Tübingen 1907, Aalen 1971.

Weber-Kellermann, Ingeborg: Die deutsche Familie. Versuch einer Sozialgeschichte. Frankfurt a. M. 1974.

Weinberger-Müller, Paula: Haushalts- und Familienarbeit unter unterschiedlichen Voraussetzungen (Vortrag zur Veranstaltung des Verbandes der Diplom-Ökotrophologen e.V. am 30.6.1992 in München zum Thema "Haus- und Familienarbeit - anerkannt?") In: Hauswirtschaft und Wissenschaft, 36/1988/6, S. 291-294

Werlhof; Mies; Benholt-Thomsen: Frauen, die letzte Kolonie. Rowohlt Verl.

Wiegmann, Barbelies: Ende der Hausfrauenehe. Plädoyer gegen eine trügerische Existenzgrundlage. Reinbek 1980, Rowohlt Verlag.

Wingen, Max: Familiale Lebensformen im Wandel - Perspektiven und Herausforderungen an die Familienpolitik. In: Wagner, Gert; Ott, Notburga und Hans-Joachim Hoffmann-Nowotny (Hrsg.): Familienbildung und Erwerbstätigkeit im demographischen Wandel. Berlin 1989, S. 25-43.

Wingen, Max: Familienpolitik. Grundlagen und aktuelle Probleme. (Schriftenreihe der Bundeszentrale für politische Bildung; 339). Bonn 1997.

Witt, Dieter: Bewertung und Anerkennung von Haus- und Familienarbeit, Vortrag zur Veranstaltung des Verbandes der Diplom-Ökotrophologen e.V. am 30.6.92 in München zum Thema "Haus- und Familienarbeit - anerkannt?"

Wolf-Graaf, Anke: Frauenarbeit im Abseits. Frauenbewegung und weibliches Arbeitsvermögen. München 1981, Frauenoffensive Verlag.

Wolff, Kerstin: "Wir wollen die Anerkennung der Hausfrauentätigkeit als Beruf" - Der Kasseler Hausfrauenverein 1915- 1935 - Schriftenreihe des Archivs der deutschen Frauenbewegung, Bd. 10, Kassel 1995

Zameck von, Walburga: Sozialprodukt und Hausarbeit. In: Jahrbücher für Nationalökonomie und Statistik. - ISSN 00214027, 207(4), 1990, S. 305-316

Zameck von, Walburga: Im Schatten der Schattenökonomie: Die Hausarbeit. In: Jahrbücher für Nationalökonomie und Statistik, 205(4), 1988, S. 289-299. ISSN 00214027

Zierau, Johanna; Völkening, Gertrud; Glade, Anne; Gnahs, Dieter: Möglichkeiten zur aus- und fortbildungsverkürzenden Anerkennung von Familientätigkeit, Schriftenreihe des Bundesministers für Frauen und Jugend, Bonn (Hrsg.), Bd. 2, W. Kohlhammer Verlag, Stuttgart, Berlin, Köln, Hannover 1991, ISBN 3-17-012026-3

Diplomarbeiten: Universität Kiel, Institut für Ernährungswirtschaft und Verbraucherlehre, Prof. Dr. Klaus Hesse

Bruse, Christine: Familienpolitische Maßnahmen im Spiegel programmatischer Äußerungen der Parteien in der Bundesrepublik, 1995

Gragert, Nicole: Die wirtschaftliche Lage der Familie im Spiegel amtlicher Veröffentlichungen, 1995

Köchermann, Anja: Das Bild der Familie in der Werbung anhand ausgewählter zeitraumbezogener Fernsehwerbung, 1991

Mattonet, Vera: Die Familie zwischen erwerbs- und unterhaltswirtschaftlicher Arbeit: Möglichkeiten und Grenzen einer Vereinbarkeit von Familie und Beruf durch Maßnahmen von Unternehmen in der Bundesrepublik Deutschland

Paschköwitz, Claudia: Arbeitsteilung in privaten Haushalten unter besonderer Berücksichtigung der Hausarbeit, 1990

Przibylla, Uta: Relevante Einflußfaktoren auf den Kinderwunsch, 1992

Schiering, Gudrun: Häusliche Versorgung pflegebedürftiger alter Menschen, 1995

Stolle, Silke: Die sozial und rechtliche Sicherung der nichterwerbstätigen Frau nach Unfällen. 1990

Diplomarbeit: Universität Siegen, Prof. Dr. Sabine Hering
Hillnhütter, Cornelia: Probleme der geschlechtsspezifischen Arbeitsteilung im Reproduktionsbereich. Lösungsmuster und politische Strategien von Hausfrauenbund und Hausfrauengewerkschaft, 1997.

Dissertationen: Universität Kiel, Institut für Ernährungswirtschaft und Verbraucherlehre, Prof. Dr. Klaus Hesse

Judt, Antje: Haushaltsproduktion und Lebenshaltung von Familien mit Kindern (erscheint 1999)

Stryck, Ingo: Kosten von Kindern - Die Ermittlung von wohlstandsäquivalenten Einkommensrelationen für Haushalte unterschiedlicher Größe und Zusammensetzung. Eine empirische Studie für die Bundesrepublik Deutschland, 1995

Thiele, Silke: Das Vermögen privater Haushalte und dessen Einfluß auf die soziale Lage, 1997

1979 - 1999 | **20 Jahre Deutsche Hausfrauengewerkschaft e. V.**

erstellt von der dhg-Bundesvorsitzenden Wiltraud Beckenbach

Die Entwicklung | Mit der Forderung nach Anerkennung der Hausfrauentätigkeit als Beruf und Einführung einer Krankenversicherung für Hausfrauen*) fing es 1979 an. Die Gründerin der Deutschen Hausfrauengewerkschaft - Dr. Gerhild Heuer - wollte damit vor allem die finanzielle Situation der nichterwerbstätigen Hausfrau und Mutter verbessern.

1980 | Nach und nach wurden die Ziele konkreter: Forderung nach Gleichstellung der Familienhausfrau im sozialen Bereich gegenüber der erwerbstätigen Frau und verstärkte Förderung der Familie in allen sie betreffenden Bereichen der Politik*).

1983 | Forderung*) nach

- Verbesserung der Altersversorgung der Familienhausfrauen/ -männer durch Anhebung der Witwen-/Witwerrente
- Anerkennung von Erziehungsjahren (6 Jahre pro Kind) und Pflegejahren in der Rentenversicherung
- Gewährung von Erziehungsgeld für den nichterwerbstätigen Elternteil
- Öffnung der gesetzlichen Unfallversicherung für Hausfrauen/Hausmänner
- Wiedereingliederungshilfen in das Erwerbsleben
- Ausreichendes Angebot an Teilzeitarbeit

Als Tarifpartner wurden Gesetzgeber und Regierung genannt.

1986 | Forderung nach Änderung im Ehe- und Familienrecht mit dem Ziel der gleichberechtigten Verfügung der Ehepartner über das Einkommen schon während der Ehe.

1987 | Vorstellung des Konzepts "Lohn für Familienhausarbeit" von Helga Hach van Scherpenberg und des "Düsseldorfer Tarifpapiers" durch Heidede Morgenbrod für die Düsseldorfer Arbeitsgruppe "Lohn für häusliche Pflege- und Erziehungsarbeit".

1988 | Die Petition gegen die Benachteiligung der Familienfrau/ dem Hausmann gegenüber Erwerbstätigen wird vom Petitionsausschuß des Europäischen Parlaments unter der Nr. 420/87 angenommen und zur Information an den zuständigen Parlamentsausschuß weitergeleitet.

30. April 1988	Die dhg zeigt zum ersten Mal die Wanderausstellung "Unbezahlte Frauenarbeit - Basis der Wirtschaft" von Anna-Maria Happersberger-Lüllwitz bei der Jahreshauptversammlung in Bonn.
1991	- Aufruf zur Klage vor den Sozialgerichten gegen die rentenrechtliche Ausbeutung der Erziehungsleistung der Mütter. Mehr als 100 Frauen gehen vor Gericht. Einige Klagen laufen noch. - Forderung an die Verfassungskommission zur Gleichstellung der Familienarbeit mit der Erwerbsarbeit. - Stellungnahme der dhg-Mitgliederversammlung zum § 218: "Für den Schutz des Lebens: Lohn für Familienarbeit statt Strafverfolgung bei Abtreibung."
1996	Die Mitgliederversammlung der dhg verabschiedet die konkrete Forderung nach einem Gehalt für Familienarbeit. Es orientiert sich am versicherungspflichtigen Durchschnittseinkommen aller Versicherten und an der Bezahlung einer in der Erwerbsarbeit üblichen Wochenarbeitszeit. Es soll für mindestens sechs Jahre an die Person gezahlt werden, die Haupterziehungsarbeit leistet. Delegierte Erziehungsarbeit muß leistungsgerecht bezahlt und sozialrechtlich abgesichert werden. Über die übliche wöchentliche Erwerbsarbeitszeit hinausgehende Erziehung wird weiterhin von den Eltern unentgeltlich geleistet.
Erfolge	(Teil)Erfolge konnten in den Bereichen Erziehungsgeld, Erziehungs"urlaub" (Freistellung für Erziehungsarbeit) und Anrechnung von Kindererziehungszeiten in der Rente (für Geburten bis 1992 ein Jahr/Kind, für Geburten ab 1992 drei Jahre) verbucht werden. Bei häuslicher Pflege wird inzwischen Pflegegeld, allerdings an die Pflegebedürftigen, gezahlt. Für die Dauer der Pflege zahlt die Pflegeversicherung für die unter 65-Jährigen Rentenversicherungsbeiträge für die Pflegeperson. Außerdem besteht Unfallversicherungsschutz für diese. Bei häuslicher Erziehung wird nach wie vor eine Einbeziehung in die gesetzliche Unfallversicherung verweigert! Unsere Hauptforderung, "die Zahlung eines Gehaltes für Familienarbeit" wird derzeit anhand verschiedener Modell bundesweit in Frauenverbänden, Parteien und zuständigen Gremien diskutiert. Bei der Umsetzung unseres Modells erreichen wir die längst fällige Wahlfreiheit der Eltern.
Zukunft	In Zukunft werden wir uns schwerpunktmäßig weiterhin für eine Änderung des Eherechts einsetzen und natürlich für ein "Gehalt für Familienarbeit", das vor allem in der Familie tätigen Müttern und Vätern eigenständige finanzielle und soziale Sicherung bringen soll.

*)Originalwortlaut der damaligen Grundsatzprogramme

Grundsatzprogramm

Deutsche Hausfrauengewerkschaft e. V.
Verband zur Förderung der eigenständigen finanziellen und
sozialen Absicherung bei Familienarbeit
unabhängig - überparteilich

Die Deutsche Hausfrauengewerkschaft e. V. (dhg) stellt sich vor

Die Deutsche Hausfrauengewerkschaft e. V. wurde 1979 gegründet. Sie ist bundesweit vertreten und in Landes- bzw. Ortsverbänden organisiert. Die Finanzierung der dhg geschieht allein über Mitgliedsbeiträge und Spenden. Die von den Mitgliedern geleistete Arbeit erfolgt ehrenamtlich.

Die dhg ist überparteilich und unabhängig und ist keine Untergliederung des DGB. Sie ist ein Zusammenschluß von Familienhausfrauen und -hausmännern bzw. deren (Ehe-)Partnern und anderen Interessierten. Ihr gehören Mitglieder aus allen demokratischen Richtungen an.

Verhandlungspartner der dhg sind Parlament und Regierung. Sie sind zuständig für die Gesetzesänderungen in allen Bereichen, welche die Familie, die Ehe und die soziale Sicherung betreffen. Die Arbeit der dhg konzentriert sich zum einen auf Fachgespräche im politischen, wirtschaftlichen und wissenschaftlichen Bereich, zum anderen auf die Bewußtseinsveränderung einer breiten Öffentlichkeit über gesellschaftliche Grunddaten.

Zu den oben genannten Themen veranstaltet die dhg jährlich Seminare und zeigt seit vielen Jahren die Wanderausstellung "Unbezahlte Frauenarbeit - Basis der Wirtschaft", die mit zahlreichen Fotos und Texten die Situation der Familienhausfrauen anschaulich darstellt.

Die dhg gibt vierteljährlich die Zeitschrift „dhg-Rundschau" heraus mit Informationen über aktuelle Themen und Veranstaltungen.

Sie will auf die Situation der Familienhausfrauen/-hausmänner aufmerksam machen, Mißstände aufdecken, Gesetzesveränderungen anregen und auf das Bewußtsein der Öffentlichkeit einwirken.

Die Familie als Grundlage jeder Gesellschaft ist eine vom Staat zu schützende Institution. Für die dhg ist Familie jede Lebensgemeinschaft, in der Kinder aufwachsen und/oder Angehörige gepflegt werden. Erziehung von Kindern und Betreuung von pflegebedürftigen Familienangehörigen sind Leistungen für die Gesellschaft. Insbesondere für die Person, die diese Arbeit erbringt, muß eine eigenständige Existenz gewährleistet sein.

Familienarbeit schafft volkswirtschaftliches Einkommen und ist die Voraussetzung für das Funktionieren der sozialen Sicherungssysteme.

Damit Frauen und Männer sich
für Familienarbeit
ohne Benachteiligungen
zugunsten von Kindern
und pflegebedürftigen Angehörigen
frei entscheiden können

„Pflege und Erziehung der Kinder sind das natürliche Recht der Eltern und die zuvörderst ihnen obliegende Pflicht."
GG Art. 6/2

"Ist einem Ehegatten die Haushaltsführung überlassen, so erfüllt er seine Verpflichtung, durch Arbeit zum Unterhalt der Familie beizutragen, in der Regel durch die Führung des Haushalts."
BGB § 1360 Satz 2[1]

---

[1] *Der haushaltsführende Ehegatte erfüllt durch die Haushaltsführung seine gesamte Unterhaltspflicht, weil die Haushaltsführung regelmäßig "eine gleichwertige und nicht ergänzungsbedürftige Beitrags-leistung zum Familien-Unterhalt" darstellt. Palandt, BGB Kurzkommentar, 57. Aufl. 1998; / Bundestags-Drucksache 7/650 S 99*

**Die dhg fordert ein Gehalt für Familienarbeit
- einschließlich sozialer Sicherung -
Weiterentwicklung des Erziehungsgeldes zu
einem leistungsgerechten Gehalt für Familienarbeit:
mindestens bis zum vollendeten 6. Lebensjahr
des jüngsten Kindes.**
(Basis: sozialversicherungspflichtiges Durchschnittseinkommen aller Versicherten.)

Unsere Mindestforderungen:

Sozialrecht
Mitgliedschaft in der gesetzlichen Unfallversicherung.

Gewährung von Kuren zur Erhaltung und Wiederherstellung der Arbeitskraft wie bei Erwerbstätigen.

Leistungsgerechte Anerkennung der Kindererziehungs-Leistung in der gesetzlichen Rentenversicherung.

Leistungsgerechte Anerkennung der häuslichen Pflege in der gesetzlichen Rentenversicherung.

Anspruch auf Berufs- und Erwerbsunfähigkeitsrente

Anhebung der Hinterbliebenenrente von 60 % auf 100 %.

Arbeitsrecht
Besondere Förderung bei Berufswechsel; Anerkennung der durch die Familienarbeit neu erworbenen Qualifikationen.

Keine Einschränkungen bei Fortbildungs- und Umschulungsmaßnahmen

Zahlung von Erwerbslosengeld, falls Berufswechsel nicht sofort möglich.

Weitere flankierende gesetzliche Änderungen:

Ehel. Güterrecht
Gleichberechtigte Verfügung von Ehefrau und Ehemann über das Einkommen während bestehender Ehe.
(Konsequenz aus § 1360 Satz 2 BGB.)

Pflegeversicherung
Angemessenes Pflegegeld bei häuslicher Pflege. Auszahlung an die pflegende Person.

In der Diskussion:

Wahlrecht
Einführung eines Wahlrechts für Minderjährige; vertretungsweise ausgeübt durch die Eltern.